国家社会科学基金项目研究成果

本书由四川师范大学学术著作出版基金资助出版

ZHONGGUO
XIBU JINGJI ZENGZHANG
ZHILIANG YU NONGCUN
RENLI ZIYUAN
KAIFA

# 中国西部经济增长质量与农村人力资源开发

王 冲◎著

人民出版社

# 目　录

# 前　　言

　　当前，我国经济发展步入了新时期，科学发展观成为指导经济发展的战略思想，在重视经济增长数量的同时，更强调经济增长质量，并提出了可持续发展、降低能耗节约资源、减少污染保护环境、科技原创等体现经济增长质量的具体要求。在经历了以经济增长为中心之后，党和政府及时提出了科学发展观，将发展战略中心转移到提高经济增长质量和效益上来，这标志着我国经济从此进入了重质增效的历史新时期。

　　马克思主义理论认为，生产力包括劳动者、劳动资料和劳动对象三个基本生产要素，其中劳动者是最能动、最积极、最活跃的因素，具有一定生产经验和劳动技能的劳动者是生产力中最具决定性的力量。西奥多·W.舒尔茨提出的人力资本理论认为，人力资本是体现在劳动者身上，通过投资形成并由劳动者的知识、技能和体力所构成的资本，以劳动者的数量和质量来体现。人力资本理论同时指出：人力资源是一切资源中最主要的资源；在经济增长中，人力资本的作用大于物质资本；人力资本的核心是提高人口质量，教育投资是人力资本投资的主要部分等。马克思主义理论与人力资本理论同时指出，劳动力资源是生产中最核心的资源，并提出教育是人力资本增值和劳动力再生产的主要途径。对人力资本的实证分析得出，人力资本的投资收益率远远大于物质资本，人力资本要素对经济增长的贡献也远远大于物质资本，人力资本质量与个人收入及经济增长之间呈正相关关系，而教育、培训、健康与科学转移则是提高人力资本质量的重要途径，因而农村人力资源开发既是提高经济增长质量的重要途径，也是在今后较长一段时期推动我国经济增长最根本的源动力。

　　提高经济增长质量，人才是关键，这也正是我国提出"人才强国"、"科教兴国"战略的目的。新一轮的西部大开发需要以高质量的经济增长作为支撑，其中难点与重点则是解决"三农"问题，核心则是农民的增收问题，关键又在农民素质的提高。作为建设社会主义新农村的主体，只有通过加大开发力度，提高农村人力资源质量，才能最终完成新农村建设的伟大任务，全面提高农村经济质量。我国西部农村劳动力的特点是数量大、素质低、结构不合理，开发这部分人力资源，不仅有利于提高西部经济增长质量，也是从根本上解决"三农"问题，实现城乡统筹科学发展，全面建设小康社会和社会主义新农村的必然要求。

　　本书是国家社会科学基金资助项目（批准号：05XJL006)"中国西部经济增长质量与农村人力资源开发研究"的最终研究成果。内容共分9章，其中项目负责人王冲教授负责全书的选题及框架设计工作，并撰写其中的第1章、第2章、第6章、第7章、第8章，第3章和第9章由胡平老师撰写，第4章和第5章由司鬼老师撰写。全书由王冲统稿、定稿。特别感谢胡建中、刘鸿渊、龙小海、冷洪川等人为本研究所作出的贡献。

　　由于时间及作者水平有限等原因，书中难免存在不足和错误之处，敬请读者指正。

王冲

2011 年 10 月

# 1 绪 论

## 1.1 问题的提出

改革开放以来，我国经济出现了长期快速的增长，其标志就是 GDP 的数量增长较快。由《中国统计年鉴—2007》可知，2006 年全年国内生产总值为 210871 亿元，人均 16084 元，接近 2000 美元，按可比价格计算的增速为 11.1%，整个"十五"时期的 GDP 增长速度平均为 9.48%，到 2020 年实现全面建设小康社会的奋斗目标时，人均 GDP 将达到 3000 美元，按世界银行的分类标准，将建成中等收入国家并开始向中上等收入国家迈进。但是，我国经济发展很不平衡，东西部地区差距较大，这不仅体现在总量上而且体现在质量上。同时，与发达国家相比，我国经济增长方式存在着"高投入、高消耗、高排放、不协调、难循环、低效率"的严重问题，在有些地区、有些行业、有些企业还相当突出。

以经济增长为核心的发展观，对促进经济增长、迅速积累财富起到了积极作用。但是，由于经济增长并不能体现收入分配的改善和社会结构的完善，不能反映技术进步的变化，并没有给人们带来所期望的福祉，相反，却出现了高增长下的分配不公、两极分化、社会腐败、政治动荡、环境污染和生态破坏等问题。学术界将这种现象归纳为"有增长无发展"或"无发展的增长"，在理论上确认了发展与增长之间的差异。国际发展经验也表明，走出低收入国家并向中等收入国家迈进的阶段，对任何国家的成长来说都是一个极为重要的历史阶段。这一时期，往往也是人口、资源、环境等矛盾突出、瓶颈约束加剧的时期，如果处理不当，就可能丧失发展机遇，导致经济增长徘徊。因此，按照科学发展观的要求，切实转变经济增长方式，就显得尤为重要和迫切。从发展的根本目的看，转变经济增长方式，是"以人为本"的需要，提高经济增长质量也必须依靠"以人为本"的发展理念。按照科学发展观的要求，发展的最终目的是促进人的全面发展，不仅要通过经济的持续增长满足人民的物质需要，还要提高人民的生活质量，这也正是经济增长质量的指标之一。人力资源是最宝贵的资源，也是推动经济增长的重要生产要素，人力资本的投入无论是短期还是长期都对经济增长贡献巨大，也是提高经济增长质量的重要途径。

我国人力资源的现状是，西部广大农村地区具有大量低素质的劳动力资源，这既是西部地区发展经济不可缺少的宝贵资源，也是导致东西部地区经济增长数量与质量差异的重要原因。所以，运用经济增长理论与人力资源理论，研究影响西部经济增长质量的农村人力资源问题，是在西部地区落实科学发展观，坚持以人为本，实现全面、协调、可持续经济发展的重要举措，也是实现西部大开发战略，全面建设小康社会与社会主义新农村的重要理论依据和支撑点。

## 1.2　国内外研究综述

### 1.2.1　国外研究综述

第二次世界大战后兴起的发展经济学，其早期的发展观为"经济增长论"。它根据对发达国家的经验总结，认为只有促进经济增长，落后国家才能实现追赶的目标。在这个时期，由于发展经济学的主要研究对象是落后国家如何追赶发达国家，因此在理论和认识上也将发展等同于经济增长。其基本观点是：工业化是一个国家或地区经济活动的中心内容；经济增长是一个国家或地区发展的"第一"标志；国内生产总值（GDP）的增长是衡量一个国家或地区经济发展的重要标尺；发展规划是实现工业化和实行追赶战略的重要手段。在这种发展观的指导下，在第二次世界大战后 50 多年的时间里，人类创造了历史上前所未有的增长奇迹。作为政府对国家经济运行进行评价与诊断的重要指标——国内生产总值（GDP），成为衡量一个国家经济社会是否进步的最重要的指标，形成了以 GDP 增长为核心的传统发展理念。实践证明，以经济增长为核心的发展观，对促进经济增长、迅速积累财富起到了积极作用。

20 世纪 70 年代初，美国麻省理工学院的梅多斯等人在其《增长的极限》中提出了"增长极限论"的发展观[1]。其中心论点是，人口增长、粮食生产、投资增长、环境污染和资源消耗具有按指数增长的性质，如果按这个趋势继续下去，我们这个星球上的经济增长在今后 100 年内的某个时期将达到极限，原因在于地球是有限的，人类生活的空间是有限的，资源是有限的，地球吸纳消化污染的能力也是有限的。增长极限论认为，世界经济增长已临近自然生态极限，人类应制止增长和技术对生态环境的破坏。它所表达的发展观尽管过于悲观，但却警告人类要从人与自然的和谐角度看待发展。在发展过程中，经济发展不能过度消耗资源、破坏环境，人类要注意经济增长与资源环境的协调，应考虑资源环境的最终极限对人类发展和人类行为的影响。增长极限论较之于单纯的经济增长论来说是一种进步，其关于人与自然关系的观点逐步被世人所接受。然而它也有一定的局限性，即它以"增长—资源—环境"的相互关系为出发点，将人置于完全被动的地位，忽视了人类把握自己命运和行为的能动作用，忽视了技术进步对经济社会发展的巨大促进作用。

20 世纪 70 年代以后，人们对发展有了新的认识，即增长不等于发展，发展是经济社会各方面综合协调发展的系统工程，提出了"综合发展观"[2]。美国学者率先发动了一场"社会指标运动"，提出了建立包括经济、社会、环境、生活、文化等各项指标在内的新的发展价值体系。联合国第二个发展 10 年（1970~1980 年）报告指出：发展已不再是单纯的经济增长，社会制

---

① 马凯、王春正、朱之鑫：《科学发展观》，人民出版社 2006 年版。
② 马凯、王春正、朱之鑫：《科学发展观》，人民出版社 2006 年版。

度和社会结构的变迁以及社会福利设施的改善具有同等重要的地位。1983年联合国推出《新发展观》一书，提出了"整体的"、"综合的"、"内生的"新发展理论，在此基础上逐步形成了综合发展观。综合发展观强调经济与政治、人与自然的协调，将人与人、人与环境、人与组织、组织与经济的合作作为新的发展主题，把发展看做是以民族、历史、文化、环境、资源等内在条件为基础，包括经济增长、政治民主、科技水平、文化观念、社会转型、自然协调、生态平衡等各种因素在内的综合发展过程。这种发展观的局限性在于强调了当代发展的各种综合协调，但没有考虑到后代的发展空间问题。

20世纪60年代，美国经济学家K.波尔丁也提出了"循环经济的发展观"[①]。"循环经济"是指在人、自然资源和科学技术的大系统内，在资源投入、企业生产、产品消费及其废弃的全过程中，把传统的依赖资源消耗增长的经济，转变为依靠生态型资源循环来发展的经济。从物质流动的方向看，传统工业社会的经济是一种单向流动的线性经济，即"资源→产品→废弃物"，而循环经济的增长模式是"资源→产品→再生资源"。循环经济最重要的操作原则是"减量、再用、循环"。资源利用的减量原则，即在生产的投入端尽可能少地输入自然资源；产品的再用原则，即尽可能延长产品的使用周期，并在多种场合使用；废弃物的循环原则，即最大限度地减少废弃物排放，力争做到排放的无害化，实现资源循环利用。循环经济作为一种发展观，其特点在于：一是体现了新的经济观，即在传统工业经济的资本循环、劳动力循环的基础上，强调自然资源也应该形成循环；二是体现了新的价值观，将自然作为人类赖以生存的基础，利用科技促进生态系统的自我修复；三是体现了新的生产观，即在生产中不断提高自然资源的利用效率，循环使用资源，尽可能地利用可再生资源替代不可再生资源；四是体现了新的消费观，提倡物质的适度消费、层次消费，在消费的同时就考虑到废弃物的资源化，建立循环生产和消费的观念。

1998年，以诺贝尔奖获得者A.K.森为代表的发展经济学家，又提出

---

①　马凯、王春正、朱之鑫：《科学发展观》，人民出版社2006年版。

了一个围绕选择、权利与福利的发展理论体系，即"以自由看待发展的发展观"①。他们认为，发展是一个与"个人自由和社会承诺"紧密联系的过程，也是一种扩大人们所真正享有的经济自由和各种权利的过程。这种新的发展观强调以人为主体、以制度为载体，强调每个经济主体不只是经济福利的接受者，而且是能动地获取机会、争取权利进而享有充分经济自由的经济单位。这种发展观的主要观点是，经济不自由与基础设施缺乏、贫困、社会组织问题等密切相关。因此，经济自由是发展的核心。一是因为它具有评价作用。经济发展必须要有某种指标体系来加以评价和比较，而一个基本的指标就是人们所享有的经济自由是否充分。二是各种不同的自由权利在促进发展和增进人类自由方面具有功能性作用。个人选择和采取经济行为的权利及其可持续性，是发展的一个主要引擎。经济自由主要包括几种在经济发展中发挥直接作用的基本自由，即政治自由、公民权利、经济设施、社会机会、社会透明度和安全性。这几种基本自由被经济主体运用的结果，是实现经济发展和人类自由的前提，也是发展的重要内涵。

1980年3月，联合国大会第一次使用了可持续发展的概念，随后这个概念逐渐被更多的官方文件使用，形成了面向后代与未来的发展观——可持续发展观②。可持续发展作为完整的理论，包括了以《增长的极限》为代表的观点，包括了《第二个2000年》和《没有极限的增长》中的部分观点，还包括了联合国《人类环境宣言》中阐述的有关理论。联合国世界环境与发展委员会在《我们共同的未来》研究报告中，首次清晰地表达了可持续发展观，即"可持续发展是既满足当代的需求，又不对后代满足需求能力构成危害的发展"。1992年在巴西里约热内卢召开的联合国环境与发展大会，通过了《里约热内卢宣言》和《21世纪议程》两个纲领性文件，它标志着可持续发展观被全球持不同发展理念的各类国家所普遍认同。可持续发展观的一个重要特点是研究了人类的代际关系，即这一代与后一代人的关系问题。与此相关联，人与自然的关系问题再一次提到了人类的面前。可持续发展观强

---

① 龚六堂:《经济增长理论》，武汉大学出版社2000年版。
② 龚六堂:《经济增长理论》，武汉大学出版社2000年版。

调以未来的发展规范现在的行动。换言之，就是使发展成为在今天是现实的、合理的，同时又能使明天的发展获得可能的空间和条件。因此，可持续发展也是为未来发展创造条件的发展。可持续发展观包括以下主要内容：一是肯定发展的必要性。只有发展才能使人们摆脱贫困，提高生活水平。只有发展才能为解决生态危机提供必要的物质基础，才能最终打破贫困加剧和环境破坏的恶性循环。因此，承认各国的发展权十分重要。二是显示了发展与环境的辩证关系。环境保护需要经济发展提供资金和技术，环境保护的好坏也是衡量发展质量的指标之一。经济发展离不开环境和资源的支持，发展的可持续性取决于环境和资源的可持续性。三是提出了代际公平的概念。人类历史是一个连续的过程，后代人拥有与当代人相同的生存权和发展权，当代人必须留给后代人生存和发展所需要的必要资本，包括环境资本。保护和维持地球生态系统的生产力是当代人应尽的责任。四是在代际公平的基础上提出了代内公平的概念。这是在全球范围内实现向可持续发展转变的必要前提。发达国家在发展过程中已经消耗了地球上大量的资源和能源，对全球环境造成的影响最大。因此，发达国家应该承担更多的环境修复责任。

可见，发展是个历史范畴，是随着历史进程而变化的，大致经历了四个阶段：第一阶段，人们对发展的理解是走向工业化社会或技术社会的过程，也就是强调经济增长的过程，这一时期从工业革命延续到 20 世纪 50 年代前。第二阶段，到 20 世纪 70 年代初，随着工业化进程，人们将发展看做是经济增长和整个社会的变革的统一，即伴随着经济结构、政治体制和文化法律变革的经济增长过程。第三阶段，在 1972 年联合国斯德哥尔摩会议通过《人类环境宣言》以来，人们将发展看做是追求和社会要素（政治、经济、文化、人）和谐平衡的过程，注重人和自然环境的协调发展。第四阶段，20 世纪 80 年代后期以来，人们将发展看做是人的基本需求逐步得到满足、人的能力发展和人性自我实现的过程，以可持续发展观念形成和在全球取得共识为标志。

经济学有时把"发展"和"增长"作为同义词使用。现代发展理论认为，发展是社会、经济、政治三者相互联系的进步过程。"增长"主要是指国民收入和国民生产总值的提高，是以产出的量的增加作为目标和衡量尺度的。发展比之增长具有更广泛的含义，既包括增长所强调的产出的扩大和增加，同时也包括生产和分配的结构与机制的变革，社会和政治的变迁，人与自然的联系，生活质量和生活水平的持续提高，以及发展的自由选择和机会公平等。发展强调的是经济、社会、政治的"质"的变迁或进化。增长要求回答"有多少"，发展则既要回答"有多少"，还要回答"有多好"。发展与增长存在逻辑上的联系与统一。没有"质"的"进化"的增长是不可持续的，同样没有量的增长的发展也是不可持续的。对发展来说，增长是最基本的，但是过分重视增长或过分强调发展都会导致发展的不平衡，妨碍未来进步。同样是在讨论经济，但"增长"更多的是在讨论数量问题，而发展不仅要考虑数量问题，还要重视质量问题，所以人类在经历了单纯的追求经济增长数量之后，又进入了追求经济增长质量的更高境界。

20 世纪 80 年代中后期出现的新经济增长理论，用规模收益递增和内生技术进步来研究一国长期经济增长和各国增长率差异，试图使增长率内生化[1]（理查德·R.纳尔森，2001）。美国经济学家肯德里克、丹尼森、库兹涅茨等，通过对主要发达国家经济增长的实证分析得出，技术进步、产业结构、规模经济等是经济增长的主要因素[2]（杨立岩、潘慧峰，2003）；R.科斯、C.诺斯等人则认为制度创新是经济增长的一个主要因素；舒尔茨则强调，在经济增长中不可忽视人的因素，提出了人力资本理论，揭示了人的素质的经济价值及其在经济增长中的作用，阐明了人的素质、教育与经济增长之间的关系，指出教育投资始终是经济增长的源泉[3]（西奥多·W.舒尔茨，1990）。然而，当我们把技术进步、产业结构、规模经济、制度创新、人力资本等看做全要素生产率的影响因素时，则正如丹尼森所说的"知识进展是最重要的因素，劳动力受教育年限的延长是一个基本的增长因素"；西蒙·库兹涅茨也提出"经济增长的主要因素是知识存量的增加、劳动生产

---

① ［美］理查德·R.纳尔森：《经济增长的源泉》，中国经济出版社 2001 年版。
② 杨立岩、潘慧峰：《人力资本、基础研究与经济增长》，《经济研究》2003 年第 4 期。
③ ［美］西奥多·W.舒尔茨：《论人力资本投资》，杜月升等译，北京经济学院出版社 1990 年版。

率的提高和结构方面的变化"；舒尔茨的研究结果也表明，人力资本对经济增长的贡献率远远高出物质资本的贡献率，占80%以上；以 R.科斯为代表的新制度经济学派的"制度创新"观点也无不与一批高素质社会成员密切相关；罗默的经济增长模型更精辟地阐述了"知识的投入对产出来说具有边际效益递增的效应，技术变革是知识积累的结果"①②（沈利生、朱运法，2001；孙超、谭伟，2004）。从以上分析得出：教育与知识存量是现代化经济增长的最重要的影响因素。

### 1.2.2　国内研究综述

关于经济增长的研究仍然是国内经济学界永恒的研究主题，并同样在我国经历了从单纯的追求经济增长数量到全面重视经济增长质量的发展过程，可以说科学发展观的提出就是这一转变的重要标志。十六届三中全会明确提出："坚持以人为本，树立全面、协调、可持续的发展观，促进经济社会和人的全面发展。"它是在中国全面建设小康社会的情况下，中央领导集体根据中国实际和改革开放的实践提出来的，切合当今世界发展总体趋势的一种新的发展观。科学发展观的提出，将在我国全面启动转变经济增长方式，提高经济增长质量的系统工程，其中人力资源不仅只是生产环节的重要资源，而且是发展生产的最终目的。

党的十七大进一步明确提出，在新的发展阶段继续全面建设小康社会、发展中国特色社会主义，必须坚持以邓小平理论和"三个代表"重要思想为指导，深入贯彻落实科学发展观。并指出，科学发展观是对党的三代中央领导集体关于发展的重要思想的继承和发展，是马克思主义关于发展的世界观和方法论的集中体现，是同马克思列宁主义、毛泽东思想、邓小平理论和"三个代表"重要思想既一脉相承又与时俱进的科学理论，是我国经济社会发展的重要指导方针，是发展中国特色社会主义必须坚持和贯彻的重大战略思想；科学发展观是立足社会主义初级阶段基本国情，总结我国发展实践，

---

① 沈利生、朱运法：《人力资本与经济增长分析》，社会科学文献出版社2001年版。

② 孙超、谭伟：《经济增长的源泉：技术进步和人力资本》，《数量经济技术经济研究》2004年第2期。

借鉴国外发展经验，适应新的发展要求提出来的；科学发展观的第一要义是
发展，核心是以人为本，基本要求是全面协调可持续，根本方法是统筹兼
顾。同时指出，必须坚持把发展作为党执政兴国的第一要务；必须坚持以人
为本；必须坚持全面协调可持续发展；必须坚持统筹兼顾。为深入贯彻落实
科学发展观，十七大要求我们始终坚持"一个中心、两个基本点"的基本路
线；积极构建社会主义和谐社会；继续深化改革开放；切实加强和改进党的建
设。还要求全党同志要全面把握科学发展观的科学内涵和精神实质，增强贯
彻落实科学发展观的自觉性和坚定性，着力转变不适应不符合科学发展观的
思想观念，着力解决影响和制约科学发展的突出问题，把全社会的发展积极
性引导到科学发展上来，把科学发展观贯彻落实到经济社会发展各个方面。

　　在西部大开发的背景下，国内学者对促进西部经济增长也进行了广泛的
研究，其主要结论及观点如下。

　　（1）关于经济增长理论的研究及主要结论。国内学者就经济增长源泉
的理论分析[①]（龚六堂，2000）、人力资本及技术进步与经济增长的关系[②]
（孙超、谭伟，2004）、教育对经济增长贡献的理论与实证分析[③]（蔡增正，
1999）、人力资本与技术进步内生化的内生经济增长模型[④]（蒲勇健、杨秀
苔，2001）、可持续发展经济增长方式的数量刻画与指数构造[⑤]（蒲勇健，
1997）、可持续发展下的最优经济增长等方面进行了较多的研究。以上研究
大部分是通过构建模型来刻画经济增长的机制，得出了与国外研究一致的结
论，其主要结论为知识经济时代的经济增长取决于科学技术与人力资本的增
长，最终决定于经济体中的人力资本存量，即人力资本才是经济增长的真正

---

[①] 龚六堂：《经济增长理论》，武汉大学出版社 2000 年版。

[②] 孙超、谭伟：《经济增长的源泉：技术进步和人力资本》，《数量经济技术经济研究》
2004 年第 2 期。

[③] 蔡增正：《教育对经济增长贡献的计量分析——科教兴国战略的实证依据》，《经济研
究》1999 年第 2 期。

[④] 蒲勇健、杨秀苔：《基于人力资本增长的内生经济增长模型》，《管理工程学报》2001
年第 3 期。

[⑤] 蒲勇健：《可持续发展经济增长方式的数量刻画与指数构造》，重庆大学出版社 1997
年版。

源泉，而人力资本的增长离不开教育的投入。

（2）关于中国人力资本的实证研究及主要结论。此类研究主要有：关于人力资本与经济增长的实证分析①（刘华、李刚、朱翊敏，2004）、包含制度因素的中国经济增长模型及实证分析②（樊瑛、狄增如、方福康，2004）、我国经济增长质量的实证分析③（彭德芬，2001）、经济增长的比较研究④（葛新权，2003）、教育对经济增长贡献的估算⑤（邱东，2004）等。以上实证研究表明，物资资本仍然是我国经济增长的主要源泉，由于我国人力资本投资的力度不够，人力资源开发质量不高，人力资本存量和增长率仍处于较低水平，使得人力资本在经济增长中的贡献份额很小。因此，提出我国应加大对人力资本投资力度，特别是增加对教育投资的建议。

（3）关于中国西部地区经济增长与人力资本的研究及主要结论。此类研究主要有：人力资本理论与新经济增长理论在西部经济增长中的借鉴研究⑥（敬蒿，2003）、人力资本要素对地区经济增长差异的作用机制及我国东中西部地区人力资本与经济增长的比较与借鉴研究⑦⑧⑨（阎淑敏，2006；郑春梅，2002；葛新权，2003）、西部地区人力资本在经济增长中的贡献的理论与实证研究⑩（闫淑敏、秦江萍，2002）、西部开发中经济增长点的选择与人

---

①　刘华、李刚、朱翊敏：《人力资本与经济增长的实证分析》，《华中科技大学学报》（自然科学版）2004 年第 7 期。

②　樊瑛、狄增如、方福康：《包含人力资本的宏观经济增长模型》，《北京师范大学学报》（自然科学版）2004 年第 3 期。

③　彭德芬：《经济增长质量研究》，中南财经政法大学博士论文，2001 年。

④　葛新权：《我国东中西部地区人力资本与经济增长研究》，北京机械工业学院 2003 年版。

⑤　邱东：《劳动力投入与经济增长》，东北财经大学出版社 2004 年版。

⑥　敬蒿：《西部地区人力资本与经济增长理论与实证》，云南大学出版社 2003 年版。

⑦　阎淑敏：《中国西部人力资本比较研究》，上海教育出版社 2006 年版。

⑧　郑春梅：《对西部开发的冷静思考——我国东部经济增长经验价值的局限性》，《经济问题》2002 年第 9 期。

⑨　葛新权：《我国东中西部地区人力资本与经济增长研究》，北京机械工业学院 2003 年版。

⑩　闫淑敏、秦江萍：《人力资本对西部经济增长的贡献分析》，《数量经济技术经济研究》2002 年第 11 期。

力资本研究①（应宏锋、白丽娜，2004）、制约西部经济增长的人力资本"瓶颈"及对策与发展西部教育的研究②（景跃军、吴云龙，2003）、技术进步及人力资本与政府在西部经济增长中的作用研究③（惠宁，2004）等。以上主要是将经济增长理论及人力资本理论用于对我国西部地区经济增长的研究，并对国内外及国内东、中、西部进行了比较与借鉴研究，得出促进西部经济增长应首先进行人力资源开发，提高西部地区人力资本质量，改善人力资源结构，政策引导合理流动等结论。

（4）关于农村人力资源开发的研究及主要结论。农村人力资源开发研究历来就在人力资源开发领域占据着重要地位，尤其是在建设社会主义新农村的大背景下，相关理论研究更是犹如雨后春笋，大家都深刻地意识到人力资本的积累与经济增长间的密切关系④⑤（刘华、李刚、朱翊敏，2004；闫淑敏、秦江萍，2002），对于农村地区，只有努力开发农村人力资源，提高农村人力资源的整体素质，才能最终解决剩余劳动力转移的问题，实现广大农民的就业、增收，是真正建设社会主义新农村的有效途径⑥（谢章敏、程琨，2007），也是破解"三农"问题的有效选择⑦（郭伟强，2007）。也有不少学者从人力资源开发的角度探讨职业教育和培训在经济社会发展中的重要地位，研究认为，依靠农村教育是开发人力资源的一个有效而根本的途

---

① 应宏锋、白丽娜：《西部经济增长的贫困陷阱与人力资本积累》，《人文杂志》2004年第6期。

② 景跃军、吴云龙：《制约西部经济增长的人力资本"瓶颈"及对策》，《人口学刊》2003年第6期。

③ 惠宁：《技术进步、人力资本溢出、政府作用与西部经济增长》，《西北大学学报》（哲学社会科学版）2004年第3期。

④ 刘华、李刚、朱翊敏：《人力资本与经济增长的实证分析》，《华中科技大学学报》（自然科学版）2004年第7期。

⑤ 闫淑敏、秦江萍：《人力资本对西部经济增长的贡献分析》，《数量经济技术经济研究》2002年第11期。

⑥ 谢章敏、程琨：《人力资源开发：西部新农村建设的根本》，《江西农业学报》2007年第4期。

⑦ 郭伟强：《农村人力资源开发：破解"三农"问题的有效选择》，《江西行政学院学报》2007年第1期。

径①②（王肃元，2007；马建富、宦平，2004）；尤其是针对大量的农村存量人力资源，农村职业教育的发展对于解决"三农"问题定会起到十分重要的作用③（尚雪艳，2005），发展职业教育是农村人力资源开发的根本途径④（彭继红，2005）。因此，应尽快完善农村劳动力培训政策，从而加快农村人力资源开发步伐⑤（韩俊，2007）。另外，学者们把完善社会保障、关注健康等也列入了农村人力资源开发的主要途径，并就此达成了一致的共识。此外，在农村人力资源开发过程中，特别是在农村劳动力转移培训中，政府应起到非常重要的引导扶持作用⑥（张芬昀，2006），因此不少学者也对我国农村剩余劳动力转移中的政府职能作了详尽深入的分析，认为政府相关政策的制定、适度的引导、政府行为的规范、与市场职能的关系等也是影响剩余劳动力转移的重要因素⑦（常婕，2006）。最后，也有不少学者对农村人力资源开发所涉及的相关费用来源、扶持政策制定等问题进行了相应研究。

## 1.3　研究方法与思路

本课题将从发展经济学、教育经济学、宏观经济学、信息经济学与计量经济学等多角度切入，综合考察我国西部经济增长质量与人力资源开发问题，做到理论联系实际，以实证分析、比较分析为主，综合运用定性分析与

---

① 王肃元：《依靠农村教育开发农村人力资源》，《甘肃行政学院学报》2007 年第 2 期。

② 马建富、宦平：《职业教育开发农村人力资源的经济功能》，《职教论坛》2004 年第 9 期。

③ 尚雪艳：《农村职业教育在解决"三农"问题中的作用与对策研究》，2005 年。

④ 彭继红：《发展职业教育是农村人力资源开发的根本途径》，《理论探讨》2005 年第 3 期。

⑤ 韩俊：《完善劳动力培训政策　加快农村人力资源开发》，《中国农村科技》2007 年第 2 期。

⑥ 张芬昀：《农村劳动力转移培训中的政府作为探析》，《北方经济》2006 年第 9 期。

⑦ 常婕：《我国农村剩余劳动力转移中的政府职能分析》，《经济论坛》2006 年第 5 期。

定量分析、规范分析与实证分析、比较分析相结合的方法，以新经济增长理论及人力资本理论为基础，通过数据收集与实地考察，运用科学方法估算西部人力资本存量，设计数学模型，研究我国西部经济增长存在的质量问题，并针对人力资本在西部经济增长中的贡献进行专门讨论，寻找提高人力资本对西部经济增长质量贡献的对策。

将经济增长内涵划分为单纯的数量增长与包含了数量增长在内的质量增长，文中所指经济增长质量的含义系后者。经过分析，将经济增长的质量采用经济增长的经济稳定性与持续性、经济结构、经济效率、技术进步、社会效益、生态环境质量等指标来衡量，采用教育、培训、劳动力转移、健康四种途径对农村人力资源进行开发，用作为生产核心要素与作为经济增长重要来源的人力资源作为二者的联系纽带，探讨我国西部农村人力资源的开发对经济增长的促进作用。这里从人力资源的数量、质量及其结构三个部分来进行分析，人力资源的数量包括了人口总量、单个劳动者的劳动能力；人力资源的质量是指单个劳动者的劳动生产率，即劳动能力的具体体现；人力资源的结构则包括了地区结构、城乡结构、行业结构、性别结构、年龄结构等。

具体研究思路图示如图1—1所示。

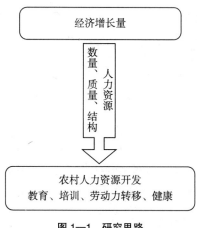

图1—1 研究思路

## 1.4 内容结构

本研究以科学发展观为指导，通过对国内外经济增长质量与人力资本对经济增长贡献的对比研究，提出我国西部经济增长应主要依靠加快农村人力资源开发，提高农村人力资源开发质量，改善人力资本结构，促进人力资源向人力资本转化，提高人力资本对经济增长的贡献来实现。提出应通过数量控制、素质提高、资源配置等手段充分、科学、合理地对农村人力资源进行开发，发挥其对经济发展的作用。并结合西部农村人力资源特点，提出教育、培训、劳动力转移与健康等开发措施，即政府应采取有效措施重视基础教育，提前开发增量农村人力资源；引导全社会增加对农村存量人力资源的开发投入，通过对现有农村劳动者的继续教育，构建农民终身学习体系，提高其生产效率；结合西部农村剩余劳动力的转移特点，发展地方特色产业，在全社会科学合理地配置农村人力资源；完善西部农村医疗卫生条件，改善西部农村人力资源的健康状况。通过西部农村人力资源开发，从而实现西部经济增长方式的转变，提高西部经济增长质量，促进整个社会的协调发展，建立和谐社会。全文除第 1 章绪论和第 10 章研究结论和政策建议外，共分9 章，具体各章内容如下：

第 2 章为相关界定。本章对本研究的范围、数据、相关概念进行界定，具体对经济增长、经济发展、经济增长质量、人力资源、人力资本、农村人力资源、农村人力资本、人力资源开发、增量人力资源及存量人力资源等概念进行界定，并简单介绍研究中所涉及的经济增长理论及人力资本理论。

第 3 章为西部地区经济增长质量综合评估。本章通过设计经济增长质量指标体系，对我国西部地区 2000~2007 年经济增长中的经济稳定性与持续性、经济结构、经济效率、技术进步、社会效益、生态环境质量等进行实证分析，并对西部经济增长质量作出综合评价。

第 4 章为西部农村人力资源开发与经济增长质量的关系分析。本章在理论上分析了农村人力资源开发与经济增长质量二者之间存在互动关系的基础上，运用 2000~2007 年的数据，设计模型对城镇人力资源投入与乡村人力资源投入等变量对经济增长的贡献进行了回归分析，为西部农村人力资源开发提供理论依据。

第 5 章为中国西部农村人力资源开发实证分析。本章通过对国内外进行人力资源估算方法的研究，提出人力资源估算方法，并通过统计，估算出我国西部及农村人力资源的存量、增量与变动情况，并对西部人力资源的数量、质量、结构进行实证分析和与全国、东部进行了对比分析，研究我国西部农村人力资源的特点，为西部农村人力资源开发提供现实基础。

第 6 章为农村教育与西部农村人力资源开发。本章从理论上论述了农村教育对西部农村人力资源开发的作用，接着对全国及其西部农村教育的总体现状进行了描述，并对四川省内 12 个县或县级市（区）的农村教师的基本情况、工作状况、生活状况及继续教育情况进行了调查研究，归纳出当前西部农村教育存在的问题，最后从农村教育角度提出了开发西部农村增量人力资源的措施。

第 7 章为农民培训与西部农村人力资源开发。本章论述了培训对西部农村人力资源开发的作用，分析了西部地区培训质量的总体情况，在对四川省邛崃市及其 24 个乡镇的部分农民参加农民培训的情况进行调查分析的基础上，从培训的角度提出了开发农村存量人力资源的措施。

第 8 章为农村劳动力转移与西部农村人力资源开发。本章分析了农村劳动力转移对西部农村人力资源开发的作用，以四川省成都市 6 个区县为例研究了西部农村劳动力转移的现状及其特点，以四川省邛崃市为例，分析了影响西部劳动力转移的因素，其中重点分析了区域经济因素与教育程度因素对农村劳动力转移的影响，最后就提高西部农村劳动力转移质量提出了一些政策建议和措施。

第 9 章为农民健康与西部农村人力资源开发。本章主要分析了农民的身体健康对西部农村人力资源开发的作用，阐述了西部农民健康的现状及原因，并针对存在的问题提出了改善农民健康现状的措施。

## 1.5  研究意义

第二次世界大战以来，从"经济增长论"到"可持续发展观"，人们在追求经济增长的过程中，从理论到实践都走过了单一追求经济增长数量到重视经济增长质量的发展历程。与单纯追求 GNP 或 GDP 的增长速度相比，人们越来越重视它们的构成，正是在这一背景下，人们开始实现着发展观和发展模式的历史性转变，这也正是我国科学发展观提出的历史背景。经济增长质量范畴是在生产力和经济发展到一定程度时，随着发展观的转变而成为人们关注的热点。近年来，我国经济长时期的高速增长，在 GDP 总量迅速增长的同时，对资源与环境造成了极大的破坏，到了不得不重视经济增长质量的时候了。党中央审时度势，及时提出了坚持"以人为本"，以可持续地协调发展为核心内容的科学发展观，并指出要尽快实现从粗放型向集约型经济增长方式的转变，这些都表明我国已经开始从单一地追求经济增长数量向重视经济增长质量的转变。

国内外经济增长理论到实证研究都能得到一个共同的结论，即要实现经济增长方式的转变，提高经济增长质量必须依靠科技进步与人力资本的积累。但是，对我国目前经济增长的实证研究却得出了相反的结论，即我国目前的经济增长仍主要依赖物资资本的投入，而人力资本对经济增长的贡献不足，与发达国家间的差距很大，这在我国西部表现得尤为明显。所以，靠政府大量的基础设施投资拉动的经济增长方式，无法实现可持续发展，这种西部大开发的主要政策措施，带来的是一种粗放型的经济增长模式。要在我国西部转变经济增长方式，提高西部经济增长质量，必须加大对人力资本的投资力度，提高人力资本对经济增长的贡献。西部具有大量的农村人力资源，这是在西部实现经济增长方式转变，提高经济增长质量的决定性因素，也是建设社会主义新农村的主力军。因此，以经济运行质量、居民生活质量、生存环境质量为经济增长质量指标，以教育、培训、农村劳动力的转移为农村人力资源开发手段，研究西部经济增长质量与农村人力资源开发，并提出可供借鉴的政策建议具有重要的理论与实践意义。

# 2 相关界定

## 2.1 研究范围界定

本研究首先通过对我国经济增长质量指标体系的设计，经济增长要素贡献差异的对比分析，寻找导致我国东西部经济增长质量差异的主要原因；之后，对我国西部及其农村人力资源进行大量实证分析；然后，针对西部农村人力资源数量多、素质低、结构不合理的特点，按照存量与增量分别研究通过教育、培训、健康及科学转移等途径，对西部农村人力资源进行开发，提高西部农村人力资源质量，从而提高西部人力资本对经济增长的贡献，促进经济增长质量的提高，缩小东西部经济增长差异。

根据研究的需要，本研究所指的西部范围主要是我国西部的 12 个省区市，包括内蒙古自治区、广西壮族自治区、重庆市、四川省、贵州省、云南省、陕西省、甘肃省、青海省、宁夏回族自治区、新疆维吾尔自治区、西藏自治区。单从地域概念上理解，通常人们所指的西部，主要是指我国中原以西的地区，包括四川省、贵州省、云南省、西藏自治区、陕西省、甘肃省、宁夏回族自治区、青海省、新疆维吾尔自治区、重庆市 10 个省区市。1986年 4 月，第六届全国人大四次会议通过的《中华人民共和国国民经济和社会发展第七个五年计划》（以下称《计划》），在综合考虑各地实际情况的基础上，以现有生产力发展水平为主要依据，结合考虑地理位置和区位特点，并适当考虑行政区划的完整性，对我国东、中、西三大区域作了明确划分。其中，《计划》所指的东部地区包括辽宁省、北京市、天津市、河北省、山东省、江苏省、上海市、浙江省、福建省、广东省、广西壮族自治区 11 个直接靠海的省、自治区和直辖市，之后在 1988 年海南省又从广东省分离出来单独建省，因此东部就成为了 12 个省、自治区和直辖市；《计划》所指的中部地区包括黑龙江省、吉林省、内蒙古自治区、山西省、河南省、湖北省、湖南省、安徽省和江西省 9 个省和自治区；当时，《计划》所指的西部地区则是由四川省、贵州省、云南省、西藏自治区、陕西省、甘肃省、宁夏回族自治区、青海省和新疆维吾尔自治区 9 个省和自治区组成，之后在 1997 年八届全国人大五次会议上通过了设立重庆直辖市的决定，因此西部地区就增加为 10 个省、自治区和直辖市。在世纪之交，随着我国顺利实现第二步战略目标，宏观经济环境由短缺到相对过剩的转变，党中央、国务院又不失时机地提出了西部大开发战略。在综合考虑经济发展水平、地理区位和少数民族地区发展因素的基础上，又考虑到地处东南部的广西和中北部的内蒙古是我国 5 个少数民族自治区中的 2 个，社会经济的发展与西部地区类似，故而将内蒙古和广西也列入了西部大开发的范围。

于是，本书所指"西部"就特指西部大开发所包含的重庆市、四川省、贵州省、云南省、西藏自治区、陕西省、甘肃省、青海省、宁夏回族自治区、新疆维吾尔自治区、内蒙古自治区、广西壮族自治区 12 个省、自治区和直辖市。该区域总的国土面积为 685 万平方公里，占全国的 71.4%；2001年人口数量为 3.64 亿人，占全国的 28.6%；国内生产总值为 18245 亿元，占全国的 17.1%。西部地区由于自然、历史、社会等原因，经济发展相对落后，人均国内生产总值仅相当于东部地区平均水平的 40%。从我国版图上看，该区域处于中国的西部，构成了一个彼此接连、互相依托的自然整体。西部地区地处长江、黄河、珠江、雅鲁藏布江、澜沧江等主要江河发源地，与印度、巴基斯坦、尼泊尔、不丹、斯里兰卡、缅甸、老挝、越南、蒙古、俄罗斯、哈萨克斯坦等 14 个国家接壤，陆地边境长达 16000 多公里。其中广西直接临海，有占全国海岸线的 1/10 左右，与东南亚许多国家隔海相望。西部地区素为我国的战略后方，其中川、渝、黔、滇、陕、甘等省市曾为我国历史上"三线建设"的重点地区。西部地区又是我国少数民族的主要聚居地区，民族自治地方构成了西部的区域主体。全国 5 个民族自治区全部在西部，30 个自治州中有 27 个在西部，120 个民族自治县（旗）中有 83 个在西部，分别占全国自治区、自治州和自治县（旗）三级自治地方总数的 100%、90% 和 67.17%。由此可见，在世纪之交，党中央提出实施西部大开发战略其实就是对西部少数民族地区的大开发。

考虑到本研究的重点是讨论西部农村地区人力资源开发对西部经济增长质量的贡献问题，所以首先将西部地区人力资源按地域及户籍关系划分为城市人力资源与农村人力资源，并将研究重点放在农村人力资源的开发体制、机制等方面，即主要针对农村人力资源通过教育、培训、健康与科学转移等开发途径开展广泛调研和深入研究。

## 2.2  研究数据界定

本研究所采用的数据主要来自公开出版发行的统计年鉴、书籍及公开出版的刊物、网站等，并涉及部分在四川省、云南省等地实地调研所收集的数据。

## 2.3  概念界定

### 2.3.1  经济增长与科学发展

质量作为微观范畴，无论在理论上还是在方法上都已是相当成熟的概念，而作为宏观范畴却很新鲜。怎样准确地界定这个宏观范畴，还须先弄清楚经济增长和经济发展的含义及其相应理论。

1. 经济增长的含义

萨缪尔森（Paul Samuelson）在其畅销教科书《经济学》中是这样论述经济增长的含义的，"经济增长用现代的说法就是指，一个国家潜在的国民产量，或者潜在的实际 GNP 的扩展，我们可以把经济增长看做是生产可能性边缘随着时间向外推移"①。另一位诺贝尔经济学奖得主库兹涅茨在1971年接受诺贝尔奖时所发表的演说中提到,"一个国家的经济增长,可以定义为向它的人民提供日益增加的经济商品的能力的长期上升,这个增长的能力,基于改进技术,以及它要求的制度和意识形态的调整"②。

可见,经济增长的特征有:

第一,最明显的特征是人均产量或产值的增加,而且这种增加是由产出能力的增长带来的。因此,仅有总量的增长并不一定就被看做经济增长。

第二,这种增长必须是持续长期的上升,而一些短期的增长或周期性的扩张都不能被看做经济增长。

第三,经济增长通常伴随着人口的增加和广泛的结构变化。

第四,这种经济能力的增长是以先进技术的应用和所需要的制度和思想意识的调整为基础的。

2. 科学发展的含义

弄清科学发展的含义,首先要弄清发展的含义,但发展是一个永恒的主题,它的含义也是一个不断变化的过程,缪尔达尔(Myrdal)认为,"发展是整个社会制度向上的运动,换言之,这不仅涉及产品的生产、产品的分配和生产方式,也涉及生活水平、制度、观念和政策"③。在经济发展理论或发展经济学中的发展,特指发展中国家摆脱不发达状态,由传统社会经济状态向现代社会经济状态的根本性转变。也有人将发展定义为:发展是一个国家人均实际收入长期增长的过程,在这种增长过程中,受益的不是少数人而是多数人。

可见,给发展下定义很难,因为发展本身就是个历史范畴,是随着历史进程而变化的,在人类历史上对发展的认识大致经历了四个阶段。第一阶段,人们对发展的理解是走向工业化社会或技术社会的过程,也就是强调经济增长的过程,这一时期从工业革命延续到20世纪50年代前。第二阶段,

---

① 〔美〕保罗·A.萨缪尔森、威廉·D.诺德豪斯:《经济学》,胡代光等译,首都经济贸易大学出版社1998年版。

② 陈东琪:《微调论》,远东出版社1999年版。

③ 陈广汉:《增长与分配》,武汉大学出版社1995年版。

到 20 世纪 70 年代初，随着工业化进程，人们将发展看做是经济增长和整个社会变革的统一，即伴随着经济结构、政治体制和文化法律变革的经济增长过程。第三阶段，在 1972 年联合国斯德哥尔摩会议通过《人类环境宣言》以来，人们将发展看做是追求和社会要素（政治、经济、社会、文化、人）和谐平衡的过程，注重人和自然环境的协调发展。第四阶段，20 世纪 80 年代后期以来，人们将发展看做是人的基本需求逐步得到满足、人的能力发展和人性自我实现的过程，以可持续发展观念形成和在全球取得共识为标志。所以，经济发展不仅包含经济增长，还包括收入分配、社会公平、制度变迁、价值观转变乃至文化革命等广泛的内容。

"发展"不等于"增长"，但又有着必然的联系，就经济领域而言，经济发展通常意味着经济增长，但经济增长却不一定意味着经济发展。由于发展本身很难界定，所以"科学发展"的内涵与外延就更加难以确定，它既包括量的增长，也包括质的约束，在人类经过经济快速增长时期之后，提出这样的概念，它必然蕴涵着人们对经济长期稳定增长、可持续发展、优化增长方式、居民生活质量提高、生态环境得到保护等经济增长质量指标的追求。从联合国世界环境与发展委员会在《我们共同的未来》研究报告中首次清晰地表达了可持续发展观，到世界上对可持续发展观形成共识，再到我国十六届三中全会明确提出"坚持以人为本，树立全面、协调、可持续的发展观，促进经济社会和人的全面发展"，即科学发展观，以及党的十七大进一步明确指出，要深入贯彻科学发展观，并就如何贯彻落实提出了明确的要求，这本身就是人们从单一追求经济增长数量，到全面追求经济增长质量的过程，或者说是人们追求经济增长到追求经济发展的过程。

科学发展观是坚持以人为本，全面、协调、可持续的发展观。其中，以人为本，就是要把人民的利益作为一切工作的出发点和落脚点，不断满足人们的多方面需求和促进人的全面发展；全面，就是要在不断完善社会主义市场经济体制，保持经济持续快速协调健康发展的同时，加快政治文明、精神文明的建设，形成物质文明、政治文明、精神文明相互促进、共同发展的格局；协调，就是要统筹城乡协调发展、区域协调发展、经济社会协调发展、国内发展和对外开放；可持续，就是要统筹人与自然和谐发展，处理好经济建设、人口增长与资源利用、生态环境保护的关系，推动整个社会走上生产发展、生活富裕、生态良好的文明发展道路。对于科学发展观的基本内涵，正如曾培炎同志所概括的，它包含以下五个方面：坚持以人为本，是科学发展观的核心内容；促进全面发展，是科学发展观的重要目的；保持协调发展，是科学发展观的基本原则；实现可持续发展，是科学发展观的重要体现；实行统筹兼顾，是科学发展观的总体要求。科学发展观是在中国全面建设小康社会的情况下，根据中国实际和改革开放的实践提出来的，切合当代世界发展趋势的一种新的发展观。对于经济增长而言，科学发展观就是不仅重视经济增长速度，而且重视经济增长质量。

关于经济增长与经济发展的关系，可以概括为：过去人们把增长与发展当成同义词使用，现在仍有人轮换使用这两个词。但实质上两者是有区别的，通常增长是指产出或收入的增加，它重视总量、规模和速度，仅仅描述出被评价事物的外观，是一个标量；而发展则是一个矢量，是在增长基础上同时要从质、量、度多维把握的事物，是指扩大一国实力的诸因素的变化，如经济结构与组织的变化，以及各种经济和社会因素的质量变化。有人认为，数量与增长观相连，而质量与发展观相连。因为，一国产出如国民生产总值或国内生产总值的增加并不能解决总人口中最贫困那部分人的贫穷状况。经济发展意味着产出方面的经济增长应该由大部分人共享，人们通过经济增长不仅仅在于获得更多数量物品，而且在于提高生活质量。经济发展不仅包含经济增长，还包括收入分配、社会公平、制度变迁、价值观转变乃至文化革命等广泛内容。经济发展通常意味着经济增长，但经济增长并不一定意味着经济发展。当然，由于经济增长不等于经济发展，导致以此为研究对象的经济增长理论同样区别于发展理论。

### 2.3.2　经济增长质量

对于经济增长过程的变化，在数量上一般有较为一致和成熟的观点，在质量上却有不同的看法，这是因为"经济增长质量"的概念，在经济学科中既具有广泛含义，又十分抽象且难以界定。目前，已有的论述主要有以下三类。

第一类：经济增长质量的高低表现在经济增长是否稳定、协调、持续以及增长潜能的大小上。

第二类：经济增长质量是"表现国民经济增长是能够形成新的被市场接受的生产能力的增长范畴。这一定义含有两个条件：一是增长质量表现在生产能力是新形成的，不是原有生产能力创造的国民生产总值；二是其生产能力被市场接受，而不是被市场排斥，由此才能创造国民生产总值。因此，判断经济增长是否具有质量，就看是否同时具备这两个条件"。

第三类："经济增长质量是指一国经济活动整体在资源配置和满足社会需要上的优劣程度"。"经济增长质量问题，实质上是经济效益问题"。

从这些论述可以看出人们对于经济增长质量的理解在不断深化，但仍显得不够贴切和系统。其中第三种论述在观念上有突破，不再是就经济而论经济，但对于经济增长质量外延的界定却仍然不够明确、具体，这不利于对经济增长质量的进一步分析与研究。

但是，由于经济增长质量范畴本身就是一个动态的概念，所以必须以发展的眼光来认识它的本质特征。通过分析，可以归纳出现阶段经济增长质量有如下几个方面的特征。

（1）经济能力的长期稳定增长是以所需要的制度和思想意识的调整为基础的。制度和思想意识的调整如能和社会主义市场经济相适应，和公有制为主体的多种经济成分并存的所有制形式相适应，和按劳分配为主体、其他分配形式为补充的分配形式相适应，和生产力状态相适应，则必将促使经济增长处于良性循环状态，推动社会的进步。我国改革开放30多年的实践可以证明这一点。

（2）持续、稳定的经济数量增长是有质量的经济增长特征之一。过度的经济波动对动态效率的损害很大：一是破坏了经济长期稳定增长的内在机制，造成资源的巨大浪费，影响经济增长的长期绩效；二是加大了宏观经济运行的潜在风险，经济过热导致泡沫膨胀，经济过冷导致失业增高，引发社会不安定的因素。

（3）经济增长质量要体现经济增长方式的优化。经济结构特别是产业结构的状况如何以及经济效率的高低是有质量的经济增长的重要保障；经济增长质量的提高是以先进技术的应用为基础的。

（4）财政与金融平稳运行是现代社会经济质态运行的特征。1997 年从泰国开始爆发的亚洲金融风暴提醒人们，在全球经济一体化的今天，各种潜在的风险特别是金融风险正在加大，要规避风险则要求财政与金融平稳运行。

（5）居民生活质量是经济增长质量的核心内容。从发展的性质讲，实现有质量的经济增长的最终目的是为人类提供更良好的生存条件。人是实现有质量的经济增长的主体，是发展的主体。

（6）经济增长不以牺牲环境为代价。片面追求经济增长速度的观念已使我们付出了沉重的代价，致使环境污染加剧，生态破坏严重。最近几年我国北方地区大范围频发的沙尘暴天气，更是给我们敲了警钟。

（7）经济增长质量的提高使一国国际竞争力增强，国家经济运行安全，经济社会可持续发展。

由此可见，经济增长质量的内涵应界定为：经济增长质量是指一个国家伴随着经济的数量增长，在经济、社会和环境诸多品质方面表现出来的优劣程度。其本质特征是鼓励经济的数量平稳增长；经济的数量增长与资源环境的承载能力相适应，以持续的方式使用自然资源；以先进技术的应用、结构的优化和效率的提高为基础；以提高生活质量为核心内容，消除贫困，体现社会的进步。可见，本研究所指的经济增长质量为宏观经济运行系统中的经济增长质量。

从科学发展观的角度考察，经济增长质量包括制度调整绩效、经济运行质量、居民生活质量、生态环境质量。制度调整绩效是指国家经济体制、调控机制与宏观管理的效果；经济运行质量包括经济结构状况、经济增长效率高低及财政与金融运行平稳与否等规定性；居民生活质量是指居民收入分配状况、失业率高低、通货膨胀程度、受教育程度和预期寿命等；环境质量是指环境污染程度，具体指经济增长带来的对资源和生态的破坏程度以及治污成本的高低。

### 2.3.3 人力资源与人力资本

1. 人力资源的含义

人力资源这一概念最初是由美国学者麦尔斯在 20 世纪 60 年代提出的，此后，学界普遍认为：人力资源已成为经济和社会发展中优先于物力资源、财力资源和信息资源的第一资源，人力资源是经济资源的核心要素，已成为核心竞争力的决定性因素。根据人力资源理论，"人力"是指人的劳动能力，包括体力、智力、知识、技能四个部分，这四者的不同组合，构成了人力资源的丰富内容，体力和智力是其最基本的组成部分。从经济学角度看，人力资源是指一定范围内的人口总体所具有劳动能力的总和，是存在于人的自然生命机体中的一种社会经济资源；从人口学角度看，人力资源是指能够推动社会和经济发展，具有智力和体力劳动能力的人的总称，也可以称做"劳动力资源"，劳动适龄人口是人力资源的主体，从业人员和待业人员构成了现实性的人力资源。

人力资源由附着在人身上的知识、智力、体力、技能、精神等要素构成。人力资源通过人的生产活动，可直接作用于经济和社会发展，成为经济和社会发展的推动力。人力资源开发是指充分、科学、合理地发挥人力资源对社会经济发展的积极作用而进行的数量控制、素质提高、资源配置等一系列活动相结合的有机整体。

人力资源作为经济资源中的一个特殊种类，有其自身的特点。了解并掌握人力资源的特点，对于研究它的开发和利用具有重要意义。与其他资源相比，人力资源具有如下特征。

第一，具有自然性和社会性的双重属性。一方面，人力资源以人身为天然载体，存在于人体之中，是一种"活"的资源，与人的自然生理特征联系，这就是它的自然性，也是人力资源的最基本属性；另一方面，人力资源还具有社会性，它总是处于一定的社会范围中，它的形成要依赖于社会，为各种社会条件所制约，它的利用要纳入社会的分工体系之中，所从事的劳动总是在一定的社会生产方式下进行的，因此，社会性是它的本质属性。

第二，具有主观能动性。人类不同于自然界其他生物的本质特征在于人具有主观能动性，能够有目的地改造外部世界，能够根据外部可能性和自身条件、愿望，有目的地运用劳动手段，作用于劳动对象，控制社会生产过程，使社会经济活动按照人类自己的意愿发展。主观能动性使人力资源在经济活动中居于主导地位，是最积极、最活跃的生产要素，这也正是它成为经济资源中核心资源的原因。

第三，具有再生性。人力资源是一种可再生资源，它可以通过人口的再生产和劳动力的再生产，通过人口总体和劳动力总体内各个体的不断替换、更新和恢复而获得再生，是用之不尽、可充分开发的资源。但是，人力资源的再生性与自然界的生物资源的再生性有所不同，它除了遵守一般的生物学规律之外，更强烈地受到社会经济条件的制约、人类意识的支配和人类活动的影响。

第四，具有时效性。人力资源的形成、开发、使用都具有时间方面的限制。从个体角度看，作为生物有机体的人，有其必然的生命周期，在不同的周期所表现的特征有所不同；作为人力资源的人，能从事劳动的自然时间又被限定在生命周期的中间一段，能够从事劳动的不同时期（青年、壮年、老年），劳动能力也有所不同。从社会的角度看，在各个年龄组人口的数量以及它们之间联系方面，特别是"劳动人口与被抚养人口"比例方面，也存在着人力资源整体利用的时效性问题。

第五，具有高收益性和收益递增性。在现代市场经济国家对经济增长的贡献中，人力资本收益的份额正在迅速超过物质资本和自然资源，对人力资源的投资成为一种高收益性的投资。而且，随着科技的进步，知识形态的生产力因素对经济增长的贡献越来越大，社会生产力的智能化趋势加强，劳动力的市场化不断提高，人力资源的社会价值有上升的趋势，因而从发展的角度来看，对人力资源的投资还具有收益递增性。这种收益递增性，不仅仅是通过教育的普及使知识在空间和时间上传递和积累从而使人力资源的整体质量提高，而且也是人力资源个体所具有的自我丰富特征所促成的。人力资源在其使用过程中，虽然也有有形损耗与无形损耗，但是，由于人力资源是一种能动的智力型资源，因而在其使用过程中同时伴随着知识增长和更新、经验积累、能力开发、个性完善等一系列自我丰富的过程，尤其是在生产实践中，人力资源所积累的"隐含经验类知识"较一般的"数码化知识"更为稀缺和宝贵，使其收益随着劳动寿命的延长更具有递增性。

本书所指的人力资源是从经济学的角度来定义的，它是指一定范围内的人口总体所具有的劳动能力的总和，是存在于人的自然生命机体中的一种社会经济资源，包括数量、质量与结构。人力资源的数量由人口数量与单个人口的劳动能力构成；而人力资源的质量则是指单位时间劳动者的产出，即单位劳动能力的具体体现或劳动生产率的高低；人力资源的结构则包括地区结构、城乡结构、行业结构、性别结构、年龄结构、受教育程度结构等。此处的人力资源重点是强调其作为生产要素的经济意义，其人口总体的劳动能力难以量化，但是由于劳动能力决定于身体素质、文化素质与思想素质，而文化素质对劳动力水平差异影响最为明显，可见文化素质作为人力资源开发的重点直接关系着劳动者的劳动能力。教育与培训则是改变劳动者文化素质的重要途径，所以用劳动者的受教育年限或文化程度来定量地衡量劳动者的劳动能力比较科学，虽然劳动者的劳动能力受多种因素的影响，其提高的方式和途径也比较多，但是学校正规教育往往是劳动者劳动能力最初形成的主要途径，对于全体劳动者也存在着同样的关系，所以书中主要采用劳动者受教育年限来衡量劳动者的劳动能力。

2. 人力资本的含义

第一次正式提出"人力资本"概念的是美国经济学家沃尔什。他于1935年出版了《人力资本观》一书，在该书中，他从个人教育费用和个人收益相比较来计算教育的经济效益，而真正形成人力资本理论则始于20世纪50年代末60年代初。1957年，明塞尔的博士论文《人力资本投资与个人收入分配》，对人力资本投资与个人收入之间存在的必然关系进行了认真研究。1960年，美国著名经济学家、诺贝尔经济学奖获得者西奥多·舒尔茨在美国经济年会上以主席的身份发表了题为《论人力资本投资》的演讲，轰动了西方经济学界。西奥多·舒尔茨认为，"资本"有两种存在形式：其一是物质资本形态，即通常所使用的主要体现在物质资料上的那些能够带来剩余价值的价值；其二是人力资本形态，即凝结在人体中的能够使价值迅速增值的知识、体力和价值的总和。我国学者基本上接受了舒尔茨的人力资本定义，即人力资本是体现于人身体上的知识、能力和健康。但有的学者对这个概念作了更深入的探讨。一是认为人力资本分初级和高级两个层次。前者是指健康人的体力、经验、生产知识和技能。后者是指人的天赋、才能和资源被发掘出来的潜能的集中体现——智慧。二是认为人力资本具有不同的生产力形态，提出了异质型人力资本和同质型人力资本的概念。前者是指在特定历史阶段中具有边际报酬递增生产力形态的人力资本，后者是指在特定历史阶段具有边际报酬递减生产力形态的人力资本[1]（丁栋虹，1999）。三是从个人和群体角度来对其下定义，前者指存在于人体之中、后天获得的具有经济价值的知识、技术、能力和健康等质量因素之和；后者指存在于一个国家或地区人口群体每一个人体之中，后天获得的具有经济价值的知识、技术、能力及健康等质量因素之整和[2]（李建民，1999）。

阿罗于1962年发表的《边干边学的经济含义》一文提出了"边干边学"的著名理论，则是上述理论的补充。1964年，贝克尔发表了《人力资本》，提出了较为系统的人力资本理论框架，进一步发展了人力资本理论，使之成为系统而完整的理论体系。人力资本理论的出现具有其历史必然性，是工业化发展到一定程度的必然结果。首先，经济增长率公式出现了越来越大的误差，发达国家经济增长率远远高于劳动力和资本投入增长率带来的经济增长。其次，收入分配越来越多地显示出个人收入与教育程度的关系，教育程度不同的群体之间收入差距拉大——教育程度越高收入水平也越高、教育程度越低收入水平也越低。其中，被普遍接受的是舒尔茨的人力资本定义，即人力资本是体现于人身体上的知识、能力和健康。

人力资本理论的内容主要包括：（1）人力资源是一切资源中最主要的资源，人力资本理论是经济学的核心问题。（2）在经济增长中，人力资本的作用大于物质资本的作用。人力资本投资与国民收入成正比，比物质资源增长速度快。（3）人力资本的核心是提高人口质量，教育投资是人力投资的主要部分。不应当把人力资本的再生产仅仅视为一种消费，而应视同为一种投

---

① 丁栋虹：《从创新资本经理型企业家到经理革命——管理革命形成机理的一个产权经济学分析》，《财经问题研究》1999年第8期。

② 李建民：《人力资本与经济持续增长》，《南开经济研究》，1999年。

资，这种投资的经济效益远大于物质投资的经济效益。教育是提高人力资本最基本的主要手段，所以也可以把人力资本投资视为教育投资问题。生产力三要素之一的人力资源显然还可以进一步分解为具有不同技术知识程度的人力资源。高技术知识程度的人力带来的产出明显高于技术程度低的人力。
（4）教育投资应以市场供求关系为依据，以人力价格的浮动为衡量符号。

3. 人力资源与人力资本

人力资源是一个宏观的概念，它是指能够推动社会和经济发展的具有智力和体力劳动能力的人们劳动能力的总称。它是数量和质量的统一体。人力资源的核心在人力，关键要素则在智力。它有别于以数量、生理、体力等为特征的劳动力资源，是最活跃、最积极且具有主动性的生产要素，是推动经济社会发展的第一资源。

人力资本与人力资源的联系在于，人力资本是对人力资源进行开发性投资所形成的，是可以带来财富增值的资本形式。它是人力资源的价值所在，人力资本存量多寡，决定于人力资源质量的高低。人力资源是一个多质统一的概念，包括身体素质、文化素质、智能素质、品德素质、审美素质等七种素质，这些素质既有自然性，也有社会性，既有经济性，也有政治性，这种特性决定了对人力资源需要进行全面系统地开发，才有可能取得最佳效果。经过开发的人力资源最终成为社会经济发展中类似资本的要素即人力资本。人力资源是人力资本的基础，人力资源开发（包括人口控制、优生优育、教育和培训、社会保障等）则是形成人力资本的各种物质技术手段。

人力资本与人力资源有较多相似之处，但究其本质而言它们又有许多不同，主要体现在：（1）人力资源的外延要宽于人力资本。人力资源既包括自然资源（指未进行教育、培训、健康和迁移等投资而自然形成的体力、智力和技能等），又包括开发后的人力资源，主要体现人本身的自然存在属性，反映的是劳动力的数量方面，它是社会经济发展中最重要的可再生资源，是一个概括性的范畴；人力资本则是一个反映价值的概念，主要指的是人的大脑中的知识存量，是一种潜在于人的头脑中的知识和技能所表现出的人的质量水平，是指能够投入到经济活动并带来新价值的资本。（2）研究角度和范围的差异。人力资源是从经济要素的实体角度来看的，研究得更多的是作为生产要素的人同其他生产要素的匹配，显示其在生产中的作用，因此，人力资源问题主要从开发、配置、管理和收益等角度来揭示人力资源在社会经济中的作用；人力资本是从经济要素的价值角度来看的，人力资本是通过投资形成的，以人力方式存在于人体中的资本形式，它强调以某种代价所获得的某种特定能力、技能的价值，主要从投资和收益的角度研究人力资本在经济增长中的作用。

4. 农村人力资源

人力资源根据其户籍所在地可粗略地将其分为城市人力资源与农村人力资源。农村人力资源又可根据其工作地点粗略地分为两大类：一类是农村转移到城市从业的劳动力，另一类是在农村从业的劳动力。除此之外，中国人民大学陈风选择全国 320 个村庄作为固定观察点，对两万个农户在 1995~1998 年间的数据进行分析，按农村人口就业结构分，把农村人力资源分为五大类：第一类是农业劳动者，从事农、林、牧、渔等传统农业生产；第二类是进城务工的农民工，长期在城市从事各项工作，据国家农业部估计，全国农村剩余劳动力外出打工者有 5000 多万人，其中跨省区流动转移者有 2000 多万人；第三类是农村中一些个体经营者和乡镇企业的经营者等；第四类是农村中一些从事科技、文化工作，担任农村干部等工作的农民；第五类是受雇在乡村一些企业经营单位工作的农村劳动力。为了研究的需要，本研究所指的农村人力资源及其对应的农村人力资本是指按户籍统计出生在农村、成长在农村的所有人口的总和，包括在农村从事农业与非农业的劳动力、从农村转移或将要转移到城市的农村剩余劳动力等。

长期以来，以上所指的我国农村人力资源的特点是数量大、增长快、素质低、开始就业年龄小、教育投资力度小、投资与就业主动性差、人力资本浪费严重等。

5. 存量人力资源与增量人力资源

农村人力资源可以根据其形成的时间点将其分为存量人力资源与增量人力资源，存量人力资源是指已经具备的所有劳动者的劳动能力总和，而增量人力资源则是指未来将新增加的所有劳动者的劳动能力总和。根据定义，存量人力资源应指已经具备劳动能力的所有劳动者的劳动能力总和，而增量人力资源则应包括已经具备劳动能力的劳动者增加的人力资源与尚不具备劳动能力的未成年人将来成为具有劳动能力的劳动者后增加的人力资源两部分。但是，考虑到只有达到劳动年龄的劳动者才能进入劳动岗位，发挥其劳动能力的作用，也为了便于界定，所以将存量人力资源界定为依法已经符合劳动年龄进入劳动市场的全体劳动者的劳动能力的总和，进而统计时简单地以是否在学校接受正规学校教育为划分标准。

同时，考虑到农村劳动岗位的特殊性，为了统计的方便，将农村未达劳动年龄但未在学校接受正规教育的劳动者界定为存量人力资源，而将在学校接受正规教育的劳动者界定为增量人力资源，忽略离开学校后又重新进入学校接受正规教育等少量特殊情况，并将进入高等教育阶段学习的未来劳动力界定为非农村人力资源。即已经离开正规学校教育进入生产领域的符合农村人力资源界定范围的人力资源属存量人力资源，这部分人力资源由于已经离开学校正规教育，只能通过职后的社会培训来进行开发；而尚在学校接受正规学历教育的符合农村人力资源界定范围的未来的农村人力资源称之为增量人力资源，由于这部分未来人力资源正在学校接受教育，主要是基础教育阶段，将来一部分会通过考上大学等途径离开农村，成为城市人力资源，但根据中国情况来看，大部分人还是会成为将来的农村人力资源，所以应通过教育途径对其进行提前开发。当然，也有少量存量劳动力就业后又重新进入学校接受正规基础教育，也有少量的大学毕业生仍然回到当地农村从事农业工作，以及通过参军入伍等途径离开农村的特殊情况，但毕竟是少数，也不影响本研究对两类人力资源的开发研究，所以将其忽略不计。

本研究对存量与增量人力资源的界定是根据就业时间点，即是否在学校接受正规学校教育来划分的，而非指是否已经附着在人身上的知识、智力、体力、技能、精神等要素。有时为了研究中统计数据的需要，甚至将存量人力资源仅理解为现实劳动人口数量，而增量人力资源仅仅理解为将来成为劳动者的未成年人口数量。因人力资源总量包括人力资源数量与人力资源质量，而人口数量与人力资源数量一般呈正向相关关系，所以用人口数量代替人力资源数量进行有关定量研究不会影响所得结论。

6. 人力资源开发理论

人力资源开发理论是在古典经济学和马克思主义经济学关于人力资本的理论以及以舒尔茨为代表的现代人力资本理论的基础上，于 20 世纪 60 年代后产生和发展起来的。随着西方人力资源管理思想的出现、行为科学研究的不断深入以及人力资本理论和人力资源学说的形成，人力资源开发这一概念逐渐为人们所接受。20 世纪 80 年代中期，人力资源开发理论传入我国后，有关它的研究迅速得到各方面的重视和较快发展。

（1）人力资源开发的概念。人力资源开发是指科学、合理地发挥人力资源对社会经济发展的积极作用而进行的数量控制、素质提高、资源配置等一系列活动相结合的有机整体。以上定义的含义包括：第一，数量控制是指对人力资源赖以产生的人口规模进行适当控制，国内外经验表明，一个庞大的人口总体往往由于将过多的资源耗在其生存条件上，使得其发展资源特别是人力资源开发费用严重不足，所以有效地控制人口总规模是扩大人力资源占总人口比重的一个重要手段；第二，素质提高是指通过教育、培训与健康等手段，全面提高人力资源各方面的素质，包括科学文化知识、劳动技能、职业道德及身体素质等；第三，资源配置是指在全社会范围内把人力资源配置到合适的岗位上，使其发挥最大的作用，获得最大的社会总产出。

一般而言，人力资源开发主要包括五个方面内容：其一是人的身体素质开发，此项开发的目标是延长寿命、增强体力、提高耐力，开发手段主要是医疗卫生和健康；其二是人的知识的开发，即主要通过教育提高人力资源的知识水平；其三是人的技能的开发，主要通过技能培训或实践环节来全面提高人的技能；其四是人的创造能力的挖掘，本质在于挖掘人的创造性和创造力；其五是人的精神动力的发展，即人的积极性、自觉性、能动性的充分发挥。

（2）人力资源开发的内涵与特点。人力资源开发是一个综合性的概念。它是指国家或组织通过一系列有目的、有计划的教育、培训、健康、转移等活动，与开发对象的积极参与有机结合，使特定范围内的人力资源能够得以充分挖掘、.有效发挥与合理使用。人力因素的多层性，决定了在对人力资源开发的过程中，不仅要抓住体力和智力这两个基本要素，还要兼顾两个要素的许多子要素。理论界普遍认为，人力资源开发是一项涉及政府、组织、市场、文化等因素的社会系统工程，以教育、培训、保健、激励、组织与协调为手段，目的是增加人力资源存量的智能资本、技能资本及健康资本，以及在全社会提高配置效率，充分发掘人的潜能，发挥人的创造性，以提高各要素综合效率，推动社会经济发展。开发收益的外溢性决定了人力资源开发的主体应是国家、地区等各级政府、组织，客体是某一群体自身的能力与潜力，客体开发作用是能动的、自觉的、有目的的。

人力资源开发是一种特殊的"资源"开发。由于人力资源本身的能动性、时效性、再生性、高增值性等特点，主要应通过对人力资源的教育、培训、健康、科学转移配置等方式来增加人力资源存量的智能资本、技能资本及健康资本。可以说，人力资源开发是一种投资少、见效快、替代性强、附加值高的实践性活动。有人曾估算美国从 20 世纪 50 年代末至 70 年代初，由于大量引进工程师以上人才而净节约教育投资 400 多亿美元，如果再加上这批人才在此期间所创造的价值，那将是数千亿美元，甚至更多。日本国小，人口密集，矿产资源与生物资源相当不足，但它依靠大量引进新技术和吸纳特殊人才实现了经济的腾飞。

人力资源开发与生产率提高一般认为是正比关系，但其实质是倍数关系、点面关系。据美国经济学家统计，美国经济在 1900~1957 年间，物质资本的投资增加了 4.5 倍，利润只增加了 2.55 倍；人力资本的投资增加了 3.5 倍，利润却增加了 17.55 倍，人力资本投资的利润增加是人力资本投资的 5 倍。人力资源开发的附加值极高，其具有"一次投入、多次产出"，"简单投入、复合产出"，"算术投入、几何级产出"等投入产出特点。因此，对人力资源的开发性投资，所获得的收益将呈几何级倍数增长，其外溢性特点还将产生"一次投入、多次产出"的效果。

（3）人力资源开发的投资收益。人力资源开发的力度越大，一国的人口素质就会越高，它将导致人均产出或劳动生产率的提高。乌扎华 1965 年发表的文章中修改了索洛单纯生产部门的模型，并引进教育部门，乌扎华的模型假定社会配置一定资源到非生产的教育部门，教育部门对产出的贡献是通过其对生产部门技术水平的提高间接实现的。

乌扎华的模型如：A=G（A，LE），公式中表示的是技术进步的变化率，式中的 A 为现有技术水平，LE 为教育部门的劳动力。模型表示：技术进步的速度取决于现有技术水平（A）和教育部门的资源配置（LE）。

由乌扎华模型可得出社会总产出方程式为：Y=F（K，LP），式中 Y 为社会总产出，K 为资本要素，LP 是生产部门的劳动力要素。这种投入产出方程式表明社会总产出是有形要素和教育部门带来的技术的函数。由于加进了教育因素，因此其模型又称为最早的人力资本增长模型。

台湾学者 1997 年在研究人力资源开发对经济增长的贡献时，也提出过人力资源的模式假定。即当社会处于稳定时期，一个家庭的平均所得对这个家庭用于人力资本的投资量有正向关系，家庭所得将随着有知识有技能劳动者的比率增加而提高，从而得出较高的人力资源将带来社会总产出的增加，而社会总产出的增加将带来人力资源的积累，如此持续的积累将使社会维持较高的成长率，印证了人力资源理论提出的教育对于累积人力资源的重要性。

（4）人力资源开发的层面分析。一个社会的经济绩效受以下三个因素的影响：人力资源是否具有较高的生产能力；人力资源是否具有发挥其能力的条件；人力资源是否具有发挥其能力的积极性和强烈愿望。实际上，上述三个因素正好构成人力资源开发的三个层面，即供给层面、需求层面和制度层面。供给层面的人力资源开发，注重提升人力资源质量，积累人力资本，提高人力资源的生产能力。传统的人力资源开发，主要指的就是这种从供给层面出发的人力资源开发。需求层面的开发，就是为人力资源尤其是人力资本提供发挥其能力的舞台，使得他们能够与物质资本相结合，从而将人力资本的价值转化为现实的生产价值。制度层面的人力资源开发，就是要在制度上激励劳动者，使他们努力工作，积极奋斗，不断创新。这三个层面的人力资源开发效果，无一不对经济绩效产生重要而直接的影响。

1995 年以来，历年的世界银行发展报告，无一例外地都在强调一个国家或地区的经济发展战略，应当考虑本国和本地区的历史和制度背景。因为，人力资源开发和人力资本投资仅仅是增长的必要前提，但不是充分条件，制度在国家和地区经济发展中扮演着非常重要的角色。世界发展报告

（1995）更是明确指出，在不利的环境中，投资于人力资本只能带来资源的误用和闲置。就需求层面的人力资源开发而言，一个主要的思想是要尽可能地为人力资本发挥作用提供相应的资本。从宏观角度看，当一个国家或地区的人力资本结构不符合市场需求，或者面临资本短缺时，人力资本就可能使用不当或闲置，对人力资源进行的人力资本投资既不能得到补偿也不能克服不利于经济增长的环境，经济绩效也就无法得到保证。

7. 农村人力资源开发

在中国，农村人力资源是一个规模庞大、成分复杂、层次分化、差别多样的群体。2003 年 2 月，在教育部中国教育与人力资源问题报告课题组的"中国教育与人力资源报告"《从人口大国迈向人力资源强国》中，首次明确提出了"提升农村人口人力资本，转移农村人口：在人力资源上再造一个中国"的说法，并指出，"如果在 2020 年，近 3 亿的农村人口转移到城镇，达到城镇人口的同等受教育水平并实现就业的话，这将使中国有效利用的人力资源的数量增长一倍。也就是说，有效地开发农村人力资源，使之转移到城镇并实现就业，就等于在人力资源上再造一个中国"。该报告进一步指出："中国由人口大国迈向人力资源大国强国的核心是解决中国农民如何在人力资本上脱贫的问题，把农民从人力资本'贫困者'转变为人力资本'小康者'"，"如果不能有效开发农村人力资源，中国的城镇化就会落空，全面建设小康社会就会成为泡影。"

因此，可以将农村人力资源开发表述为：以农村人力资源为对象，以现有的人力资源为基础，通过教育、培训和实践锻炼等形式，充分利用和发掘农村人力资源的生产力，使其素质得到不断提高，使具备一般生产能力的人成为具有创造性生产能力的人，使其大量的潜在的生产能力能够最大限度地发挥出来，变为现实的生产力。简言之，就是通过投资，将农村人力资源转化为人力资本，使之成为推动社会经济发展的主要资源和根本动力。

# 3　西部地区经济增长质量综合评估

经济增长质量是一个动态概念，目前对经济增长质量状况的评价还没有一个确切而又简单的检测方法。本报告通过建立一个系统全面的指标体系，分析西部地区经济增长质量状况进而对西部地区经济增长质量作出总体评价。

## 3.1　西部经济增长质量评价指标体系设计

经济增长质量综合评价开展的先决条件是建立评价指标体系。科学合理的指标体系是系统评价准确可靠的基础和保证，也是正确引导系统发展方向的重要手段。由于经济增长质量表现在多个方面，任何一个指标都不足以说明经济增长质量的全面内容。因此，以西部地区为对象而设计的经济增长质量指标体系必须是一个系统的、全面的体系，它能全面反映出经济增长中的各个方面，并使评价目标和评价指标有机联系起来，形成一个层次分明的整体。并且在建立时既要考虑到它的全面性，也要充分考虑它的实用性，在确定统计方法时需要充分注意它的科学性与可操作性，同时也应允许有一定程度的变通。因此，经济增长质量的评价指标体系设置需遵循以下原则。

1. 定量与定性相结合的原则

对经济增长质量的准确分析，要求我们在进行指标设计时尽量考虑定量问题，但在经济增长质量统计中，常遇到较多难以精确度量的内容，如某些事物的价值评判、环境污染程度估价等。因此，在对这些情况进行统计时，其统计指标、口径、范围、测算等都具有较高的复杂性、不成熟性和争议性，难以做到准确度量，因此只有运用定性的办法配合分析。

2. 科学性与现实性相结合的原则

构建经济增长质量指标体系，既要符合科学规律，也要结合现实可能性。建立一套科学完整的经济增长质量指标体系较难，一方面因为在真正建立指标体系之前，需要做许多基础性的铺垫工作，如核算体系的完善、价值估算的认同等。另一方面，也必须抓住主要的、本质的内容，然后再逐步完善，最后达到构建经济增长质量指标体系的目的。关于经济增长质量的研究才刚刚起步，基础性的工作还很不完善，同时要抓住其本质特征也较不容易。为此，经济增长质量评价系统的各构成部分之间，应按"经济运行质量—居民生活质量—环境质量"的逻辑联系来连接。

3. 重要性原则

经济增长质量统计的目的是为了确切地反映经济活动成果，但由于宏观经济领域涉及面较宽，难以面面俱到，所以只要设计的指标能够反映经济增长质量的主要情况即可，而无须过分强调其完备性。在构建经济增长质量指标体系时，满足一定的客观性、科学性和可操作性原则是必要的，也是无可厚非的；但在建立初期不应过分强调它的完备性，不应等到一种方法变得完美无缺时才认为是适当的。

4. 归纳性与可预见性相结合的原则

一个好的指标体系，既是过去与现在经济运行规律的归纳总结，也能通过指标的运行规律预测未来的发展趋势，所以指标体系的构造应具有灵敏度高，综合功能强，既能描述评价，又具有监测警示的功能。

根据上述原则，本书在选取指标时力求下级指标能够充分地解释上一级指标，同时注意选取具有解释能力较好、出现频率较高，易于获得数据等特性的指标。另外，由于各省统计数据口径的不完全一致性，某些指标的选择具有一定的片面性，如环境指标，只选择工业数据，因为体现更为全面的各省环保费用数据无法全部收集。有鉴于此，构造如下指标体系（见表3—1）：指标一共分三级，第一级是总指标，综合评价西部地区经济增长质量。二级指标从经济稳定性与持续性、经济结构、经济效率、技术进步、社会效益、生态环境质量 6 个方面衡量经济增长质量。三级指标 26 个，全面体现经济增长各个方面的绩效。

表 3—1　西部经济增长质量评价指标体系

| 一级指标 | 二级指标 | 三级指标 |
|---|---|---|
| 经济增长质量 | 经济增长稳定性与持续性 | 经济增长率间距 |
| | | 经济增长波动系数 |
| | | 经济增长持续度 |
| | 经济结构 | 第一产业产值比重 |
| | | 第三产业产值比重 |
| | | 第一产业就业人数比重 |
| | | 第三产业就业人数比重 |
| | | 大中型工业企业总产值比重 |
| | | 贸易依存度 |
| | | 城市化率 |
| | 经济效率 | 社会劳动生产率 |
| | | 投资效果系数 |
| | 技术进步 | R&D 支出增长率 |
| | | R&D 支出占 GDP 的比重 |
| | | 高技术产业增加值占 GDP 的比重 |
| | 社会效益 | 城镇居民、农村居民恩格尔系数 |
| | | 城镇失业率 |
| | | 公共教育支出占 GDP 的比重 |
| | | 文盲率 |
| | | 大专及以上文化程度人员占有比率 |
| | | 城乡人均收入比 |
| | 生态环境质量 | 工业二氧化硫去除量占有率 |
| | | 工业废水达标排放率 |
| | | 工业固体废物综合利用率 |
| | | 水土流失治理面积占西部地区总面积比例 |
| | | 污染治理投资比重 |

## 3.2 西部经济增长质量分析

根据前面建立的指标体系，下面将利用具体数据直观地展现西部地区经济增长质量各个方面的具体情况。

### 3.2.1 经济增长的稳定性与持续性

经济稳定与持续增长是经济增长质量的重要方面。增长稳定性是反映一定时期内一个国家或地区经济增长的相对波动幅度，稳定增长强调增长过程的平衡状态。稳定增长，包含了持续增长，而持续增长则不一定表现为稳定增长，只有稳定增长的经济能力才能使较高的平均增长速度成为可能，经济增长的过度波动会造成经济资源的巨大浪费，影响经济增长的长期绩效，因此短期经济增长对长期经济增长趋势的偏离应保持在较小的波动范围之内，既保持经济增长稳定性，同时又要创造经济增长的机会，保持经济增长的持续性以保证经济增长的质量。

衡量西部地区经济增长的稳定性与持续性可用经济增长的波动系数、经济增长率间距、经济增长持续度和通货膨胀率等指标，本部分主要分析与经济增长紧密相关的前三个指标。

（1）经济增长率持续度 = 本年经济增长率 / 上年经济增长率 × 100%。经济增长率持续度大于等于 1，则经济增长持续性好；经济增长率持续度小于 1，则经济增长持续性差。

（2）经济增长率间距 = 本年经济增长率 − 上年经济增长率。间距值越大，说明经济增长的平稳性越差；间距值越小，说明经济增长的平稳性越好。

（3）经济增长率的波动系数 =（本年经济增长率 − 上年经济增长率）/ 上年经济增长率 × 100%。一般来说，经济增长的波动系数在 −30% 至 +30% 之间，则经济增长平稳性较好；在 −50% 至 −30% 和 +30% 至 +50% 之间，则经济增长平稳性较差；大于 +50% 或小于 −50%，则经济增长平稳性极差。

表3—2　西部地区经济增长率及变动情况

| 年份（年） | 经济增长率（%） | 经济增长持续度 | 经济增长率间距 | 经济增长波动系数（%） |
|---|---|---|---|---|
| 1999 | 7.2 | | | |
| 2000 | 8.7 | 1.21 | 1.5 | 20.83 |
| 2001 | 9.6 | 1.10 | 0.9 | 10.34 |
| 2002 | 10.5 | 1.09 | 0.9 | 9.34 |
| 2003 | 11.6 | 1.10 | 1.1 | 10.48 |
| 2004 | 12.6 | 1.09 | 1.0 | 8.62 |
| 2005 | 12.7 | 1.01 | 0.1 | 0.79 |
| 2006 | 13.3 | 1.05 | 0.6 | 4.72 |
| 2007 | 14.0 | 1.05 | 0.7 | 5.26 |

资料来源：根据《中国统计年鉴》（2001~2008）相关数据计算所得。

从表3—2可以看出，从2000~2007年，西部地区经济增长持续度均大于1，说明西部地区这几年的经济增长持续度较好；经济增长间距值在0.6~1.5之间，间距值较小说明稳定性较好；连续8年，西部地区的经济增长变动波动系数在0.79%~20.83%之间，没有一年超过±50%，全部在-30%至+30%之间，说明西部地区的经济增长稳定性也比较好，当前实施的经济调整政策在程度把握上比较恰当。

### 3.2.2　经济结构

经济结构是指社会经济各种成分，国民经济各个部门以及社会再生产各个环节的构成及其相互关系。主要有产业结构、分配结构、交换结构、消费结构、技术结构。其所包含的范围可分为整个国民经济结构、部门经济结构、地区经济结构以及企业经济结构。合理的经济结构应当是能够充分和有效地利用人力、物力、自然资源，使生产和再生产的各个环节、国民经济各部门能够协调发展，实现经济活动的良性循环，它也是实现经济增长而又获得较高经济效率的基础，是评价经济增长质量高低的重要内容。

产业结构是指国民经济中各产业之间及产业内部各部门之间的比例关系和结合状况，是国民经济的一个基本方面。产业结构优化是社会再生产顺利实现的条件，它能有效消除由于比例关系失调而引起的人力、物力、财力的巨大浪费，从而有效地提高经济效益，加快经济发展速度。同时，地区产业结构也是随着经济增长而不断变动的，它的演变构成了地区经济发展和国民经济发展的重要内容，并且也是影响经济增长质量和效益的关键因素。

由于经济结构包含的范围非常广泛，因此，考虑到本书的研究目的，将考察范围缩小到只针对西部地区的产业结构、贸易结构、劳动力结构及城乡结构来描述评估经济结构。根据配第、克拉克、库兹涅茨等人的研究成果，从产业结构的演变来看，区域经济发展可以大致划分为三个阶段：第一阶段是生产活动以单一的农业为主的初级阶段，农业劳动力在就业总数中占绝对优势；第二阶段是工业化阶段，其标志是第二产业的大规模发展，在这一阶段三次产业的变动大致符合库兹涅茨揭示的规律；第三阶段是后工业化阶段，其标志是工业特别是制造业在国民经济中的地位下降，而第三产业的地位上升。根据这种划分和发展趋势，同时为了全面反映经济结构的整体情况，本书以 GDP 中三次产业产值所占的比重、三次产业人员所占的比重、大中型工业企业总产值所占比重、贸易依存度和城市化率来衡量西部地区的产业结构。

（1）GDP 中三次产业产值所占的比重。其计算公式为：第一产业产值比重 = 西部第一产业产值 / 西部 GDP × 100%；第二产业产值比重 = 西部第二产业产值 / 西部 GDP × 100%；第三产业产值比重 = 西部第三产业产值 / 西部 GDP × 100%。

（2）三次产业人员所占的比重。其计算公式为：第一产业从业人员所占比重 = 西部第一产业产值 / 西部第一产业就业人数 × 100%；第二产业从业人员所占比重 = 西部第二产业产值 / 西部第二产业就业人数 × 100%；第三产业从业人员所占比重 = 西部第三产业产值 / 西部第三产业就业人数 × 100%。

表 3—3　西部地区三次产业产值在地区国内生产总值中的比重

单位：%

| 年份（年）<br>产值比 | 2000 | 2001 | 2002 | 2003 | 2004 | 2005 | 2006 | 2007 |
|---|---|---|---|---|---|---|---|---|
| 第一产业产值比 | 22.3 | 21.0 | 20.1 | 19.4 | 19.5 | 17.7 | 16.2 | 16.0 |
| 第二产业产值比 | 41.5 | 40.7 | 41.3 | 42.9 | 44.3 | 42.8 | 45.2 | 46.3 |
| 第三产业产值比 | 36.2 | 38.3 | 38.6 | 37.7 | 36.2 | 39.5 | 38.6 | 37.7 |

资料来源：《中国统计年鉴》（2001~2008）。

表 3—4　三次产业比重和从业人数比重表

单位：%

| 年份<br>（年） | 第一产业 | | 第二产业 | | 第三产业 | |
|---|---|---|---|---|---|---|
| | 产值比 | 从业人数比 | 产值比 | 从业人数比 | 产值比 | 从业人数比 |
| 2000 | 22.3 | 61.7 | 41.5 | 12.9 | 36.2 | 25.4 |
| 2001 | 21.0 | 61.1 | 40.7 | 12.9 | 38.3 | 26.0 |
| 2002 | 20.1 | 60.0 | 41.3 | 13.3 | 38.6 | 26.7 |
| 2003 | 19.4 | 58.1 | 42.7 | 13.9 | 37.7 | 28.0 |
| 2004 | 19.5 | 56.5 | 44.3 | 14.3 | 36.2 | 29.2 |
| 2005 | 17.7 | 54.8 | 42.8 | 15.0 | 39.5 | 30.2 |
| 2006 | 16.2 | — | 45.2 | — | 38.6 | — |
| 2007 | 16.0 | 51.4 | 46.3 | 17.9 | 37.7 | 30.7 |

资料来源：《中国统计年鉴》（2001~2008），2006 年的数据缺乏。

从表3—3和表3—4可以看出，西部地区的产业结构具有三个突出特征。

第一，2000~2007 年，西部地区三次产业产值在地区国内生产总值中所占比重起伏明显，经历了第一产业产值逐步下降，从 22.3% 下降到 16.0%，第二、三产业产值比重逐步上升的变化，尤其是第二产业产值比重呈现逐步递增趋势（除 2005 年比较特殊之外）。根据国家"十五"计划纲要的要求，到 2005 年，我国第一、二、三产业产值占地区国内生产总值的比重将分别为 13%、51% 和 36%，第一产业产值比重将继续下降，第二、三产业产值比重将不断提高。表 3—3 表明，西部地区三次产业结构的变化基本上符合国家产业结构调整的发展要求，但是第一产业产值（最低 16.0%）与第二产业产值比重（最高 46.3%）距离国家"十五"规划纲要还有一定的距离，还需要大力提高第二产业产值比重，降低第一产业产值比重。

第二，西部地区三次产业产值结构的比例层次仍然比较低，这也表明西部地区最重要的任务是发展经济，实现产业结构的高级化、现代化，通过产业结构提升推动西部地区国民经济的增长。

第三，从就业结构来看，第一产业就业比重仍然是西部地区最高的。表3—4 清晰地表明，西部第一产业就业劳动人口比重大，第二产业、第三产业就业劳动人口比重轻。从总体趋势上看，第一产业就业比例在逐步下降，从 2000 年的 61.7% 下降到 2007 年的 51.4%，8 年总共下降了 10.3 个百分点，第二、三产业劳动力就业比重逐步上升，分别上升了 5 和 5.3 个百分点。但第一产业的就业比重仍然远高于第二、三产业。根据先行工业化国家的发展经验，在工业化初期和中期，主导产业由消费工业向重化工业转型，产业结构有重型化的趋势。到了工业化后期和后工业化时期，主导产业向服务业和通信产业转移，产业结构逐步实现高度化。西部产业实现了第一产业向第三产业的转移，表明西部地区三次产业发展总体趋势与产业发展理论基本一致，西部地区产业结构发展趋势比较合理。但是也应该看到，西部地区产业结构与就业结构的变动不太协调，第三产业就业吸纳率较低。据统计，发达工业化国家第三产业占国民生产总值的比重约为50%~60%，吸纳社会劳动力的50%~80%，而西部地区目前第三产业产值仅占西部地区GDP的37.7%，吸纳的社会劳动力刚刚达到30%，这显然与西部地区未来经济发展水平不相适应。

（3）大中型工业企业总产值所占比重。这项指标用来反映规模经济和产业结构优化程度。其计算公式为：大中型工业企业总产值比重＝大中型工业企业总产值／工业总产值 ×100%。

表3—5　西部地区大中型工业企业总产值占工业总产值比

| 年份（年）<br>项目 | 2000 | 2001 | 2002 | 2003 | 2004 | 2005 | 2006 | 2007 |
|---|---|---|---|---|---|---|---|---|
| 大中型工业企业总产值 | — | 7652.31 | 8697.55 | 11266.11 | — | 19629.53 | 25340.04 | 32889.66 |
| 大中型工业企业总产值占西部地区工业总产值比（%） | 70.00 | 71.10 | 71.20 | 74.80 | — | 72.20 | 71.90 | 70.30 |

资料来源：《中国统计年鉴》（2001~2008），表中数据按当年价格计算。

从表3—5可以看出，虽然西部地区大中型工业企业总产值每年都在上升，但是大中型企业工业总产值占工业企业总产值的比重从2000~2007年一直维持在70%以上，每年几乎没有什么变化，比重均高于全国水平，这说明西部地区工业具有一定的规模经济。

从上述分析可以看出，西部的产业结构变动趋势和全国工业化过程中的一般规律是较为接近的。这说明了改革开放以来,西部地区的三次产业之间和工业、农业内部各产业之间的比例关系都有了明显的改善。第一产业的比重虽然有所下降,但农业总产量有了大幅度的提高,而且林、牧、渔业的比重有了较大的提高,大大改善了农产品供给状况,增加了农民收入。第二产业在国民经济中的地位逐步上升,特别是工业有了很大发展,表明西部地区国民经济工业化水平的提高。第三产业稳步发展,成为接纳农业剩余劳动力的主要产业,并为社会生产和人民生活提供了越来越方便的各项服务。一切都表明,西部地区的产业结构正向合理化方向不断变化,在一定程度上提高了资源的配置效率。

第二产业比重还较高,这几年虽有所改善,但差距仍然很大,这说明西部地区的三次产业比例不够协调,产业结构不合理、层次低。第三产业发展滞后,反映出西部各地区经济结构趋同化、劳动生产密集化、技术集约低度化的特点,这成为提高经济效益的严重阻碍。

从农业部门内部联系看,农业生产增长缓慢,生产技术落后,集约化程度低,基础产业发展落后,与整个经济发展水平相比不相称,长期以来一直是制约经济增长的"瓶颈"。由于产业结构的合理化能够促进自然资源和人力资源充分有效配置,使各产业更有效地相互补充、协调发展,有利于生产效率的提高,因而,西部产业结构不合理、层次低也从一个方面反映了西部经济增长质量低下。

(4)贸易依存度。贸易依存度指进出口商品总额与GDP的比值,数值越大,说明经济开放程度越大,外贸在经济中越重要,国际竞争力越强。其计算公式为:贸易依存度 = 西部地区进出口商品总额 / 西部 GDP × 100%。

表3—6　西部地区贸易依存度

| 年份(年) | 2000 | 2001 | 2002 | 2003 | 2004 | 2005 | 2006 | 2007 |
|---|---|---|---|---|---|---|---|---|
| 进出口总额(万美元) | 1716629 | 1683714 | 2060739 | 2793013 | 3670164 | 4513254 | 5766715 | 7858871 |
| 进出口贸易依存度(%) | 8.5 | 7.6 | 8.5 | 10.1 | 11.0 | 11.0 | 11.6 | 12.5 |

资料来源:《中国统计年鉴》(2001~2008),表中数据按当年价格计算。

从表3—6可以看出，西部地区的贸易依存度一直比较低，虽然这几年的进出口贸易总额呈不断上升之势，但是增幅很小，2004年、2005年、2006年这几年几乎没有任何增长。另据资料显示，2009年1~4月西部地区累计实现进出口总额244亿美元，增速同比下降21.8%，降幅比全国东部地区低2.5和2.6个百分点，其中出口141亿美元，同比下降20.7%，进口103亿美元，同比下降23.3%。因此，西部地区对外开放的压力仍然很大。

（5）城市化率。城镇化指的是伴随着工业革命而发生的乡村人口向城镇转移，城镇数量和规模迅速发展，城镇人口急剧增加，城镇在国民生活中逐渐占主导地位的过程，城镇化的发展有利于第二、三产业的发展和人民生活水平的提高。城镇化是推进小康建设的有效途径，是解决"三农"问题的重要途径，西部地区城镇化对西部乃至全国的经济、政治、社会的协调发展都有着非常重要的意义。城市化率是指城镇人口与全社会总人口之比。数值越大则城市化程度越高。

统计数据表明，近几年西部地区城市化进程加快，城市化率也呈不断上升趋势，2005年、2006年、2007年的城市化率分别为34.57%、35.72%、36.96%，但是和全国相比，西部地区的城镇化水平仍然很低，2007年全国的平均水平为44.94%，而西部地区只有36.96%，低于全国8个百分点，相比于东部城市更低，2007年上海城镇化率为88.7%，北京为84.5%，西部地区最高的内蒙古也只有50.15%，重庆为48.34%，而贵州只有28.24%。再从西南地区和西北地区的比较可以进一步看到，人口密度低的西北地区的城镇化率明显高于西南地区。四川省2007年城镇人口比重为35.60%，比陕西（40.62%）低5.02个百分点，比甘肃（31.59%）高4.01个百分点，比青海（40.07%）低4.47个百分点，比宁夏（44.02%）低8.42个百分点，比新疆（39.15%）低3.55个百分点，比内蒙古（50.15%）低14.55个百分点。再看直辖市重庆，这个自然条件、工业基础都比较好的长江上游中心城市，西部地区唯一的直辖市，2007年城镇人口比重是48.34%，虽然比四川省高12.74个百分点，但这个以城市为统计的单位，却只比以省为统计单位的陕西、宁夏、青海稍高一点，比内蒙古还低1.81个百分点（见表3—7）。

表 3—7　2007 年西部各地区城市化率

单位：%

| 地区 | 城市化率 | 地区 | 城市化率 |
|------|----------|------|----------|
| 内蒙古 | 50.15 | 西藏 | 28.30 |
| 广西 | 36.24 | 陕西 | 40.62 |
| 重庆 | 48.34 | 甘肃 | 31.59 |
| 四川 | 35.60 | 青海 | 40.07 |
| 贵州 | 28.24 | 宁夏 | 44.02 |
| 云南 | 31.60 | 新疆 | 39.15 |

资料来源:《中国统计年鉴—2008》。

### 3.2.3　经济效率

经济效率是指经济增长过程中投入与产出的比率。现代经济增长理论表明，经济增长可以通过要素的扩张和要素生产率的提高两种方式获得，也就是马克思所谓的外延扩大再生产和内涵扩大再生产，通过要素扩张所获得的经济增长是不能持续的，也是缺乏效率的，只有建立在要素生产率不断上升基础上的增长过程才是优化的。因此，它是衡量社会资源综合利用效率的尺度，体现了经济增长集约化的程度。同时，一定时期经济增长效率的高低决定了经济增长方式的状态，经济增长效率达到一定的数量界限，则可能意味着经济增长方式的转变，所以，经济增长效率的高低也是反映经济增长质量好坏的一个重要方面。

根据经济效率的含义，我们可以从综合要素生产率增长率、社会劳动生产率、劳动力增长贡献率、资本增长贡献率、投资效果系数、能源利用系数等方面来衡量经济效率，根据前面指标设定的原则，本研究只选取社会劳动生产率、投资效果系数指标对西部地区经济增长质量的影响进行分析说明。

1. 社会劳动生产率

社会劳动生产率指每一个从业人员创造的 GDP。它体现全社会物质生产和非物质生产部门每一个劳动者所创造的最终产品的总量，是社会生产力发展的综合标志。这一指标反映了活劳动消耗与产出之间的数量对比关系，它用一定时期的国内生产总值与同期全社会平均从业人数对比来计算。这一指标的高低受科技水平、产业结构、规模效益、劳动者素质、政策体制等多方面因素的影响，因此这里选它作为衡量经济增长质量的一个综合性指标。其公式为：社会劳动生产率＝西部地区 GDP ／西部劳动力人数。

表3—8　西部地区的劳动生产率

单位：元／人

| 年份（年） | 劳动生产率 | 年份（年） | 劳动生产率 |
|---|---|---|---|
| 2000 | 9118.57 | 2004 | 14458.85 |
| 2001 | 22027.50 | 2005 | 17221.98 |
| 2002 | 11132.40 | 2006 | — |
| 2003 | 13071.68 | 2007 | 23777.87 |

资料来源：根据《中国统计年鉴》（2001~2008）中数据计算所得。

表3—8中数据表明，2000年以来，中国西部地区经济增长过程中劳动投入的产出在不断提高，劳动生产率的提高说明西部地区经济增长质量是不断改善的。但是西部地区的劳动生产率随时间上升不明显。这主要是因为西部地区地处偏远山区，与外界的经济联系较少，没有较大型的工业生产基地，经济发展速度缓慢，总体结果说明西部地区劳动生产率反映的西部地区经济增长质量较低。

再从产业的角度看，这几年来我国西部地区各产业的劳动生产率也呈上升趋势（见表3—9）。2000年第一产业、第二产业和第三产业的劳动生产率之比为1∶8.07∶3.60；2007年第一产业、第二产业和第三产业的劳动生产率之比为1∶0.83∶3.95。因此，平均来说我国第二产业的劳动生产率提高速度最快，其次为第一产业，第三产业居末。

表3—9　西部地区三次产业的劳动生产率

单位：元／人

| 年份（年） | 第一产业 | 第二产业 | 第三产业 |
|---|---|---|---|
| 2000 | 3289.16 | 26544.51 | 11849.58 |
| 2001 | 32882.13 | 31556.57 | 14529.74 |

| 年份（年） | 第一产业 | 第二产业 | 第三产业 |
|---|---|---|---|
| 2002 | 3618.11 | 33772.20 | 17052.74 |
| 2003 | 4521.49 | 33100.45 | 18264.16 |
| 2004 | 4977.63 | 44879.01 | 17937.22 |
| 2005 | 5554.27 | 49151.59 | 22568.04 |
| 2006 | — | — | — |
| 2007 | 7387.62 | 6168.15 | 29171.01 |

资料来源：根据《中国统计年鉴》（2001~2008）中数据计算所得。

### 2. 投资效果系数

投资效果系数指本年增加 GDP 与全社会固定资产投资总额之比。固定资产投资的最终综合成果表现为国内生产总值的增长，投资效果系数就反映了投资额与新增国内生产总值的对比关系。但国内生产总值的增加，不完全是固定资产投资的结果，增加流动资金或加快资金周转速度，提高劳动熟练程度，改善经营管理以及提高原有生产能力的利用程度，都能增加国内生产总值。所以该指标也是衡量经济增长质量高低的一把尺子。其计算公式为：投资效果系数 = 国内生产总值增加值 / 全社会固定资产投资完成额。

表 3—10　西部地区投资效果系数

| 年份（年） | 2000 | 2001 | 2002 | 2003 | 2004 | 2005 | 2006 | 2007 |
|---|---|---|---|---|---|---|---|---|
| 投资效果系数 | 0.44 | 0.22 | 0.22 | 0.27 | 0.34 | 0.33 | 0.27 | 0.30 |

资料来源：根据《中国统计年鉴》（2001~2008）中数据计算所得。

从西部各年的投资效果系数来看，2000~2007 年西部地区的投资效果系数比较稳定，基本保持在 0.2~0.3 之间。在投资规模日益扩大的情况下，投资效果增长却非常微小，几乎接近于零增长，表明西部地区全社会固定资产投资总量膨胀，但取得投资效果却很小，这说明西部地区部分全社会固定资产投资使用在盲目建设和重复建设上，因而出现无效投资现象，这就需要西部地区政府提高投资利用率，真正发挥投资实效。

### 3.2.4　技术进步

在当今社会，科学技术是社会生产力中最活跃的因素和决定性的力量，技术进步已成为一国经济增长中最重要的因素，也是现代经济增长的基础。技术进步与经济增长是相互促进的，经济增长可以促进技术进步，而技术进步反过来又促进经济增长及经济的飞速发展，并克服收益递减规律。技术进步对经济增长的促进作用，表现在现代科学技术特别是高科技技术通过渗透、扩散到生产要素中去，使生产力发生质的飞跃：一是使劳动者的素质大大提高，从而提高劳动生产率；二是使劳动工具日益自动化、智能化，生产效率更高；三是使劳动对象的深度和广度得到空前的扩展，大量运用人工合成材料，从而克服自然原材料对生产发展的限制，进而提高生产效率。此外，人们还可以运用现代科技进行科学管理，更好地把生产力诸要素结合在一起，使综合效能得到成倍的提高。这些都可以从二次产业革命后世界经济的迅猛发展得到证实。

反映技术进步的指标很多，基于前面的原则，本书主要用 R&D 经费占 GDP 的比重、科技活动情况、高技术产业增加值占 GDP 的比重几方面来分析西部地区的经济增长质量。

1. 研究与开发（R&D）经费支出占 GDP 的比重

该比重是一组国际通用的用于衡量一个国家或地区科技活动规模及科技投入强度，并在一定程度上反映经济增长的潜力及可持续发展能力的重要指标。R&D 的投入规模和强度，直接影响着自主创新能力的提高。如表3—11 所示，2000 年以来西部地区 R&D 投入在经费总额上逐年增加，而且每年的增长率都在两位数以上，增长率接近中国的平均水平。

表3—11　西部地区 R&D 经费支出情况

| 项目<br>年份（年） | R&D 经费支出<br>（亿元） | R&D 经费增长率<br>（％） | R&D 经费支出占西部<br>GDP 的比重（％） |
|---|---|---|---|
| 2000 | 140.90 | — | 0.78 |
| 2001 | 158.57 | 12.54 | 0.80 |
| 2002 | 193.60 | 22.09 | 0.85 |

| 项目<br>年份（年） | R&D经费支出<br>（亿元） | R&D经费增长率<br>（%） | R&D经费支出占西部<br>GDP的比重（%） |
|---|---|---|---|
| 2003 | 223.00 | 15.19 | 0.97 |
| 2004 | 253.00 | 13.45 | 0.92 |
| 2005 | 312.10 | 23.36 | 0.93 |
| 2006 | 357.50 | 14.42 | 0.90 |
| 2007 | 441.30 | 23.58 | 0.92 |

资料来源：根据《中国统计年鉴》（2001~2008）与 http : //www.sts.org.cn/sjkl 中数据
计算所得。

表3—12　中国的研究与试验发展经费支出

| 项目<br>年份（年） | R&D经费支出<br>（亿元） | R&D经费增长率<br>（%） | R&D经费支出占西部<br>GDP的比重（%） |
|---|---|---|---|
| 2000 | 896 | 31.9 | 0.90 |
| 2001 | 1043 | 16.4 | 0.95 |
| 2002 | 1288 | 23.5 | 1.07 |
| 2003 | 1540 | 19.6 | 1.13 |
| 2004 | 1967 | 27.7 | 1.23 |
| 2005 | 2450 | 24.6 | 1.35 |
| 2006 | 2943 | 20.1 | 1.41 |

资料来源：根据《中国统计年鉴》（2001~2007）与 http : //www.sts.org..cn/sjkl 中数据
计算所得。

　　与研究开发经费支出绝对额相比，研究开发经费占国民生产总值之比
（R&D/GDP）更为重要。实际上，它是各国和国际组织评价科技实力或竞
争力的首选核心指标。世界上主要发达国家和一些新兴工业化国家的发展
历程表明：研发经费占GDP比重低于1%的国家，是缺乏创新能力的；在
1%~2%之间，才会有所作为；大于2%，则这个国家的创新能力可能比较
强。通过日本、韩国和马来西亚经济增长和R&D投入的一个简单比较，
得出实证结论：R&D的投入规模和强度，影响自主创新能力，进而影响一
个国家的经济增长速度。

　　从研究与开发（R&D）支出占GDP的比重来看，西部地区科学研究
与试验发展活动（R&D）支出占西部地区GDP比重很轻，比重都不足1%，
2003年为0.97%，虽创历史最高，但与全国的差距非常明显，与世界主要

发达国家相比差距更大。发达国家 R & D 占 GDP 的比重一般在 2% 以上，日本更是高达 3.18%，英国最低也有 1.73%，作为新兴工业化国家代表的韩国 2005 年研发经费占 GDP 的比重已近 3%。这说明我国西部地区技术创新的物质投入严重不足，西部地区 R & D 支出总体质量不高，这需要西部地区加强科技人才引进，加大相应的投入，以提高科学研究与试验发展活动量，促进西部地区经济增长质量提高。

2. 西部技术创新主体

研发科学家与工程师是技术创新的主体，其数量多少与素质高低直接决定了技术创新的水平。表 3—13 中的数据表明，西部地区技术创新主体从 2000~2005 年，不但没增加反而逐年减少，2006 年、2007 年又有所回升，到 2007 年，科技活动总人数为 77755 人，只有当年东部（343778 人）的 23%，科学家和工程师只有东部（258312 人）的 19%，说明西部地区平均人力资本水平非常低，不足以支撑西部技术创新水平的长远发展，除非我国的人力资本素质得到普遍提高。

表 3—13  西部地区技术创新主体

单位：人

| 年份（年）<br>项目 | 2000 | 2001 | 2002 | 2003 | 2004 | 2005 | 2006 | 2007 |
|---|---|---|---|---|---|---|---|---|
| 科技活动人员 | 78724 | 76730 | 73413 | 68458 | 60569 | 58891 | 69873 | 77755 |
| 科学家和工程师 | 37416 | 40072 | 38473 | 37632 | 29985 | 34392 | 38752 | 48612 |

资料来源：根据《高科技统计年鉴》（2001~2008）数据计算所得。

另据有关资料显示，西部地区科技人员的分布仍然主要集中在科研院所和大学。实力雄厚的科研院所大多数建在企业之外，科研机构与企业之间还没有形成默契协调的结合机制，科技成果难以向现实生产力转化而不能完全激活其创新能力。这种结构性缺陷导致中国科技成果产业化程度低，研究开发未能以市场为导向，并直接影响到创新人才的聚集和企业自主创新能力的提高，难以推动经济的持续增长。

3. 西部的科技产出

专利的申请和授权情况直接反映了技术创新水平。2000~2007 年我国西部的专利申请量都以 20% 以上的速度增长，2007 年达到 50941 件，比上年增长 25%，其中外观专利受理量 20591 件，比上年增加 42.45%，专利授权量达 28611 件，较上年增长 29.57%（见表 3—14）。

表 3—14　西部地区三种专利申请受理量和授权量

单位：件

| 项目 \ 年份（年） | 2000 | 2001 | 2002 | 2003 | 2004 | 2005 | 2006 | 2007 |
|---|---|---|---|---|---|---|---|---|
| 发明专利受理量 | 2978 | 3241 | 4251 | 5634 | 6034 | 8626 | 10189 | 12119 |
| 实用新型专利受理量 | 8454 | 9235 | 9787 | 11462 | 11237 | 13870 | 15943 | 18231 |
| 外观专利受理量 | 4949 | 5021 | 6489 | 8280 | 8641 | 11557 | 14455 | 20591 |
| 受理量合计 | 16381 | 17497 | 20527 | 25376 | 25912 | 34053 | 40587 | 50941 |
| 发明专利授权量 | 1045 | 892 | 826 | 1284 | 2110 | 2210 | 2711 | 3177 |
| 实用新型专利授权量 | 6679 | 6393 | 6098 | 7038 | 7321 | 7802 | 10440 | 14698 |
| 外观专利授权量 | 3575 | 4075 | 4572 | 5975 | 6403 | 6260 | 8931 | 10736 |
| 授权量合计 | 11299 | 11360 | 11496 | 14297 | 15834 | 16272 | 22082 | 28611 |

资料来源：根据《中国统计年鉴》（2001~2008）表中数据计算所得。

在国内三类专利申请量中，发明专利申请所占比重仍然最低。2007 年，国内发明专利申请占国内专利申请总量的 23.8%，而国外发明专利申请则占其申请总量的 85.8%。国内发明专利授权量为 3177 件，比上年增长 17.19%，占国内专利授权量的 11.11%，实用新型专利和外观设计专利所占比重分别为 51.37% 和 37.52%。

表 3—15　东、中、西部国内专利申请受理量

单位：件

| 地区 \ 年份（年） | 2000 | 2001 | 2002 | 2003 | 2004 | 2005 | 2006 | 2007 |
|---|---|---|---|---|---|---|---|---|
| 全国 | 140339 | 1655773 | 205544 | 251238 | 278943 | 383157 | 470342 | 586498 |
| 东部 | 89851 | 107548 | 139029 | 171874 | 194909 | 278088 | 346474 | 441154 |
| 中部 | 21942 | 24300 | 28044 | 34042 | 38124 | 47745 | 58150 | 68969 |
| 西部 | 16381 | 17497 | 20527 | 25376 | 25912 | 34053 | 40587 | 50941 |

资料来源：《中国科技统计年鉴—2008》。

表3—16  东、中、西部国内专利申请授权数

单位：件

| 年份（年）\地区 | 2000 | 2001 | 2002 | 2003 | 2004 | 2005 | 2006 | 2007 |
|---|---|---|---|---|---|---|---|---|
| 全国 | 99278 | 95236 | 112103 | 149588 | 151328 | 171619 | 223860 | 301632 |
| 东部 | 63738 | 59231 | 75099 | 104869 | 104158 | 121148 | 159962 | 221160 |
| 中部 | 13824 | 14943 | 14133 | 17514 | 18798 | 20716 | 26717 | 33933 |
| 西部 | 11360 | 11299 | 11496 | 14297 | 15834 | 16272 | 22082 | 28611 |

资料来源：《中国科技统计年鉴—2008》。

　　通过表3—15和表3—16可以看出，西部地区近几年的专利申请量和授权量比中部、东部都低，2007年专利申请量只有全国的8.69%，东部的11.55%，中部的73.86%；专利授权量只有全国的9.49%，东部的12.84%，中部的84.32%。同时，西部地区发明、实用新型和外观设计三种专利申请受理量和授权量中，最富创新性且知识含量最高的发明专利受理量和授权量都比较低，这一切都反映了西部地区技术自主创新能力比较弱，不利于经济的持续增长。

　　高新技术产业的发展也是反映技术创新能力的重要方面。2008年西部地区高技术产品出口额增长十分显著，总量达4388百万美元，比上年增长了51.6%，但是与全国比较起来还是很低，2008年也只有全国的1.06%（见表3—17）。

表3—17  西部地区高技术产品出口情况

| 项目\年份（年） | 2002 | 2003 | 2004 | 2005 | 2006 | 2007 | 2008 |
|---|---|---|---|---|---|---|---|
| 出口值（百万美元） | 1178 | 1366 | 1342 | 1422 | 1905 | 2895 | 4388 |
| 占全国高技术产品出口的比例（%） | 1.24 | 1.24 | 0.81 | 0.65 | 0.68 | 0.83 | 1.06 |

资料来源：根据 http://www.sts.org.cn/sjkl 中数据计算所得。

　　由于自主创新能力不强，缺乏核心技术和自主知识产权，西部地区高技术产业增加值虽然每年在增加，但是一直都比较低，2007年全国11621亿元，而西部地区只有931.41亿元，只有全国的8%，西部12省市总和还不及广东（2867.30亿元）或江苏（2093.37亿元）一个省的，当年西部地区最高的四

川只有 394.72 亿元，而西藏、青海、宁夏、新疆还不足 10%（见表 3—19）。
高技术产业增加值占 GDP 的比重也非常低，只有 0.14%~0.15%，2007 年也
只有 0.15%（见表 3—18），也就是说，西部地区国内生产总值的 99% 以上
由中低技术产业提供，这导致西部在产业分工中仍处于产业链低端的不利
位置。

表 3—18　西部地区高技术产业增加值情况

| 年份（年）<br>项目 | 2003 | 2004 | 2005 | 2006 | 2007 |
|---|---|---|---|---|---|
| 增加值（百万美元） | 406.53 | 481.80 | 556.08 | 682.92 | 931.41 |
| 占西部地区 GDP 的比重（%） | 0.15 | 0.14 | 0.14 | 0.14 | 0.15 |

资料来源：《中国统计年鉴》（2001~2008）与 http：//www.sts.org.cn/sjkl，数据计算汇率
　　按当年价格计算。

表 3—19　2007 年西部各地区高技术产业增加值情况

单位：亿元

| 地区 | 增加值 | 地区 | 增加值 |
|---|---|---|---|
| 内蒙古 | 56.85 | 西藏 | 3.59 |
| 广西 | 67.96 | 陕西 | 199.23 |
| 重庆 | 82.59 | 甘肃 | 25.20 |
| 四川 | 394.72 | 青海 | 8.17 |
| 贵州 | 78.10 | 宁夏 | 8.32 |
| 云南 | 40.43 | 新疆 | 6.68 |

资料来源：http：//www.sts.org.cn/sjkl。

## 3.2.5　社会效益

社会主义生产的直接目的就是为了满足人民群众不断增长的物质和文化
生活的需要，如果经济增长速度较快，人民生活水平却得不到提高，那么，
伴随着经济增长将会出现长期两极分化、贫富差距、失业等社会问题，这样
的经济增长就失去了意义。因此，人民能否从经济增长中得到较多的实惠，
也反映了经济增长质量的高低。本书从恩格尔系数、城镇失业率、城乡人均

收入比等几个方面衡量西部地区经济增长的社会效益。

1. 恩格尔系数

恩格尔系数在国际上常常用来衡量一个国家和地区人民生活水平的状况。它是指家庭收入中用于购买食物的费用比例大小，可以衡量家庭收入状况，也从一个侧面反映经济增长的社会效益以及经济增长方式已达到哪个阶段。其计算公式为：恩格尔系数（%）＝食品支出总额 / 家庭或个人消费支出总额 ×100%。

随着家庭或个人收入增加，收入中用于食品方面的支出比例将逐渐减小。根据联合国粮农组织提出的标准，恩格尔系数在 59% 以上为贫困，50%~59% 为温饱，40%~50% 为小康，30%~40% 为富裕，低于 30% 为最富裕。

表 3—20　西部地区农村、城镇恩格尔系数

单位：%

| 项目＼年份（年） | 2000 | 2001 | 2002 | 2003 | 2004 | 2005 | 2006 | 2007 |
|---|---|---|---|---|---|---|---|---|
| 农村居民恩格尔系数 | 49.1 | 47.7 | 46.3 | 45.6 | 47.2 | 49.6 | 45.6 | 45.7 |
| 城镇居民恩格尔系数 | 39.2 | 37.5 | 37.4 | 38.0 | 38.9 | 38.1 | 37.4 | 35.4 |

资料来源：根据《中国统计年鉴》（2001~2008）表中数据计算所得。

西部地区城镇居民和农村居民恩格尔系数（见表 3—20）显示，西部地区农村居民家庭平均每人生活消费性支出还主要是在食品方面，西部地区城镇居民恩格尔系数和农村居民恩格尔系数相差几乎 10 个百分点，说明西部地区城镇居民生活水平和农村居民生活水平相差较大，农村居民生活水平质量差。到 2000 年西部地区农村居民才脱离温饱阶段，2005 年又在温饱阶段徘徊，而城镇居民已经跨出小康水平，处于初步富裕阶段。从数字上看，西部地区农村居民食品支出总额在西部地区家庭消费中还是占很大比重，直到 2007 年有的省区还没脱离温饱阶段，如广西、重庆、四川、贵州和西藏，云南也刚刚脱离温饱阶段，12 省区中只有陕西和内蒙古的恩格尔系数最低，为 37% 和 39%，刚刚进入富裕初级阶段（见表 3—21）。

表3—21  2006年、2007年西部地区农村、城镇恩格尔系数

单位：%

| 年份（年）\\地区 | 2006年恩格尔系数 | | 2007年恩格尔系数 | |
|---|---|---|---|---|
| | 农村 | 城镇 | 农村 | 城镇 |
| 内蒙古 | 39 | 30 | 39 | 30 |
| 广西 | 50 | 42 | 50 | 42 |
| 重庆 | 51 | 38 | 52 | 41 |
| 四川 | 20 | 36 | 54 | 37 |
| 贵州 | 52 | 39 | 52 | 40 |
| 云南 | 49 | 42 | 47 | 45 |
| 西藏 | 50 | 48 | 51 | 49 |
| 陕西 | 39 | 34 | 37 | 36 |
| 甘肃 | 47 | 35 | 47 | 36 |
| 青海 | 43 | 36 | 44 | 37 |
| 宁夏 | 41 | 34 | 40 | 35 |
| 新疆 | 40 | 35 | 40 | 35 |

资料来源：根据《中国统计年鉴》（2007、2008）表中数据计算所得。

2. 城镇失业率

失业是就业相反的一面，居民失业程度如何是观察经济增长质量好坏的一个重要窗口。传统社会主义政治经济学认为，社会主义计划经济对包括劳动力在内的所有资源有计划地统一配置，因而能够完全消灭有劳动能力的人找不到工作的现象。在现代市场经济下，实际上存在着就业不足或隐性失业的状况。测评失业的统计指标是实际失业率和自然失业率。实际失业率为登记下岗再就业人数中扣除隐性再就业和无再就业愿望者的计算结果。

自然失业率是古典主义失业理论的中心概念之一。它是指劳动力市场处于均衡状态的失业率。自然失业率大小取决于社会经济的技术水平、劳动力状况、风俗习惯、其他资源状况、劳动与福利制度及其他许多方面的情况，而与财政和货币的短期政策关系甚微。根据西方国家的经验测算，自然失业率一般为5%左右。

从宏观角度讲，失业规模的扩大对社会及劳动者都是沉重的负担，过高的失业率不符合经济增长质量提高的要求。这就需要对失业率确定一个目标值，显然这个目标值应当是符合效率、稳定两个原则的自然失业率。由于对

西部地区 12 省、直辖市关于失业率的统计不够全面，自然失业率和实际失业率两个指标就不适宜采用，因此本书采用城镇登记失业率对西部地区失业状况进行说明。城镇登记失业率是城镇登记失业人员与城镇单位就业人员（扣除使用的农村劳动力、聘用的离退休人员、港澳台及外方人员）、城镇单位中的不在岗职工、城镇私营业主、个体户主、城镇私营企业和个体就业人员、城镇登记失业人员之和的比。计算公式为：

城镇登记失业率 = 城镇登记失业人数 /（城镇单位就业人员 − 使用的农村劳动力 − 聘用的离退休人员 − 聘用的港澳台及外方人员）+ 不在岗职工 + 城镇私营业主 + 城镇个体户主 + 城镇私营企业及个体就业人员 + 城镇登记失业人数 × 100%。

表 3—22　西部地区城镇登记失业率

| 年份（年）<br>项目 | 2001 | 2002 | 2003 | 2004 | 2005 | 2006 | 2007 |
|---|---|---|---|---|---|---|---|
| 失业人员（万人） | 130.60 | 141.70 | 145.10 | 160.00 | 162.40 | 166.10 | 162.00 |
| 城镇登记失业率（%） | 3.80 | 4.00 | 3.90 | 4.10 | 3.80 | 4.10 | 4.00 |

资料来源：《中国统计年鉴》（2001~2008），表中数据按当年价格计算。

从西部地区城镇登记失业率（见表 3—22）来看，西部地区城镇登记失业率前几年比较稳定，波动不大，2005 年之后有上升趋势。2007 年西部地区城镇登记失业率就达到 4.0%，接近于自然失业率 5%，虽在正常范围之内，但其发展趋势呈现上升趋势，对西部地区经济增长质量的提高就具有不利影响，城镇失业率的提高，说明西部地区城镇人口中处于闲置状况的劳动力在逐渐增多，社会劳动生产率将会降低。

3. 城乡人均收入比

城乡人均收入比是城镇居民家庭人均可支配收入与农村居民家庭人均纯收入的比值，也是反映城乡居民生活质量的一个指标。

1986 年以后，我国随着城市改革的逐步推开和不断深化，城镇居民的收入增长明显加快，而农业进入缓慢增长时期，农民收入增长放慢。在农民收入基数远低于城镇居民收入的基础上，在 1986~2005 年的绝大多数时间里，农村居民收入增长速度远低于城镇居民的增长速度。在整个"九五"期间，农民收入年均增速为 5.0%，远远低于城市居民可支配收入年均 7.2% 增速水平。城乡居民收入差距增大趋势在"十五"期间进一步恶化。2003~2005 年，我国城镇居民人均可支配收入和农民人均纯收入之比已经高达 3.24：1。

从 1995 年起，由于政府提高了农产品的收购价格，城乡收入差距出现了三年的下降，然而，从 1997 年开始农产品收购价格一路走低，随之而来的又是城乡收入差距的回升，到 1997 年差距缩小到 20 世纪 90 年代后期的最小点，其后又开始持续扩大，形成了典型的"剪刀差"。

由表 3—23 和表 3—24 可以看出，西部地区的城乡收入差距比一直都是非常大的，最低的一年也达到了 3.46：1，2003 年高达 3.77：1，后面几年虽有所下降，但都在 3.70 ：1 左右。从城镇居民和农村居民家庭收入增长率来看，2003 年以前，农村居民的收入增长率一直都非常低，更是低于城镇居民，2004 年起农村居民的收入增长率有了较大的提高，几乎与城镇居民相同，2004 年、2005 年甚至超过了城镇居民的增长率，但是我们应该看到，占人口多数的农村居民的人均收入还是远远低于城市居民的人均收入。以上分析表明，西部地区经济增长和开放的成果没有为所有城乡居民共同分享。

表 3—23　城乡居民人均收入变化情况

| 年份（年） | 城市居民家庭<br>人均可支配收入（元） | 农村居民家庭<br>人均纯收入（元） | 城乡人均收入比（倍） |
|---|---|---|---|
| 2000 | 67774.61 | 19587.74 | 3.46 |
| 2001 | 74061.53 | 20315.57 | 3.65 |
| 2002 | 80098.80 | 21500.77 | 3.73 |
| 2003 | 86824.66 | 23051.44 | 3.77 |
| 2004 | 95952.98 | 25629.35 | 3.74 |
| 2005 | 104401.59 | 28267.30 | 3.69 |
| 2006 | 114541.34 | 30908.70 | 3.71 |
| 2007 | 133797.29 | 36050.61 | 3.71 |

资料来源：《中国统计年鉴》（2001~2008），表中数据按当年价格计算。

表 3—24  城镇居民和农村居民家庭收入增长率

单位: %

| 年份（年） | 城市居民家庭<br>人均可支配收入比上年增长率 | 农村居民家庭<br>人均纯收入比上年增长率 |
|---|---|---|
| 2000 | 8.90 | 1.80 |
| 2001 | 9.30 | 3.70 |
| 2002 | 8.20 | 5.80 |
| 2003 | 8.40 | 7.20 |
| 2004 | 10.50 | 11.90 |
| 2005 | 8.80 | 10.30 |
| 2006 | 9.70 | 9.30 |
| 2007 | 16.80 | 16.60 |

资料来源:《中国统计年鉴》(2001~2008)，表中数据按当年价格计算。

4. 公共教育支出占地区国民生产总值的比重

它是指公共教育支出与地区生产总值之比。比值的大小反映地区政府对教育的重视程度。

表 3—25  西部地区公共教育支出占西部地区 GDP 比重

| 项目 ＼ 年份（年） | 2000 | 2001 | 2002 | 2003 | 2004 | 2005 | 2006 | 2007 |
|---|---|---|---|---|---|---|---|---|
| 公共教育支出占西部<br>地区 GDP 比（%） | 3.14 | 3.18 | 3.61 | 3.60 | 2.92 | 3.25 | 3.25 | 3.65 |

资料来源:《中国统计年鉴》(2001~2008)，表中数据按当年价格计算。

从表 3—25 看出，西部地区公共教育支出占西部地区 GDP 的比重是非常低的，最高的 2007 年也才 3.65%。2002 年以前是逐步增加的，2004 年降至最低 2.92%，此后又迅速增加到 3.25%，后面 3 年又几乎停滞不前。由此表明西部地区政府对公共教育的支持力度不够，人民文化水平较低。

5. 西部地区大专以上文化程度人员占有率及文盲率

大专以上文化程度人员占有率指 6 岁及 6 岁以上人口中大专以上文化程度人员占 6 岁及 6 岁以上人口总数的比重。文盲率指 15 岁及 15 岁以上人口中不识字或识字很少的人口数占 15 岁及 15 岁以上人口总数比重。

表 3—26　西部地区大专以上文化程度人员占有率

| 项目＼年份（年） | 2000 | 2001 | 2002 | 2003 | 2004 | 2005 | 2006 | 2007 |
|---|---|---|---|---|---|---|---|---|
| 西部地区大专以上文化程度人员占有率（%） | 2.96 | 2.10 | 3.77 | 4.58 | 5.02 | 4.63 | 4.47 | 4.90 |

资料来源:《中国统计年鉴》(2001~2008)，表中数据按当年价格计算。

表 3—27　西部地区文盲率

| 项目＼年份（年） | 2000 | 2001 | 2002 | 2003 | 2004 | 2005 | 2006 | 2007 |
|---|---|---|---|---|---|---|---|---|
| 文盲占有率（%） | 9.0 | 15.2 | 12.1 | 14.8 | 12.3 | 15.2 | 12.8 | 11.3 |

资料来源:《中国统计年鉴》(2001~2008)，表中数据按当年价格计算。

从表 3—26 和表 3—27 可以看出，西部地区的学历水平非常低，大专以上文化程度人员占有率只有一年达到 5%，2001 年只有 2.1%，以后虽有所改善但是总体仍然非常低。再从文盲率来看，从 2005 年起逐步下降，这与国家在西部实行免费义务教育政策有关。总体看来，西部地区义务教育政策取得了较好效果，但西部地区居民的总体受教育程度是非常低的。

### 3.2.6　环境保护

经济增长不是一个孤立的过程，它受到各种社会因素和自然因素的制约，其中自然因素，即自然资源和环境状况与经济增长具有不可分割的关系。如果人类在大力促进经济增长的同时，盲目扩大生产和消费，物质和能量需求不断扩大，而不注意资源节约再造和环境保护，则经济增长必然与自然供给能力之间形成矛盾和对立。当人类向环境索取资源的速度超过了资源本身及其替代品再生速度，就会造成生态破坏；当人类向环境排放废弃物数量超过环境自净能力，则会造成环境污染。这种非再生性生产的发展，必然会破坏生态环境和自然资源可容纳的极限，威胁人类自身的生存，经济增长也难以为继。因此，环境质量及其保护应成为评价经济增长质量的必然要求。由于全面的环保数据难以收集，因此，只选取了工业三废处理达标率、污染治理项目投资占 GDP 比重及水土流失治理面积占总面积的比重来对西部经济增长质量进行评价。

1. 工业三废达标率

工业三废达标率本书用工业二氧化硫去除量占有率、工业废水达标排放率、工业固体废物综合利用率来表示。

工业二氧化硫去除量占有率反映空气质量，其计算公式为：工业二氧化硫去除量占有率＝工业二氧化硫去除量／工业二氧化硫排放量 ×100%。

工业废水达标排放率反映西部地区水资源的质量。其计算公式为：工业废水达标排放率＝工业废水达标排放量／工业废水排放总量 ×100%。

工业固体废物综合利用率，反映对工业排放的固体废物的处理情况。其计算公式为：工业固体废物综合利用率＝综合利用的综合固体废物量／工业固体废物总量 ×100%。

表 3—28　西部地区三废达标率

单位：%

| 年份（年）\\项目 | 2000 | 2001 | 2002 | 2003 | 2004 | 2005 | 2006 | 2007 |
|---|---|---|---|---|---|---|---|---|
| 工业二氧化硫去除量占有率 | 0.332 | 0.328 | 0.448 | 0.360 | 0.421 | 0.455 | 0.561 | 0.818 |
| 工业废水达标排放率 | 61.930 | 74.800 | 78.400 | 82.900 | 83.200 | 83.200 | 85.700 | 88.300 |
| 工业固体废物综合利用率 | 34.300 | 39.700 | 40.500 | 41.200 | 43.400 | 43.800 | 45.600 | 50.300 |

资料来源：《中国统计年鉴》（2001~2008）。

西部地区拥有丰富独特的自然资源，但由于长期以来不注意生态环境保护，在很多不适宜耕种的地方毁林、毁草、开荒，严重破坏了西部地区生态环境系统，使得西部地区生态环境变得非常脆弱。这种情况近年来有所改善，从西部地区"三废"达标率来看，2000~2007 年，每年都有所提高，废水达标排放率已达 88.3%，这一切说明，西部地区政府越来越重视西部地区环境资源的保护。

2. 水土流失治理面积占总面积的比例

该比例是指水土流失治理面积与西部地区国土面积的比例，反映西部地区水土流失治理程度的好坏。

表 3—29　西部地区水土流失治理面积占总面积比例

| 项目 \ 年份（年） | 2000 | 2001 | 2002 | 2003 | 2004 | 2005 | 2006 | 2007 |
|---|---|---|---|---|---|---|---|---|
| 西部水土流失治理面积地区（千公顷） | 35323.44 | 36732.33 | 38746.97 | 41052.10 | 42497.60 | 44014.45 | 45454.74 | 46644.23 |
| 西部地区水土流失治理面积占总面积比重（%） | 5.14 | 5.19 | 4.48 | 6.10 | 6.30 | 6.50 | 6.70 | 6.90 |

资料来源：《中国农业年鉴》（2001~2008）。

从表 3—29 中的数据来看，西部地区水土流失治理面积从 2000 年的 35323.44 千公顷提高到 2007 年的 46644.23 千公顷，水土流失治理面积占总面积比重逐渐提高，从 2000 年的 5.14% 提高到 2007 年的 6.9%，说明西部地区水土流失治理工作取得较大进展，另一方面也说明西部地区退耕还林、退耕还草工作开展得比较好，西部地区陆地环境有了进一步提高。

3. 污染治理投资比重

该比重是工业污染治理投资总额与 GDP 的比值，反映西部地区对工业污染投入的情况。其计算公式为：工业污染治理投资比重 = 工业污染治理投资总额 /GDP × 100%。

表 3—30 中的数据表明，西部地区每年对工业污染治理的投入在逐年增长，特别是 2003 年以后，增长幅度更快，2006 年较上年增长了 32.36%，但是 2007 年增加得却非常少。尽管数量在增加，但是工业污染治理投入在 GDP 中的比值几乎没有变化，除 2006 年稍有增加之外。这说明西部地区对工业污染治理重视程度不够。提高西部地区生态环境质量是一个长期的过程，还需要持之以恒的努力。

表 3—30  污染治理投资比重

| 年份（年）<br>项目 | 2000 | 2001 | 2002 | 2003 | 2004 | 2005 | 2006 | 2007 |
|---|---|---|---|---|---|---|---|---|
| 工业污染治理投资总额（万元） | 493437.0 | 277427.0 | 302302.0 | 367231.4 | 622995.6 | 755625.7 | 1001680.2 | 1001681.0 |
| 工业污染治理投资比重（%） | 0.3 | 0.2 | 0.1 | 0.2 | 0.2 | 0.2 | 0.3 | 0.2 |

资料来源：根据《中国统计年鉴》（2001~2008）中的数据计算而得。

## 3.3  西部经济增长质量综合评价

经济增长质量的内涵丰富，包含的内容广泛。为了反映西部地区经济增长质量的总体状况、变化程度及进程，根据前面建立的指标体系，尝试采用综合评估方法，对西部地区经济增长质量的整体状况进行综合评价和比较。其计算公式如下：

$$Y = \sum_{i=1}^{n}(\sum_{j=1}^{m}\frac{X_j}{Z_j} \times R_j) \times W_i$$

其中：Y ——评估的总分值；

$X_j$——单项指标的实际值；

$Z_j$——单项指标的目标值；

$R_j$——单项指标在此层次下的权重；

$W_i$——子系统权重。

子系统的权重 $W_i$ 及各单项指标在子系统中的权重 $R_j$，根据其在整个评价体系及各层次中的重要程度，采用专家调查法确定。各单项指标的目标值，参照全国平均水平、先进省份水平、发达国家平均水平，并结合西部地区的实际情况加以确定。

根据前面资料收集的情况，从设置的评价指标中选取 6 个子系统 28 个单项指标（见表 3—1 经济增长质量评价指标体系）。同时，为了从动态的角度反映西部地区经济增长质量变动的进程及程度，在此选取 2000~2007 年作为评估年份，综合评估结果如表 3—32 所示。

从综合评估结果可以看出：

（1）就评估年份看，西部地区经济增长质量呈现两个阶段，2003 年前有逐步降低趋势，2003 年以后西部地区经济增长质量综合评估分值随时间的推移呈增加趋势，但是增长趋势比较缓慢，只有 2005 年较上年增加了 3.1 个百分点，其他都在 1 个百分点左右。

（2）各类指标及各单项指标评估分值虽然随着经济的波动而波动，但绝大部分指标评估分值都有所提高。特别是西部地区生态环境质量指标的评估分值上升比较快，说明西部地区政府日益重视生态环境的改善，经济结构 2005 年分值有了一个大的提高，之后也有一个比较稳定的增长，说明西部地区经济结构也有比较大的改善，经济增长质量中经济增长的稳定性及持续性较好，一直比较稳定，但是西部地区的经济效率、技术进步、社会效益都不太稳定，总体质量提高也不快，这些情况都应该引起各地有关部门的注意。

（3）经济增长质量中，技术进步类各项指标及社会效益中的公共教育支出占 GDP 的比重、大专以上文化程度人员占有比率、文盲率的评估分值都比较低，说明西部地区人力资源素质低，整体创新能力弱。农村和城镇居民的恩格尔系数评估值较高，并且下降趋势缓慢，说明西部地区的城镇和农村居民，特别是农村居民的生活消费支出还是以食品等生活消费支出为主，主要还是生存型消费。人力资源是提升经济增长质量的关键要素，但综合评价结果可以看出，西部地区的居民素质，特别是农村居民的整体素质不高，对西部地区经济增长的社会效益造成了较大的影响，所以各地政府应高度重视农村人力资源的开发，提高农村人力资源的素质，从而促进西部地区经济增长质量各个方面的提高，最终促进西部经济增长质量的整体提高。

（4）从总体看，西部地区经济增长质量综合评估分值很低，距离目标的实现差距较大。根据经济增长质量评判的依据（见表 3—31），西部地区经济增长质量还刚刚脱离低质增长进入中质增长阶段，经济增长的粗放程度很高。因此，当前的主要目标是要加大西部地区农村人力资源开发，提高西部地区农村人力资源的文化素质与生产技能，推动西部地区技术进步，转变经济增长方式，从而提高西部经济，使其向较高质增长阶段发展。

表3—31　经济增长质量的评判依据

| 综合评估分值（%） | < 50 | 50—70 | 70—90 | > 90 |
|---|---|---|---|---|
| 评判标准 | 低质增长阶段 | 中质增长阶段 | 较高质增长阶段 | 准高质增长阶段 |

资料来源：转引自刘淑茹：《陕西省经济增长质量综合评估研究》，西北大学出版社 2006 年版。

## 3.4　本章小结

（1）以西部经济增长质量为一级指标，经济稳定性与持续性、经济结构、经济效率、技术进步、社会效益、生态环境质量 6 个方面为二级指标，设计了反映西部经济增长质量的三级具体指标 26 个，构造了一个完整的指标体系，通过指标统计和计算能够全面体现经济增长各个方面的绩效，对一个时期的经济增长质量进行定量评价。

（2）按照指标体系计算出西部 2000~2007 年的各指标值后发现：从 2000~2007 年西部地区经济增长持续度和稳定性较好；西部地区三次产业产值在地区国内生产总值中所占比重起伏明显，经历了第一产业产值逐步下降，第二、三产业产值比重逐步上升的变化，尤其是第二产业产值比重呈现出逐步递增的趋势，但西部地区三次产业产值结构的比例层次仍然比较低；从就业结构来看，第一产业就业比重仍然在西部地区是最高的，且从技术进步类及社会效益类部分指标可看出，西部地区人力资源素质低，整体创新能力弱，这已成为制约西部经济增长质量的关键因素。

（3）从总体来看，西部地区经济增长质量综合评估分值很低，尚处于刚刚脱离低质增长进入中质增长阶段，经济增长的粗放程度很高。因此，当前的任务是加大西部地区人力资源开发，特别是农村人力资源开发，推动西部地区技术进步，转变经济增长方式，从而促进西部经济向较高质增长阶段发展。

表3—32　2000~2007年西部地区经济增长质量综合评估

| 指标 | | 标值 | 权重 | 评估年份实际值 | | | | | | | | 评估年份评估值 | | | | | | | |
|---|---|---|---|---|---|---|---|---|---|---|---|---|---|---|---|---|---|---|---|
| | | | | 2000 | 2001 | 2002 | 2003 | 2004 | 2005 | 2006 | 2007 | 2000 | 2001 | 2002 | 2003 | 2004 | 2005 | 2006 | 2007 |
| 经济增长稳定性与持续性 | 经济增长率同距 | <1 | 30% | 1.50 | 0.90 | 0.90 | 1.10 | 1.00 | 0.10 | 0.60 | 0.70 | 0.67 | 1.00 | 1.00 | 1.00 | 0.91 | 1.00 | 1.00 | 1.00 |
| | 经济增长波动系数 | ±30% | 30% | 20.83 | 10.34 | 9.34 | 10.48 | 8.62 | 0.79 | 4.72 | 5.26 | 1.00 | 1.00 | 1.00 | 1.00 | 1.00 | 1.00 | 1.00 | 1.00 |
| | 经济增长持续度 | ≥1 | 40% | 1.21 | 1.10 | 1.09 | 1.10 | 1.09 | 1.01 | 1.05 | 1.05 | 1.00 | 1.00 | 1.00 | 1.00 | 1.00 | 1.00 | 1.00 | 1.00 |
| | | — | 15% | — | — | — | — | — | — | — | — | 90.00 | 100.00 | 100.00 | 97.00 | 100.00 | 100.00 | 100.00 | 100.00 |
| 经济结构 | 第一产业产值比重 | ≤12% | 10% | 22.30 | 21.00 | 20.10 | 19.40 | 19.50 | 17.70 | 16.20 | 16.00 | 0.54 | 0.57 | 0.62 | 0.62 | 0.62 | 0.68 | 0.74 | 0.75 |
| | 第三产业产值比重 | ≥41% | 15% | 36.20 | 38.30 | 38.60 | 37.70 | 36.20 | 39.50 | 38.60 | 37.70 | 0.88 | 0.93 | 0.94 | 0.92 | 0.88 | 0.96 | 0.94 | 0.92 |
| | 第一产业就业人数比重 | ≤37% | 10% | 61.70 | 61.10 | 60.00 | 58.10 | 56.50 | 54.80 | 53.50 | 51.40 | 0.60 | 0.61 | 0.62 | 0.64 | 0.65 | 0.68 | 0.69 | 0.72 |
| | 第三产业就业人数比重 | ≥43% | 15% | 25.40 | 26.00 | 26.70 | 28.00 | 29.20 | 30.20 | 30.50 | 30.70 | 0.59 | 0.6 | 0.62 | 0.65 | 0.65 | 0.70 | 0.71 | 0.71 |
| | 大中型工业企业总产值比重 | ≥65% | 10% | 70.00 | 71.10 | 71.20 | 74.80 | 71.30 | 72.20 | 71.90 | 70.30 | 1.00 | 1.00 | 1.00 | 1.00 | 1.00 | 1.00 | 1.00 | 1.00 |
| | 贸易依存度 | ≥70% | 20% | 8.50 | 7.60 | 8.50 | 10.10 | 11.00 | 11.00 | 11.60 | 12.50 | 0.12 | 0.11 | 0.12 | 0.14 | 0.16 | 0.16 | 0.17 | 0.18 |
| | 城市化率 | ≥45% | 20% | 28.73 | 30.18 | 31.29 | 32.53 | 33.45 | 34.57 | 35.72 | 36.96 | 0.64 | 0.67 | 0.70 | 0.72 | 0.74 | 0.77 | 0.79 | 0.82 |
| | | — | — | — | — | — | — | — | — | — | — | 58.70 | 60.30 | 62.20 | 63.40 | 62.80 | 67.10 | 68.20 | 69.20 |

（注：经济结构组权重18%）

续表

| | 指标 | 标值 | 权重 | 评估年份实际值 | | | | | | | | 评估年份评估值 | | | | | | | |
|---|---|---|---|---|---|---|---|---|---|---|---|---|---|---|---|---|---|---|---|
| | | | | 2000 | 2001 | 2002 | 2003 | 2004 | 2005 | 2006 | 2007 | 2000 | 2001 | 2002 | 2003 | 2004 | 2005 | 2006 | 2007 |
| 经济效率 | 社会劳动生产率 | 3.96 | 50% | 0.92 | 2.20 | 1.11 | 1.31 | 1.45 | 1.72 | 2.13 | 2.38 | 0.23 | 0.56 | 0.28 | 0.33 | 0.37 | 0.43 | 0.54 | 0.60 |
| | 投资效果系数 | ≥0.6 | 50% | 0.44 | 0.22 | 0.22 | 0.27 | 0.34 | 0.33 | 0.27 | 0.30 | 0.73 | 0.37 | 0.37 | 0.45 | 0.57 | 0.55 | 0.45 | 0.50 |
| | | — | 15% | — | — | — | — | — | — | — | — | 48.00 | 46.50 | 32.50 | 39.00 | 47.00 | 49.00 | 49.50 | 55.00 |
| 技术进步 | R&D支出增长率 | ≥35% | 30% | 11.80 | 12.54 | 22.09 | 15.19 | 13.45 | 23.36 | 14.42 | 23.58 | 0.34 | 0.36 | 0.63 | 0.43 | 0.38 | 0.67 | 0.41 | 0.67 |
| | R&D支出占GDP的比重 | ≥2% | 33% | 0.78 | 0.80 | 0.85 | 0.97 | 0.92 | 0.93 | 0.90 | 0.92 | 0.39 | 0.40 | 0.42 | 0.48 | 0.46 | 0.47 | 0.45 | 0.46 |
| | 高技术产业增加值占GDP的比重 | ≥3% | 37% | 0.13 | 0.13 | 0.14 | 0.15 | 0.14 | 0.14 | 0.14 | 0.15 | 0.04 | 0.04 | 0.05 | 0.05 | 0.05 | 0.05 | 0.05 | 0.05 |
| | | — | 15% | — | — | — | — | — | — | — | — | 26.40 | 38.80 | 34.60 | 30.60 | 28.40 | 37.50 | 29.00 | 37.10 |
| 社会效益 | 城镇居民恩格尔系数 | ≤35% | 10% | 39.20 | 37.50 | 37.40 | 38.00 | 38.90 | 38.10 | 37.40 | 35.40 | 0.89 | 0.93 | 0.94 | 0.92 | 0.90 | 0.92 | 0.94 | 0.99 |
| | 农村居民恩格尔系数 | ≤40% | 10% | 49.10 | 47.70 | 46.30 | 45.60 | 47.20 | 49.60 | 45.60 | 45.70 | 0.81 | 0.84 | 0.86 | 0.88 | 0.85 | 0.81 | 0.88 | 0.88 |
| | 城镇失业率 | ≤4% | 15% | 3.60 | 3.80 | 4.00 | 3.90 | 4.10 | 3.80 | 4.10 | 4.00 | 1.00 | 1.00 | 1.00 | 1.00 | 0.98 | 1.00 | 0.98 | 1.00 |
| | 公共教育支出占GDP比重 | ≥12% | 20% | 3.14 | 3.18 | 3.61 | 3.60 | 2.92 | 3.25 | 3.25 | 3.65 | 0.26 | 0.27 | 0.30 | 0.30 | 0.24 | 0.27 | 0.27 | 0.30 |

续表

| 指标 | | 标值 | 权重 | | 评估年份实际值 | | | | | | | | 评估年份评估值 | | | | | | | |
|---|---|---|---|---|---|---|---|---|---|---|---|---|---|---|---|---|---|---|---|---|
| | | | | | 2000 | 2001 | 2002 | 2003 | 2004 | 2005 | 2006 | 2007 | 2000 | 2001 | 2002 | 2003 | 2004 | 2005 | 2006 | 2007 |
| 社会效益 | 文盲率 | ≤4% | 15% | | 9.00 | 15.20 | 12.10 | 14.80 | 12.30 | 15.20 | 12.80 | 11.30 | 0.44 | 0.26 | 0.33 | 0.27 | 0.33 | 0.26 | 0.31 | 0.35 |
| | 大专及以上文化程度人员占比率 | ≥25% | 20% | 19% | 2.96 | 2.10 | 3.77 | 4.58 | 5.02 | 4.60 | 4.47 | 4.90 | 0.12 | 0.08 | 0.15 | 0.18 | 0.20 | 0.19 | 0.18 | 0.20 |
| | 城乡人均收入比 | ≤2% | 10% | | 3.46 | 3.65 | 3.73 | 3.77 | 3.74 | 3.69 | 3.71 | 3.71 | 0.58 | 0.55 | 0.54 | 0.53 | 0.53 | 0.54 | 0.54 | 0.54 |
| | | — | — | | — | — | — | — | — | — | — | — | 52.00 | 49.10 | 52.40 | 50.50 | 51.30 | 50.8 | 52.00 | 54.00 |
| 生态环境质量 | 工业二氧化硫去除量占有率 | ≥64% | 15% | | 33.20 | 32.80 | 44.80 | 36.00 | 42.70 | 45.50 | 56.10 | 81.80 | 0.52 | 0.51 | 0.70 | 0.56 | 0.66 | 0.71 | 0.88 | 1.00 |
| | 工业废水达标排放率 | ≥87% | 20% | 18% | 61.90 | 74.80 | 78.40 | 82.90 | 83.20 | 83.20 | 85.70 | 88.30 | 0.71 | 0.86 | 0.90 | 0.95 | 0.96 | 0.96 | 0.99 | 1.00 |
| | 工业固体废物综合利用率 | ≥38% | 15% | | 34.30 | 39.70 | 40.50 | 41.20 | 43.40 | 43.80 | 45.60 | 50.30 | 0.90 | 1.00 | 1.00 | 1.00 | 1.00 | 1.00 | 1.00 | 1.00 |
| | 水土流失治理面积占西部地区总面积比例 | ≥11% | 25% | | 5.14 | 5.19 | 4.48 | 6.10 | 6.30 | 6.50 | 6.70 | 6.90 | 0.47 | 0.47 | 0.41 | 0.55 | 0.57 | 0.59 | 0.61 | 0.63 |
| | 污染治理投资比重 | ≥2% | 25% | | 0.30 | 0.20 | 0.10 | 0.20 | 0.20 | 0.20 | 0.30 | 0.20 | 0.15 | 0.10 | 0.05 | 0.10 | 0.10 | 0.10 | 0.15 | 0.10 |
| 合计 | | — | — | | — | — | — | — | — | — | — | — | 51.00 | 54.10 | 55.00 | 55.90 | 58.00 | 62.10 | 67.00 | 65.10 |
| | | — | — | | — | — | — | — | — | — | — | — | 54.30 | 57.70 | 56.10 | 56.00 | 57.80 | 60.90 | 61.00 | 63.20 |

说明：社会劳动生产率单位为万元/人，评估年份实际值中的单位除社会劳动生产率、投资效果系数、经济增长率同距外其他的都是"%"。

# 4 西部农村人力资源开发与经济增长质量的关系分析

通过农村人力资源开发提高农村人力资源的整体素质，从而提高农村劳动力的劳动技能和创新水平，促使第一产业 GDP、农业劳动率等得到不同程度的提高，从而推动农村经济质量的提高，进而推动整个西部经济增长质量的提高。同时，西部经济增长质量的提高将会增加对农村、农业和农民的投入，更加重视对农村教育、农民培训和农民健康的资金投入，进一步提高农村人力资源开发的质量。

## 4.1 农村人力资源开发与经济增长质量的互动关系

农村人力资源开发的进程与水平，对经济增长质量的提高具有决定性的作用，而经济增长质量的提高又对农村人力资源的开发具有重要的促进和保障作用。

### 4.1.1 西部农村人力资源开发对经济增长质量提高的影响

纵观整个经济增长要素理论的发展史，不难看出，经济增长的过程也就是各生产要素结合起来不断地进行社会扩大再生产的过程。西部地区正处于工业化中期阶段，劳动、资本、资源、技术进步等诸多因素都会阻碍西部地区经济增长质量的提高，因此，目前大多数研究都是从资本、技术进步方面对其进行阐述。实际上，产生这些问题的根本原因是西部地区的人力资源特别是农村人力资源素质低下，影响了整个地区经济增长质量其他指标的提高。

1.农村人力资源开发是提高经济增长质量与效益的力量源泉

在经济全球化和知识经济深入发展的新时期，任何增长都是由质量与效益推动的增长。而人力资源的本质及其特征决定它在提高经济增长质量与效益方面具有巨大的价值。人力资源开发能最大限度地发掘人的潜在能力和创造力，从而大幅度提高生产率在经济增长中的份额，这是它最直接的经济增长质量效应。

首先，农村人力资源开发直接促进农村的技术进步与创新，带动农村经济增长。农业的技术进步与创新可以通过实施农业高新技术成果，达到合理利用农业资源，提高农产品的单位产量，改善农产品的品质，提高经济效益和社会效益，增加农民收入的发展目标。目前，由于西部农民科技文化素质低，对新科技、新成果吸纳和应用能力差，思想观念过于守旧，心理素质脆弱，一般不敢轻易地接受新技术，从而导致许多先进的农业技术成果、现代农业机械和农业生产设施无法应用推广。对农村人力资源进行有效的开发一方面可以直接提高农民的科技文化素质，从而对提高农业劳动生产率产生重要影响；另一方面可以为农村经济的现代化发展提供技术推广与科技创新的空间，从而推进传统农业向现代农业的转变。一是随着农业科技的不断进步，在现代化的农业生产条件下，不断增加的新投入物将会带来不断变化的实物生产率，农民必须对这些新机会进行判断，了解它们的性能，进行有效的组合，使农产品生产成本得到降低，才能实现更高的收益。二是农村人力资源开发，不仅体现在直接的对人的基本素质、劳动技能的培养与开拓之上，而且还体现在农业技术推广与科技创新的具体工作之中。由于西部地区农村人口主要是初中及初中以下文化程度，农村劳动力整体科技文化素质较低，在很大程度上限制了新技术的接受、推广和应用，因此，通常情况下，农业技术推广过程往往与农民的职业技术教育和农业技术培训相结合，这是我国农村人力资源开发的重要形式与手段。

其次，农村人力资源开发可以降低自然资源消耗，促进经济增长质量的提高。农村人力资源开发，通过教育、培训培养农民的科学发展观，可以减少农业生产对生态环境的破坏，促进农村经济实现可持续发展。

农业与其他产业的最大不同就在于其生产与自然环境具有最为直接的关系，其生产的突出特点表现在：一是对于土地的依赖与利用；二是生产分布直接受制于自然环境的影响；三是农业的产出规律与自然的产出规律相一致；四是土地利用的过程就是人类对生态环境的适应与改变过程。长期以来，我国人口众多与耕地供给紧张的矛盾极为突出，耕地资源人均拥有量严重不足，几十年来农业综合生产力的高速增长，在很大程度上是建立在牺牲生态环境基础之上的。随着农业的不断发展，对资源、环境施加的压力也越来越大，这种由于人多地少所引发的生态问题已经成为世界农业开发的典型。同时，由于农村人力资源素质较低，在政府部门指导、控制不利的情况下，出于摆脱贫困的发展需要，农民在发展农业生产的过程中往往忽视自然资源的有限性和生态环境的脆弱性，一味地追求经济效益，滥垦、滥伐、滥牧、滥采的现象极其普遍，由于过度放牧引起草原退化、毁林开荒造成水土流失和沙漠化、过度捕杀引起生物物种减少、植物物种灭绝等，农村的生态环境遭到极大的破坏，对农村经济的可持续发展造成极大障碍。如西南地区的石漠化，已越来越严重，贵州一些居住地已无法生存。此外，各地农民为了追求高产、高效，不顾生态环境的脆弱性，盲目地大量使用化肥、农药，造成土壤肥力下降、土质板结、农业生态链损害的现象时有发生，使农业的生产活动存在巨大危机，严重地制约了农业的可持续发展，通过加大农村人力资源的开发，不仅可以使农民在生产技能、农业技术创新上有所提高，文化素质和身体素质有所改善，而且更为重要的是可以从根本上改变农民传统、落后的思想面貌，使他们成为具有利用自然、保护自然的和谐发展观的新型农民。只有农民主动将科学的发展观运用于生产实践中，才能较快地改变以往建立在高能耗、高物耗、重污染基础上的农业发展方式，在利用开发的同时保护好农村生态环境，保证经济增长质量的持续提高。

再次，对农村人力资源进行开发可以转变农村经济增长方式，促进经济增长质量的提高。要提高经济增长质量，必须转变经济增长方式，变单一的追求经济增长数量为经济发展。劳动者是转变经济增长方式，提高经济增长质量的控制性因素，人力资本的质量高低和在生产要素组合中的地位直接决定着产出水平。转变经济增长方式，归根到底要靠人，因此必须进行人力资源开发，特别是西部农村人力资源开发，要加快实施人才强国战略，努力造就数以亿计的高素质劳动者、数以千万计的专门人才和一大批拔尖的创新人才，建设规模宏大、结构合理、素质较高的人才队伍，开创人才辈出、人尽其才的新局面。提高作为生产要素投入的人力资本质量，调整人力资本在生产要素中的地位，重新组合生产要素，从而提高生产率和产出质量，促进经济增长方式的转变。

最后，人力资源开发，能形成一种促进经济质量与效益提高的内在驱动力。它是能把劳动者的内在潜力调动起来的一种巨大的内生动力。劳动者的态度、积极性及价值观念等是提高他们的活力和实际经济活动能力的内在动力。在有效的人力资源开发的机制作用下，这种内在动力的作用是无可限量的。这是提高经济增长质量与效益的一种能动的力量源泉。市场经济的发展，要求我们必须迅速地向效益型经济转变，在这个转变过程中，西部地区面临经济增长质量与效益的严峻挑战。

总之，对于经济增长质量的提高，已经不是考虑要不要进行人力资源开发的问题了，一切想要有成功发展的地区，都有必要尽快把握人力资源开发，在经济全球化和知识经济发展过程中，很难想象哪个发展因素，对生产率提高可能拥有像人力资源开发那样巨大的内在影响力。同时人力资源开发能深入开发人的智慧与开拓精神，使之能迅速掌握新技术。特别是在信息化时代，人们主动迅速地即时获得大量新技术资料，不断开发新技术，从而可从根本上促进经济增长的技术含量的提高，并以科学技术为主要动力，实现可持续发展。这是人力资源开发在现代经济发展中最大的经济增长质量效应。科学技术是第一生产力。但"事在人为"，只有人力资源开发达到较高水平，调动起人们的内在潜力，才能掌握创造和更好地运用现代先进科学技术，才能活用科学技术并以最经济有效的方式把它转化为经济上的创新，创造出新的甚至是超级生产力，否则，人力资源开发上不去，再好的新技术也会因缺少现实的主观力量而难以把它转化为新的生产力。

2. 人力资源投资的关联效应

要提高经济增长质量，必须转变经济增长方式，改变单一的追求经济增长数量的经济增长模式，通过科学发展，逐步从粗放型的经济增长方式发展为集约型的经济增长方式，而其中转变经济增长方式的关键则是人，劳动者的素质提高是经济增长质量提高的一个控制性因素。二者的关联效应包括后向效应和前向效应两个方面：一方面，从产业关联的角度看，随着经济的飞速发展和经济增长方式的转变，各行各业对各种人才的需求必将不断增长，对人的素质要求也会不断提高，因此势必要求教育、医疗卫生保健等行业迅速发展，而人力资源投资的增加，其直接后果就是加速教育、医疗卫生保健等行业的发展，这些行业的发展，又会提高人力资源水平，增加全社会的人力资源存量，增加各行各业尤其是"朝阳行业"的人才供给，从而推动相关行业和产业的飞速发展，包括第一产业、第二产业以及第三产业的其他行业，都能够因人力资本存量的增加而得到相应的带动，这就是人力资源投资的后向效应。另一方面，教育、医疗卫生行业的发展还会直接产生对各种教学建筑、设施设备、学习用具、医疗设备、仪器工具等的大量需求，而这些都会促进建筑、高新科技等相关产业和行业的快速发展，从而产生较大的前向效应，人力资源投资之所以能够对经济增长质量产生巨大作用，其较强的关联效应便是其中的原因之一。

### 4.1.2　经济增长质量的提高对西部农村人力资源开发的促进作用

经济增长质量的提高可以促进教育和培训的发展，提高劳动力的有效转移，同时也是对农村人力资源进行教育、培训、健康投资的有力保障。

1. 经济增长质量的提高将进一步促进农村教育的发展

教育是人力资源开发的主要手段。不论是个人、家庭或整个国家，教育水平越高，一般来说也就代表了人口素质或人力资源水平越高。而实际的教育投资水平，既取决于需求方面的因素，也取决于供给方面的因素。从需求方面来说，因为经验已经证明教育属于一种需求收入弹性较大的物品，所以随着经济增长质量和人们收入水平的提高，人们的教育需求将会有较大幅度的提高。从供给方面来看，伴随经济增长质量的提高所带来的人们教育意识的提高和家庭收入水平的不断提高，会降低个人或家庭的教育融资成本，便利了融资条件，因此，如果从教育投资角度来决策教育需求，也会导致教育需求的增加。由于城乡二元结构等历史原因，导致我国西部农村经济极为不发达，西部农村教育质量普遍不高，广大农民对教育的重视程度不够，所以只有通过发展西部农村经济，提高经济增长质量，从而为加大农村教育投入，提高农村教育质量提供保障。

2. 经济增长质量的提高将刺激西部农村人力资源开发投资

经济增长，尤其是现代的经济增长，主要是建立在科技进步与创新的基础上的。因此，经济增长质量的提高必然意味着技术进步，而技术进步又总是与物质资本设备的改进与更新分不开。这意味着当伴随经济增长质量的提高而出现物质资本设备的技术更新时，社会将会产生对于人力资源投资的更大需求。此时，人力资源投资的边际产品效用将相对提高，因而会形成比较强的人力资源投资激励效应。

20 世纪 60 年代，舒尔茨明确提出了人力资本的概念，他认为人力资本是体现于人身体上的知识、能力和健康，个人受教育后一旦能够提供一种有经济价值的生产性服务，这就成为了一种资本，所以在生产过程中人力资本同物质资本及其他生产要素一样，缺之不可。在当代经济发展和经济增长质量提高方面，人力资本的这种要素功能作用变得尤为重要，人力资本的要素功能在生产函数中具有决定性的意义。而经济增长质量越高，对人力资源的投资越大，那么这些被投资的人力资源所带来的资本效应就越明显。

在传统农业社会，长期积累传递下来的生产知识和人在劳动中学会、积累的劳动技术和经验也是一种人力资本，即使是传统农业生产也必不可少，但不明显。但是，在现代经济，科学技术的发展和应用成为增长的"引擎"，而在经济增长过程中，人力资本的要素功能被不断强化。技能和新知识，才形成了农业经济"持续增长的主要源泉"。西部是一个农村人力资本存量异常薄弱的区域，增加农村人力资本投资，提高农民素质，不仅有利于提高农业劳动生产率，实现农业现代化，而且由于人力资本投资的外部效应，还有利于加快农村劳动力就地或异地向非农产业转移，实现"农民"向"市民"转变，从"传统人"向"现代人"过渡，进而加快整个中国城市化和现代化进程。这不仅会减少农业劳动力向非农产业转移过程中由于能力不足而导致的结构性失业，而且会为经济增长提供充足的合格劳动力，从而保证经济持续健康增长。

另外，经济增长质量的提高还可以保证对农村人力资源的健康投资。对人口健康投资能直接地改善西部人口质量，提高西部人力资本的存量水平，进而促进劳动生产率的提高和经济的增长。关于健康状况改善对经济增长的促进作用，舒尔茨和福格尔都做了相应的实证研究。舒尔茨以印度为例，证实了健康状况的改善以及人口死亡率的下降对印度农业产出和生产力方面所产生的积极影响，福格尔以英国为研究对象认为英国1970~1980年人均收入增长的30%可由总营养的改进来解释，他估计1970~1980年，英国人力效率提高了约53%，他认为人力效率与营养的改进相结合，似乎可以解释英国自1970年以来经济增长的大约50%。健康投资本身就是人力资本投资的一种形式，对人力的健康投资必定会提高人力资本的存量，从而提高劳动生产率，促进经济的发展。比如健康和营养状况的改善，可以改变劳动者的智力、体力和心理状况，较高的健康水平不仅可以使有效劳动力的数量增加，使劳动力的有效工作时间延长，而且健康的体魄和心理状态可以使劳动者以更加愉快的心理和充沛的精力投入工作，从而提高劳动生产率。

3. 经济增长质量的提高将提高西部农村剩余劳动力的有效转移

衡量经济增长质量的一个重要指标则是就业率，我国西部农村剩余劳动力规模巨大，严重阻碍了农业现代化的进程。而要实现农业现代化和搞好农业产业化，除了要在农村土地经营开发方面通过实现适度规模经营而获取规模效益以外，更为重要的方面就是要实现农村剩余劳动力的有效转移，合理有效配置人力资源，充分发挥农村人力资源的优势。实现西部农村剩余劳动力转移的途径主要有两条：一是挖掘农业内部的就业潜力，向农业的深度和广度进军；二是开拓农村非农产业的就业空间，包括积极发展农村第二、三产业，发展农村个体私营经济，加快小城镇建设。无论走哪一条，其有效性都取决于西部经济增长质量的高低。

在20世纪80年代，我国农业劳动力转移主要是以发展乡镇企业为载体，采取"离土不离乡，进厂不进城"的就地转移方式。但进入90年代以后，由于乡镇企业技术进步，资本密集度迅速提高，其自身吸纳农业剩余劳动力的能力下降，而且农民自身素质也无法满足乡镇企业进一步发展。同时，随着城市下岗职工的不断增加，农业大量剩余劳动力拥向城市从事非农工作的机会也在不断减少，即便进入城市，低素质的农民也只能从事传统的、低级的、简单的、收入很低的劳动，严重限制其收入长期稳定增长。可见，农村人力资源素质低是制约转移数量特别是转移层次提高的主要因素，大量数据分析表明，农村人力资源的素质与剩余劳动力的转移速度和层次成正比关系。因此，农村剩余劳动力的有效转移离不开农村自我吸收剩余劳动能力的提高和农村劳动力自我就业能力的提高。西部经济增长质量的提高不但能加快经济的发展，开拓就业空间，而且可以加大对农村人力资源的开发，实践也证明，只有加速开发，大大提高劳动力的素质，才能实现真正的转移。

### 4.1.3　西部人力资源开发与经济增长质量之间的良性互动关系

对于农村人力资源开发与经济增长质量之间的相互关系，如下图所示：

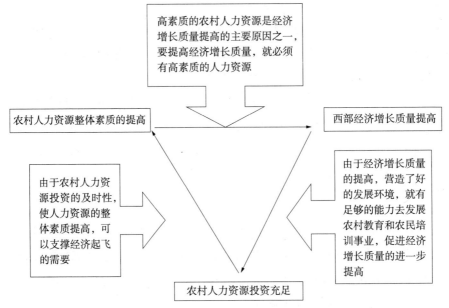

图 4—1　农村人力资源开发与经济增长质量的互动关系

从图 4—1 可以看出，农村人力资源开发与经济增长质量之间是一种良性互动关系。一方面农村人力资源开发推动经济增长质量的提高。首先，因为人力资源的特殊性质，决定了人力资源是提高经济增长质量与效益的核心因素，加之人力资源是可以不断产生新的创造力和巨大潜能的独特资源，人力资源一旦掌握着知识、技能和能力，而知识的力量是无限的，如果能得到充分的开发和价值实现，其就是经济增长质量与效益得到持续提高和发展的唯一源泉。其次，人力资源是生产性很强的资本性资源，在地区经济增长中能作出有效的生产性贡献，不仅能不断地再生产出更高质量的新产品和更多的附加价值，而且人力资源的创新作用远远胜过固定资产的作用。再次，人力资源开发的进程与水平，对经济增长方式向市场经济转变以及经济增长质量的提高，具有决定性作用。人力资源开发能最大限度地发掘人的潜在能力和创造力，从而大幅度提高生产率，提高劳动生产率增长在经济增长中的份额，这是它最直接的经济增长质量效应。

　　另一方面经济增长质量的提高可以促进人力资源开发。首先，因为经济增长质量的提高能带来国民平均工资水平和教育水平的提高。这些都表明人们的时间价值已经变得日益昂贵了。由此必然会产生一种家庭规模缩小的趋势，即那些达到一定教育程度的夫妇将减少对孩子的需求，家庭生产计划因而诞生。对孩子数量需求的减少会促进对孩子质量的需求或质量投资，因为孩子越少，在各方面的养育条件就会越优越。其次，经济增长质量的提高也在客观上提高了家长们对孩子质量和未来更大的收入能力进行投资的良好预期，因而孩子质量替代数量从而人口增长率下降便成为一种自然趋势。而当受过较好教育的孩子最终长大并成为父母时，他们拥有更多的知识，从而会对他们的孩子的教育与保健投资等产生更大的需求。这样，经济增长质量与人力资源开发便产生了良性互动，经济增长质量的提高促进人力资源开发与投资，而人力资源开发与投资的增加，就进一步增强人力资源在经济发展中的作用，在经济增长质量与人力资源开发之间出现良性关系，形成良性循环。

## 4.2　农村人力资源开发对西部经济增长质量影响的实证分析

　　基于上面的论述，虽然可以形成一个农村人力资源开发与西部经济增长质量之间的初步认识，但尚无法得知人力资源或农村人力资源在西部经济增长质量中的准确贡献量。因此，有必要采用实证分析方法，进一步研究西部农村人力资源对经济增长的影响，从而作出更为准确的定量解释。

### 4.2.1　模型设计

要研究西部农村人力资源开发对经济增长质量的影响，首先要对人力资本对经济增长的贡献进行分析，作为经济增长要素之一的人力资本生产要素，与土地、资本等一起构成了影响经济增长的主要因素，本章主要是通过对经济增长量的统计分析，研究人力资本要素在经济增长中的重要作用，从而指出人力资源开发对提高经济增长的重要性，为进一步研究西部农村人力资源开发对经济增长质量的必要性提供理论依据。

在对经济增长的统计分析中，常用的指标是反映经济增长数量的国内生产总值（GDP）指标或增长率指标，而作为经济增长要素的主要是资本、劳动、土地、教育与科学技术等。其模型均是在柯布—道格拉斯生产函数的基础上发展而来的。

柯布—道格拉斯生产函数的一般形式为：

$$Q = AK^{\alpha}L^{\beta} \qquad (4\text{—}1)$$

式（4—1）中 Q 为产出，K 与 L 分别为资本和劳动数量投入变量，指数 $\alpha$ 和 $\beta$ 为资本和劳动变量在总产量中的相对比重，且 $0<\alpha<1$，$0<\beta<1$，在只有变量 K 与 L 时，$\alpha+\beta=1$，参数 $\alpha$ 和 $\beta$ 也可称之为产出 Q 关于 K 和 L 变量的弹性系数。A 为技术进步水平参数，静态分析时，技术水平参数为一常数，当引入时间维度之后，技术参数值就成为时间 t 的函数，不再为一固定值，此时的 Q 也就成为 t 的函数，即用 Q（t）表示动态的产出更接近现实。由于研究的是经济增长问题，所以用国民生产总值或国内生产总值 Y 来代替总产出 Q，并将柯布—道格拉斯生产函数写成：

$$Y = A(t)K^{\alpha}L^{\beta} \quad （A（t）表示 t 年广义技术进步水平） \qquad (4\text{—}2)$$

假定 A、K、L 为相互独立的变量，即三因素各自单独影响国民生产总值或国内生产总值，而无相互影响，但均会随时间 t 发生变化，有 lnY 连续可导，对式（4—2）全微分并在等式两边同时除以 Y，可以得到：

$$\frac{\partial Y}{\partial t}\frac{1}{Y} = \frac{\partial A}{\partial t}\frac{1}{A} + \alpha\frac{\partial K}{\partial t}\frac{1}{K} + \beta\frac{\partial L}{\partial t}\frac{1}{L} \qquad (4—3)$$

对式（4—3）各项取 △ t=1 后用年增长率来代替，得：

$$\frac{\triangle Y}{Y} = \frac{\triangle A}{A} + \alpha\frac{\triangle K}{K} + \beta\frac{\triangle L}{L} \qquad (4—4)$$

式（4—4）中的 △ Y/Y 表示产出增长率（即经济增长率）；△ A/A 为（技术进步水平）全要素增长率，用于表示知识与教育等因素的增长率；△ K/K 为资本增长率；△ L/L 为劳动增长率。

令 y= △ Y/Y，μ= △ A/A，k= △ K/K，$l$= △ L/L，则将（4—4）式写成：

$$y = a \cdot k + \beta \cdot l + \mu \qquad (4—5)$$

以式（4—5）作为统计模型，收集产出（即国内生产总值 GDP）、资本增长率、劳动增长率等数据，运用有关统计软件便可对经济增长进行因素分析。

在人们不断追求经济增长因素的研究过程中，随着人类社会知识经济时代的到来，知识与教育对经济增长的贡献越来越大，于是有人在生产函数的基础上引入知识与教育变量，将式（4—2）写成：

$$Y = A_0 e^{ut} K^{\alpha} L^{\beta} R^{\gamma} E^{\lambda} \qquad (4—6)$$

式（4—6）中，Y 为产出（国民生产总值或国内生产总值）；K 为资本投入（有形资本）；L 为劳动投入；R 为知识资本投入；E 为教育投入；t 为时间因素。将式（4—6）两边取对数后对时间变量 t 求偏导数得：

$$\frac{1}{Y}\frac{\partial Y}{\partial t} = u + a\frac{1}{K}\frac{\partial K}{\partial t} + \beta\frac{1}{L}\frac{\partial L}{\partial t} + \gamma\frac{1}{R}\frac{\partial R}{\partial t} + \lambda\frac{1}{E}\frac{\partial E}{\partial t} \qquad (4—7)$$

将式（4—7）各项取 △ t =1 后用年增长率代替，得到知识经济条件下的新经济增长理论模型为：

$$\frac{\triangle Y}{Y} = u + \alpha\frac{\triangle K}{K} + \beta\frac{\triangle L}{L} + \lambda\frac{\triangle E}{E} + \gamma\frac{\triangle R}{R} \qquad (4—8)$$

式（4—8）表明经济增长不仅受资本和劳动投入数量变量的影响，还受知识资本和教育变量的影响，知识与教育已成为经济增长的内生变量。由式（4—8）可知：教育投入对产出的弹性为：$\lambda = (\triangle Y/Y) / (\triangle E/E)$；知识资本对产出的弹性为：$\gamma = (\triangle Y/Y) / (\triangle R/R)$；教育投入增长对产出增长的贡献度为：$\eta = \lambda (\triangle E/E) / (\triangle Y/Y)$；知识资本增长对产出增长的贡献度为：$\zeta = \gamma (\triangle R/R) / (\triangle Y/Y)$。

令 $y = \triangle Y/Y$，$k = \triangle K/K$，$l = \triangle L/L$，$e = \triangle E/E$，$r = \triangle R/R$，则将（4—8）式写成：

$$y = u + \alpha \cdot k + \beta \cdot l + \lambda \cdot e + \gamma + r \qquad (4—9)$$

在本研究中，根据统计数据的情况，模型中的劳动投入增长率数据可近似地用人力资源投入增长率数据来代替，并根据研究的需要将人力资源再细分为城镇人力资源和乡村人力资源，这样便可更清楚地通过分析得出乡村人力资源投入对经济增长的贡献度。即令解释变量 $l = l_2/l_1$，其中，$l_1$ 为乡村人力资源投入增长率，$l_2$ 为城镇人力资源投入增长率，两者的比值 $l$ 为城镇与乡村人力资源投入增长率之比，即城乡人力资源投入增长结构。

所以公式（4—9）可以写为：

$$y = u + \alpha \cdot k + \beta \cdot (l_2/l_1) + \lambda \cdot e + \gamma \cdot r \qquad (4—10)$$

测算知识与教育对经济增长的贡献，人们常常运用估计测算法。在仅仅知道国民经济增长率 $\triangle Y/Y$ 及教育投入的增长率 $\triangle E/E$ 后，则可估算出教育投入对经济增长的弹性 $\lambda$，但这样的计算结果往往误差较大。而根据知识投入及教育投入与经济增长的关系式用回归分析法，则可更加准确地测算出教育投入对经济增长的贡献。其中，由于教育投入对经济增长的促进作用因滞后效应往往不可能发生在同一时期，因此，在处理数据的过程中将教育投入的增长率前移 5 年，即同本期的经济增长率 $y_n$ 相匹配的教育投入增长率为 5 年前的教育投入增长率 $e_{n-5}$。

知识投入与教育投入对经济增长的作用途径包括直接与间接两条，其中知识与教育对经济增长的间接作用更为主要，其实质就是通过提高人力资源的质量来实现其对经济增长的作用。因此，研究经济增长中人力资源的作用，应包括人力资源的数量与质量分别对经济增长的作用，最初的经济增长模型只考虑了人力资源数量投入的作用，并认为每一个劳动都是同质的简单劳动，这样的分析模型在人类社会早期技术水平较低，即分析结果除资本与劳动数量变量外的剩余较少时比较科学，但随着人类社会进入知识经济时代，资本与劳动数量变量对经济增长的贡献降低，除此而外的剩余部分越来越大，说明经济增长不仅与投入的劳动数量有关，更重要的是与劳动质量的提高，即人力资源能力的提高有关。

## 4.2.2  人力资源量的估算方法

本研究对数据进行整理时，考虑到人力资源质量对经济增长的贡献，通过指标折算来估算人力资源数量。目前，我国西部地区不同文化程度劳动者的平均水平尚不能准确反映实际所具有的人力资源的质量差异，因此，本研究结合考虑受教育程度和部门技术复杂程度对劳动者产出的影响，进而构造人力资源存量的估算方法。

根据平均教育年限法和技术等级（或职称）法的估算思路，综合两个方法的优点，结合有关劳动力简化系数的研究成果，确定以 0.6 和 0.4 为权数，对目前常用的按教育年限确定的不同文化程度劳动者的简化系数和按不同部门技术复杂程度确定的不同文化程度劳动者的简化系数两个系数进行修正，求得两个系数加权修正后的劳动力折算系数，如表 4—1 所示。

表 4—1  不同文化程度劳动者的折算系数

| 文化程度 | 按教育年限确定的简化系数 | 按部门技术复杂程度确定的简化系数 | 经加权修正后的劳动力折算系数 |
|---|---|---|---|
| 文盲半文盲 | 1.00 | 1.00 | 1.00 |
| 小学 | 2.00 | 1.00 | 1.60 |
| 初中 | 3.00 | 1.20 | 2.28 |
| 高中（含中专） | 4.00 | 1.30 | 2.92 |
| 大学（含大专） | 5.50 | 2.00 | 4.10 |

资料来源：赵秋成：《人力资源开发研究》，东北财经大学出版社 1999 年版。

本研究采用的人力资源估算方法，其特点是集成了平均受教育年限法和技术等级（或职称）法的优点，集中考虑了影响和体现人力资源质量的两个主要因素，即劳动者的不同文化程度和技术等级（或职称）；本方法简明扼要，应用方便，数据获得性强，符合我国西部实际。因此，以下用于统计分析的人力资源投入增长率均采用本估算方法计算所得的综合指标，即既考虑了人力资源投入增长的数量因素，也考虑了人力资源投入增长的质量因素。

### 4.2.3　数据整理

根据表4—2及表4—3整理获得的2000~2007年间全国和西部地区人力资源投入增长数据及其影响经济增长的相关数据，可运用模型（4—10）进行统计回归分析。

表4—2　影响全国经济增长的数据统计表

| 年份（年） | 全国GDP增长率y | 全国乡村固定资本投入增长率k | 全国乡村人力资源投入增长率$l_1$ | 全国城镇人力资源投入增长率$l_2$ | 全国教育投入增长率$e_{n-5}$ | 全国R&D投入增长率r |
|---|---|---|---|---|---|---|
| 2000 | 0.086 | 0.094 | 0.0177 | 0.075 | 0.261 | 0.203 |
| 2001 | 0.081 | 0.077 | −0.0072 | 0.122 | 0.205 | 0.164 |
| 2002 | 0.095 | 0.111 | 0.0003 | 0.041 | 0.119 | 0.235 |
| 2003 | 0.106 | 0.218 | 0.0003 | 0.064 | 0.165 | 0.196 |
| 2004 | 0.104 | 0.174 | 0.0028 | 0.058 | 0.136 | 0.277 |
| 2005 | 0.112 | 0.195 | 0.0093 | −0.049 | 0.149 | 0.246 |
| 2006 | 0.118 | 0.216 | −0.0017 | 0.027 | 0.205 | 0.201 |
| 2007 | 0.122 | 0.194 | −0.0019 | 0.051 | 0.182 | 0.235 |

资料来源：根据各年的《中国统计年鉴》、《中国劳动统计年鉴》、《教育经费与教育工资》、《中国科技统计数据》等资料整理所得。

表4—3　影响西部经济增长的数据统计表

| 年份（年） | 西部GDP增长率y | 西部乡村固定资本投入增长率k | 西部乡村人力资源投入增长率$l_1$ | 西部城镇人力资源投入增长率$l_2$ | 西部教育投入增长率$e_{n-5}$ | 西部R&D投入增长率r |
|---|---|---|---|---|---|---|
| 2000 | 0.085 | 0.078 | 0.026 | 0.032 | 0.210 | 0.150 |
| 2001 | 0.087 | 0.081 | 0.012 | 0.102 | 0.167 | 0.125 |
| 2002 | 0.114 | 0.103 | 0.015 | 0.031 | 0.102 | 0.221 |
| 2003 | 0.138 | 0.133 | 0.015 | 0.132 | 0.152 | 0.152 |

续表

| 年份（年） | 西部 GDP 增长率 y | 西部乡村固定资本投入增长率 k | 西部乡村人力资源投入增长率 $l_1$ | 西部城镇人力资源投入增长率 $l_2$ | 西部教育投入增长率 $e_{n-5}$ | 西部 R & D 投入增长率 r |
|---|---|---|---|---|---|---|
| 2004 | 0.202 | 0.104 | 0.020 | 0.040 | 0.138 | 0.135 |
| 2005 | 0.214 | 0.160 | 0.035 | −0.188 | 0.147 | 0.234 |
| 2006 | 0.180 | 0.093 | 0.017 | 0.018 | 0.259 | 0.144 |
| 2007 | 0.211 | 0.305 | 0.009 | 0.126 | 0.193 | 0.236 |

资料来源：根据各年的《中国统计年鉴》、《中国劳动统计年鉴》、《教育经费与教育工资》、《中国科技统计数据》等资料整理所得。

说明：同本期的经济增长率 $y_n$ 相匹配的教育投入增长率为 5 年前的教育投入增长率 $e_{n-5}$。其中，2000 年人力资源数量按照每十万人中各类受教育程度人口进行估算。

## 4.2.4 统计结果分析

运用数学模型（4—10），根据表 4—2 中影响全国经济增长的数据按式（4—10），采用 Eviews 6.0 计量经济学软件进行回归分析，在回归之前已经对解释变量进行了自相关性检验，得出结果为自相关性不明显，统计分析结果如下。

表 4—4　影响全国经济增长因素的回归分析

| Dependent Variable: y | | | | |
|---|---|---|---|---|
| Method: Least Squares | | | | |
| Sample: 18 | | | | |
| Included observations: 8 | | | | |
| Weighting series: 1/ABS（RESID） | | | | |
| White Heteroskedasticity-Consistent Standard Errors & Covariance | | | | |
| Variable | Coefficient | Std. Error | t-Statistic | Prob. |
| C | 0.060749 | 0.014411 | 4.215473 | 0.0244 |
| k | 0.246636 | 0.020076 | 12.28508 | 0.0012 |
| $l_2/l_1$ | −5.18E−05 | 7.46E−06 | −6.946437 | 0.0061 |
| e | −0.012725 | 0.038373 | −0.331611 | 0.762 |
| r | 0.027628 | 0.043141 | 0.640421 | 0.5675 |
| Weighted Statistics | | | | |
| R-squared | 0.996726 | Mean dependent var | | 0.090247 |

续表

| Adjusted R-squared | 0.992362 | S.D. dependent var | | 0.191048 |
|---|---|---|---|---|
| S.E. of regression | 0.000705 | Akaike info criterion | | −11.4075 |
| Sum squared resid | 1.49E–06 | Schwarz criterion | | −11.35785 |
| Log likelihood | 50.63 | Hannan-Quinn criter. | | −11.74238 |
| F-statistic | 228.3609 | Durbin-Watson stat | | 2.001415 |
| Prob（F-statistic） | 0.000467 | | | |

将以上数据代入（4—10）式，整理得出数学模型：

$$\hat{y} = 0.060749 + 0.246663k - 0.0000518\left(\frac{l_2}{l_1}\right) - 0.012725e + 0.027628r$$

$$(4.215473)\ (12.28508)\quad (-6.946497)\quad (-0.331611)\ (0.640421)$$

$$R^2 = 0.996726 \quad \bar{R}^2 = 0.992362$$

$$F = 228.3609 \quad D.W. = 2.001415$$

（4—11）

1. 模型的统计检验

检验分析结果表明，拟合优度检验中拟合优度 $R^2 = 0.996726$，调整后的 $\bar{R}^2 = 0.992362$，说明这个模型中各解释变量都能够很好地解释我国 GDP 增长率指标 y 的变化，模型对样本观测值的拟合程度高。方程显著性的 F 检验中，F 统计量在 $\alpha = 0.05$ 的显著性水平下，查 F 分布表[1] 得 $F_{0.05}(4,3) = 28.71$，计算所得的 $F = 228.3609 > F_{0.05}(4,3)$，表明模型的线性关系在 95% 的置信水平下显著成立。解释变量显著性的 t 检验中，t 统计量在 $\alpha = 0.10$ 的显著性水平下，查 t 分布表[2] 得 $t_{0.05}(3) = 2.353$，除了解释变量 e 和 r，其余解释变量和常数项都在 90% 的水平下影响显著。

2. 模型的计量经济学检验

本模型采用加权最小二乘法（WLS）进行参数估计，权数为残差绝对值的倒数，有效消除了模型的异方差性。由其检验分析结果表明，$D.W. = 2.001415$。根据 D.W. 检验上下界表[3] 查得 $d_1 = 0.82$，$d_u = 1.75$，$d_u < D.

---

① 李子奈、潘文卿：《计量经济学》（第二版），高等教育出版社 2005 年版，第 372 页。

② 李子奈、潘文卿：《计量经济学》（第二版），高等教育出版社 2005 年版，第 371 页。

③ 李子奈、潘文卿：《计量经济学》（第二版），高等教育出版社 2005 年版，第 378 页。

W.<$4-d_u$），则可判定模型不存在一阶序列相关性。样本数据的多重共线性不强，且回归方程估计的参数标准差较小，t统计值较大，即使存在多重共线性也不会带来不良后果。

从模型（4—10）的设计上看，解释变量对被解释变量的变化系数均假定为正向。在工业化和城市化进程中，一般而言城镇人力资源投入增长率总是高于乡村的，也只有这样的人力资源投入增长率结构才能使工业化和城市化的速度更快，因此仍假定作为城乡人力资源投入增长率比例的$l_2/t_1$变量对被解释变量的变化系数为正向。但从回归结果发现，对GDP增长率变量y产生正向贡献的解释变量有k和r；产生负向贡献的解释变量为$l_2/t_1$和$e_0$，从经济学含义考虑，解释变量k和r系数均为正，说明统计期间的我国GDP增长率与全国乡村固定资本投入增长率和R&D投入增长率呈正向关关系，从调整后的系数可看出影响我国西部经济增长的主要还是固定资本的投入，这符合我国在此期间的经济增长实际。

而作为反映人力资源投入城乡结构的城镇人力资源投入增长率与乡村人力资源投入增长率之比的解释变量$l_2/l_1$，不仅弹性系数小，且二者比例的贡献为负，反映出我国人力资源投入增长率的城乡结构变量对经济增长的贡献为负，即统计期间我国的人力资源投入增长率的城乡结构不合理，且城镇与乡村人力资源投入增长率差异越大，对经济增长的负面影响也就越大。进一步从二者的结构变化对经济增长率变量的影响关系来看，通过加大乡村人力资源投入增长率调整城乡结构，将有助于改善对经济增长率的贡献；反之则相反。而从以上采用的估算方法得知，提高乡村人力资源投入增长率的途径包括增加乡村劳动力数量和提高其质量两个方面，提高质量则包含提高平均受教育年限或提高其技术等级（或职称）。从统计数据表4—2可以看出，统计期间全国的乡村人力资源投入增长率是低于城镇的，正好反映了我国的现状是城镇和乡村人力资源投入增长率不平衡发展，因此，导致其对我国GDP增长率的贡献不足。以上对模型中解释变量$l_2/l_1$的贡献分析得出，要提高我国人力资源投入对经济增长的贡献，在全面提高城乡人力资源投入水平的同时，还应注重改善城乡人力资源投入结构。

解释变量e未通过检验，即统计期间全国的教育投入增长率对经济增长的贡献不显著。

之后，根据表4—3中的我国西部数据按式（4—10），采用 Eviews 6.0 计量经济学软件进行回归分析，在回归之前已经对解释变量进行了自相关性检验，得出结果为自相关性不明显，统计分析结果如下。

表4—5　影响西部经济增长因素的回归分析

| Dependent Variable: Y | | | | |
|---|---|---|---|---|
| Method: Least Squares | | | | |
| Sample: 18 | | | | |
| Included observations: 8 | | | | |
| Weighting series: 1/ABS（RESID） | | | | |
| White Heteroskedasticity-Consistent Standard Errors & Covariance | | | | |
| Variable | Coefficient | Std. Error | t-Statistic | Prob. |
| C | 0.283424 | 0.06908 | 4.102832 | 0.0262 |
| k | 1.418858 | 0.264354 | 5.367258 | 0.0127 |
| $l_2/l_1$ | −0.01009 | 0.001709 | −5.904575 | 0.0097 |
| e | −0.394108 | 0.39047 | −1.009319 | 0.3872 |
| r | −1.219872 | 0.361646 | −3.37311 | 0.0433 |
| Weighted Statistics | | | | |
| R-squared | 0.996001 | Mean dependent var | | 0.160137 |
| Adjusted R-squared | 0.99067 | S. D. dependent var | | 0.229437 |
| S. E. of regression | 0.005295 | Akaike info criterion | | −7.375067 |
| Sum squared resid | 8.41E−05 | Schwarz criterion | | −7.325416 |
| Log likelihood | 34.50027 | Hannan-Quinn criter. | | −7.709943 |
| F-statistic | 186.8082 | Durbin-Watson stat | | 2.542357 |
| Prob（F-statistic） | 0.000631 | | | |

将以上数据代入（4—10）式，整理得到计量经济学模型：

$$\hat{y} = 0.283424 + 1.418858k - 0.01009\left(\frac{l_2}{l_1}\right) - 0.394108e - 1.219872r$$

$$(4.102832)\ (5.367258)\quad (-5.904575)\ (-1.009319)\ (-3.37311)$$

$$R^2 = 0.996001 \quad \bar{R}^2 = 0.990670$$

$$F = 186.8082 \quad D.W. = 2.542357$$

$$(4—12)$$

1. 模型的统计检验

检验分析结果表明，拟合优度检验中拟合优度 $R^2$=0.996001，调整后的 $\overline{R}^2$= 0.990670，说明模型各解释变量都能够很好地解释我国 GDP 增长率指标 y 的变化，模型对样本观测值的拟合程度高。方程显著性的 F 检验中，F 统计量在 α=0.05 的显著性水平下，查 F 分布表[①] 得 $F_{0.05}$（4，3）=28.71，计算所得的 F=186.8082>$F_{0.05}$（4，3），表明模型的线性关系在 95% 的置信水平下显著成立。解释变量显著性的 t 检验中，t 统计量在 α=0.10 的显著性水平下，查 t 分布表[②] 得 $t_{0.05}$( 3 ) =2.353，除了解释变量 e，其余解释变量和常数项都在 90% 的水平下影响显著。

2. 模型的计量经济学检验

由于本模型采用加权最小二乘法（WLS）进行参数估计，权数为残差绝对值的倒数，有效消除了模型的异方差性。对于序列相关性的检验，此处 Durbin-Watson 检验法不能确定是否存在序列相关性，改用 Breusch-Godfrey 检验法对数据进行检验。

表 4—6 中的 LM 统计量（Obs*R-squared）对应的显著性水平 Prob. Chi-Square( 1 ) 为 0.7026，滞后一期的残差 RESID(1) 显著性水平为 0.865，显著不为零。说明不存在一阶序列相关性的可能性为 0.7026，即在 0.7026 的显著性水平下不能拒绝原假设。因此，可以判断不存在一阶序列相关性。

样本数据的多重共线性不强，且回归方程估计的参数标准差较小，t 统计值较大，即使存在多重共线性也不会带来不良后果。

从模型（4—10）的设计上看，解释变量对被解释变量的变化系数均假定为正向。但从回归结果发现，对 GDP 增长率变量 y 产生正向贡献的解释变量有 k；产生负向贡献的解释变量为 $l_2/l_1$，e，r。从经济学含义考虑，解释变量 k 系数为正，说明我国西部 GDP 增长率与西部乡村固定资本投入增长率仍呈正向关关系，这与全国情况一样，即我国西部经济增长仍主要依靠资本投入，这也符合西部和全国的实际情况。从 $l_2/l_1$ 变量系数的绝对值来

---

① 李子奈、潘文卿:《计量经济学》(第二版)，高等教育出版社 2005 年版，第 372 页。

② 李子奈、潘文卿:《计量经济学》(第二版)，高等教育出版社 2005 年版，第 371 页。

看，西部的这一系数大于全国，表明在西部地区调整城乡人力资源投入增长率结构对经济增长率的弹性更大。

表 4—6　Breusch-Godfrey 检验法对影响我国西部经济增长因素的数据的序列相关性检验

| Breusch-Godfrey Serial Correlation LM Test: | | | |
|---|---|---|---|
| F-statistic | 0.037119 | Prob. F（1，2） | 0.865 |
| Obs*R-squared | 0.145771 | Prob. Chi-Square（1） | 0.7026 |
| Test Equation: | | | |
| Dependent Variable: RESID | | | |
| Method: Least Squares | | | |
| Date: 08/03/10　Time: 10:38 | | | |
| Sample: 1 8 | | | |
| Included observations: 8 | | | |
| Presample missing value lagged residuals set to zero. | | | |
| Variable | Coefficient | Std. Error | t-Statistic | Prob. |
| C | −0.00178 | 0.137706 | −0.012923 | 0.9909 |
| $X_1$ | 0.088333 | 0.698057 | 0.126541 | 0.9109 |
| $X_3/X_2$ | −0.000423 | 0.004957 | −0.085396 | 0.9397 |
| $X_4$ | −0.010315 | 0.399804 | −0.025799 | 0.9818 |
| $X_5$ | −0.036446 | 0.781983 | −0.046608 | 0.9671 |
| RESID（−1） | −0.235335 | 1.221487 | −0.192663 | 0.865 |
| R-squared | 0.018221 | Mean dependent var | | 3.47E−17 |
| Adjusted R-squared | −2.436225 | S. D. dependent var | | 0.022953 |
| S. E. of regression | 0.042548 | Akaike info criterion | | −3.362646 |
| Sum squared resid | 0.003621 | Schwarz criterion | | −3.303065 |
| Log likelihood | 19.45058 | Hannan-Quinn criter. | | −3.764497 |
| F-statistic | 0.007424 | Durbin-Watson stat | | 1.633123 |
| Prob（F-statistic） | 0.999955 | | | |

通过模型（4—11）和模型（4—12）对全国及西部地区影响经济增长率的因素回归分析结果的比较，结果显示：

（1）在影响全国及西部地区的经济增长因素分析模型中，乡村固定资本投入增长率变量的贡献最大，且为正向贡献，这与全国经济增长主要依靠投资拉动的实际情况相符。

（2）城镇和乡村人力资源投入增长率之比是反映城镇和乡村人力资源质量改变的重要指标，该变量在两个模型中弹性系数均为负值，且较小。即全国乡村人力资源投入增长率及西部乡村人力资源投入增长率对经济增长的贡献均为负值，表明我国人力资源投入的增长对经济的发展已构成了不经济因素。从估算方法倒推可以发现，反映人力资源投入增长率的包括数量和质量，而质量则主要通过受教育年限和技术等级来体现，大量增加的劳动者数量与劳动力素质的低下对经济增长的制约已明显地表现出来，但西部 $l_2/l_1$ 变量的系数为 –0.01009，远远高于全国的系数 –0.0000518，这表明西部城乡人力资源投入增长率之比变量对经济增长率的贡献大于全国，即改变西部城乡人力资源投入增长率之比 $l_2/l_1$ 对经济增长率的弹性较大。同时，两个模型中的城乡人力资源投入增长率之比对经济增长的贡献均为负值，一则表明全国及西部地区城乡人力资源投入的结构不合理，对经济增长带来反向贡献；二则表明全国及西部地区人力资源质量普遍不高，特别是农村人力资源质量不高，导致人力资源投入变量对经济增长的贡献为负。

## 4.3　本章小结

（1）农村人力资源开发与西部经济增长质量之间存在相互促进的关系。一方面，农村人力资源的开发也就是人力资本的投资，这种投资过程带来的经济效益必然会使经济增长质量的各项指标朝正的方向发展，同时，人力资源开发促使人力资本形成后，人力资本所具有的生产功能与经济特性必将继续推动经济增长质量的提高；另一方面，经济增长质量的提高可以为农村教育、农民培训和农民健康提供保障，加大对农村人力资源的开发投入，从而促进农村人力资源的开发。

（2）对影响全国及西部地区经济增长的实证分析发现，乡村固定资本投入增长率变量的贡献最大，且为正向贡献，而城乡人力资源投入增长率之比变量在两个模型中的弹性系数均为负值，且弹性系数较小。这与全国经济增长主要依靠投资拉动的实际情况相符。这样的结果不仅表明全国及西部地区城乡人力资源投入的结构不合理，且表明全国及西部地区人力资源的质量普遍不高，特别是农村人力资源质量不高，导致人力资源投入变量对经济增长的贡献为负。

# 5 中国西部农村人力资源开发实证分析

如第4章所述，农村人力资源对西部地区经济增长质量的提高具有重要作用，我国西部农村人力资源丰富，拥有潜在优势，但由于人力资源具有生产和消费的双重性，所以，一旦农村人力资源的潜在优势不能通过合理的开发和利用转化为现实的人力资本和人才资源优势，则这种数量优势将成为人口负担的劣势。因此，农村人力资源能否得到有效的开发和利用，决定着我国西部农村经济乃至整个西部地区经济增长的质量。

经济增长质量既有量的规定，也有质的要求，经济增长各个指标之间本身也是相互作用、共同进步的过程。经济增长质量必须紧紧依靠人力资本质量的提高，通过西部农村人力资源开发，提高农村人力资源质量，才能提高西部经济增长质量。本章主要分析我国西部农村人力资源开发的数量、质量、结构现状。

## 5.1 西部农村人力资源的数量

人力资源的数量不等于人口数量，但二者紧密相关，即人口数量是人力资源数量的基础。人力资源的数量包括劳动人口的数量及每一位劳动者的劳动能力，其中劳动能力与其受教育年限密切相关，所以劳动者劳动能力水平的高低往往用受教育年限来进行定量分析，并将劳动者的劳动能力纳入人力资源质量一并考虑。一般认为，人力资源数量仅指能够作为生产性要素投入社会经济活动并在一定区域范围内可以被管理者运用的劳动人口数。在生产技术水平比较低的国家、地区或产业部门，往往以劳动力的数量作为反映人力资源的主要指标。考虑到本书写作的目的，本章从存量与增量两个方面对西部农村人力资源进行度量。一方面是人力资源的现有存量，它所体现的是在某一时点积累在所有人身上的体力、智力、知识和技能等能力的价值；另一方面是人力资源的增量，它所体现的是在一定时期内人力资源的变化状况。增量和存量之间有着密不可分的联系，一般来说，增量的沉淀、积累便形成存量，而存量又是一个再生产过程的起点和结果，它的增减变动则为增量，二者是相互转化、紧密结合的，根据时点的不同而相互转化。人们常常分别从投入及产出的角度对人力资源存量进行度量。

### 5.1.1　从投入角度对存量人力资源进行估算的方法

因数据的可得性与操作方法的可控制性，人们往往从投入角度来对人力资源的存量进行估算，这种度量方法相对于从产出角度的度量更为精确。对人力资源的度量不仅是数量，更重要的是质量水平。

从投入的角度对人力资源存量进行估算的基本思路是：首先，对劳动力进行分类；其次，给每一类不同的劳动力根据其质量特征及价值的不同赋予不同的权重；再次，对各类劳动力进行加权求和，即得到总的人力资源存量。

即令人力资源存量为 H、$x_i$ 为第 $i$ 类劳动力的总人数、$w_i$ 为第 $i$ 类劳动力的权重，则有：

$$总的人力资源存量 H = \sum x_i \cdot w_i \quad (i=1, 2, ..., n) \quad (5—1)$$

式（5—1）中表现劳动力质量特征的指标通常有：劳动力平均受教育年限、学历水平、技术等级、职称水平、人均教育支出等，根据这些指标的不同就衍生出了多种不同的度量方法，通常有平均受教育年限法、学历指数法、技术等级法、教育经费法等。

1.平均受教育年限法

按照劳动力受教育程度的不同，可以将各级劳动力的平均受教育年限作为权数进行加权求和。其计算公式为：

$$H=\sum P_i \cdot T_i \ (\ i=1,\ 2,\ ...,\ n\ )\qquad\qquad(5—2)$$

上式中，H 为人力资源存量，$P_i$ 为第 $i$ 类劳动力的人数，$T_i$ 为第 $i$ 类劳动力的平均受教育年限。此估算方法的特点是，简明扼要，便于计算，数据的可得性和精确性都较为满意。不足之处在于，它忽略了知识的累积效应，即认为随着教育年限的增长，人力资源质量是呈算术级数增长的；另外，也未考虑劳动力在受教育年限之外所增长的知识和技能等。

2. 学历指数法

对不同层次的劳动力赋予不同的学历指数，将学历指数作为权数进行加权求和，计算公式同上。不同学者对于学历指数的确定给出了不同的方法，但其共同之处是均考虑了知识的累积效应，将学历指数序列确定为几何增长或指数增长。如将小学文化程度或受过 6 年教育的劳动者与初中文化程度或受过 9 年教育的劳动者赋予不同的学历指数等。这种估算方法的缺点是主观性大，学历指数序列的确定完全凭主观认识以及序列选取和计算上的方便，缺少客观依据。

3. 技术等级（或职称）法

即按照劳动者的技术等级或职称进行加权。这种方法比前两种方法更能反映不同质劳动者对产出的实际贡献，但其应用的困难主要在于数据的可得性与可靠性等方面。由于统计上的原因，很难找到完全、统一和具有可比性的数据。同时由于劳动力认证体系的不完善和劳动力市场的残缺，劳动者的技术等级和职称往往不能确切反映或者错误反映其人力资源存量及其贡献。尤其在我国，职称评定制度在应用上的狭窄性和主观性，也使其不能覆盖所有部门和所有职业的劳动者，因此在数据可靠性方面也存在着很多疑问。这显然限制了这一方法的应用。

4. 教育经费法

这是从人力资源投资的角度，测算培养劳动力和提高人力资源质量的教育和培训成本来度量人力资源存量的一种方法。人力资源投资费用可分为公共支出部分和个人支出部分。公共支出部分主要来源于财政支出中的公共教育经费，同时还包括用于劳动力卫生保健和劳动保险的公共支出部分，来源于其他渠道的非财政教育经费，以及企业和公共机构用于劳动力培训和人力资源开发方面的支出等。除公共教育经费外，其他支出的统计很不完全，甚至可以说没有统计。即使有数据来源，资料统计口径也存在较大差异，其可比性较差，这种现象尤其表现在个人支出方面。因此，有关这方面的研究一般只考虑公共教育经费部分而忽略其他社会公共支出和个人支出部分，这显然会在很大程度上低估人力资源的实际投资费用，从而低估实际的人力资源价值存量。

## 5.1.2  从产出角度对存量人力资源进行估算的方法

从产出角度对存量人力资源进行估算，常用的一种方法是劳动者报酬法。其基本思路就是用劳动者的平均劳动所得来体现劳动者的体力、智力、知识和技能等能力的价值。其理论依据是劳动者的报酬其实就是产出的一部分，用它来体现劳动者的人力资源成本，不仅精确明了、计算简单，而且将投入产出紧密联系，关系清晰，简单易行。

但是，在实际应用中，这种方法却存在相当大的误差。首先，劳动者身上所蕴涵的人力资源能力同他在生产中实际的人力资源供给往往不一致，如现实中常见的学非所用、专业不对口等情况。其次，劳动者在生产中实际供给的人力资源和他应得的劳动报酬也往往不对称，如同工不同酬、脑体倒挂等现象。因此，用劳动报酬来体现实际的人力资源供给，进而表示实际的人力资源价值存量的方法是不精确的。再次，从产出和增加值的角度来度量的劳动者报酬通常只是一个汇总的结果，并未对不同劳动者进行分类。在我国，实际情况是从工资、奖金、红利等方面统计的劳动者报酬往往低估了劳动者的实际收入。这都体现了这一方法应用的局限性。

以上度量方法均存在各自的特点及不足，人们常常根据自己的研究目的、研究手段、数据可得性与可靠性等方面进行选择使用。

## 5.1.3  中国西部存量人力资源估算

结合上述对人力资源估算方法的分析与比较，鉴于目前我国西部地区不同文化程度劳动者的平均工资尚不能准确反映实际所具有的人力资源的质量差异。本研究结合考虑受教育程度和部门技术复杂程度对劳动者产出的影响，来构造人力资源存量的估算方法。

根据上述平均教育年限法和技术等级（或职称）法的估算思路，综合两个方法的优点，结合有关劳动力简化系数的研究成果，确定以 0.6 和 0.4 为权数，对目前常用的按教育年限确定的不同文化程度劳动者的简化系数和按不同部门技术复杂程度确定的不同文化程度劳动者的简化系数两个系数进行修正，求得两个系数加权修正后的劳动力折算系数，如表 4—1 所示。

本研究构造的人力资源估算方法，其特点是集成了平均受教育年限法和技术等级（或职称）法的优点，集中考虑了影响和体现人力资源质量的两个主要因素，即劳动者的不同文化程度和技术等级（或职称）。本方法简明扼要，应用方便，数据获得性强，符合我国实际。但其缺点是具体系数的确定带有一定的主观性。根据表 4—1 中赵秋成老师所确定的不同文化程度劳动者的劳动力折算系数，从《中国统计年鉴》等公开出版物中收集西部地区现实劳动力的基础数据资料，便可粗略地估算出西部地区不同时点上的现实人力资源存量。

利用上述方法，首先收集我国西部不同文化程度的人口数据，其中西部 6 岁及以上人口按 0.09% 抽样样本数据（见表 5—1），按样本与抽样比推算总体数据（见表 5—2）；然后根据不同文化程度的加权修正后的折算系数（见表 4—1），便可估算出全国及西部地区、西部各省（区）市的人力资源存量情况，如表 5—2 中最后一栏数据。通过分性别对西部不同文化程度劳动者人数的数据收集，利用同样的方法还可估算出分性别的西部人力资源存量构成情况（见表 5—3）。

表 5—1    2007 年中国西部 6 岁及 6 岁以上人口学历构成情况
（0.09% 抽样样本数据）

单位：人

| 地区 | 6 岁及 6 岁以上人口 | 未上过学 | 小学 | 初中 | 高中（含中专） | 大专及以上 |
|---|---|---|---|---|---|---|
| 全国 | 1116037 | 89448 | 354873 | 448897 | 149635 | 73184 |
| 西部 | 311156 | 32342 | 120168 | 109967 | 33430 | 15247 |
| 内蒙古 | 20920 | 1669 | 6249 | 8315 | 3128 | 1560 |
| 广西 | 40026 | 2241 | 14229 | 17658 | 4293 | 1606 |
| 重庆 | 24352 | 1785 | 9846 | 9094 | 2707 | 918 |

续表

| 地区 | 6岁及6岁以上人口 | 未上过学 | 小学 | 初中 | 高中（含中专） | 大专及以上 |
|------|------|------|------|------|------|------|
| 四川 | 70787 | 7039 | 29681 | 24094 | 7071 | 2901 |
| 贵州 | 31909 | 4512 | 14127 | 9921 | 2324 | 1026 |
| 云南 | 38261 | 5467 | 18081 | 10533 | 2640 | 1540 |
| 西藏 | 2401 | 827 | 1164 | 311 | 70 | 29 |
| 陕西 | 32678 | 2737 | 9414 | 12804 | 5199 | 2525 |
| 甘肃 | 22562 | 3866 | 7765 | 7277 | 2790 | 864 |
| 青海 | 4679 | 781 | 1784 | 1269 | 514 | 331 |
| 宁夏 | 5117 | 617 | 1679 | 1803 | 637 | 380 |
| 新疆 | 17464 | 801 | 6149 | 6888 | 2057 | 1567 |

资料来源：根据《中国统计年鉴—2008》第100~101页数据整理所得。

表5—1中的数据是全国及西部和西部各省区6岁及以上人口的学历情况统计，从存量人力资源的定义可以看出，一般附着在人身上的智力不是天生的，而是通过后天的学习教育等形式逐渐形成的，而对6岁以下儿童来讲还没有接受过正规的学校教育，其所具备的人力资源也是少量的，对其进行人力资源估算意义不大，于是在研究中常常以6岁及以上正在接受或接受过学校教育的人口为基础，分不同的学历程度按不同的折算系数进行加权获得人力资源的存量，如表5—2所示。

表5—2  2007年中国西部6岁及6岁以上人口学历构成情况及人力资源
（按0.09%抽样样本推算全体数据）

单位：万人

| 地区 | 6岁及6岁以上人口 | 未上过学 | 小学 | 初中 | 高中（含中专） | 大专及以上 | 存量人力资源（万单位） |
|------|------|------|------|------|------|------|------|
| 全国 | 124004 | 9939 | 39430 | 49877 | 16626 | 8132 | 268635.4 |
| 西部 | 34573 | 3594 | 13352 | 12219 | 3714 | 1694 | 70607.1 |
| 内蒙古 | 2324 | 185 | 694 | 924 | 348 | 173 | 5128.4 |
| 广西 | 4447 | 249 | 1581 | 1962 | 477 | 178 | 9376.4 |
| 重庆 | 2706 | 198 | 1094 | 1010 | 301 | 102 | 5549.0 |
| 四川 | 7865 | 782 | 3298 | 2677 | 786 | 322 | 15778.3 |
| 贵州 | 3545 | 501 | 1570 | 1102 | 258 | 114 | 6747.5 |
| 云南 | 4251 | 607 | 2009 | 1170 | 293 | 171 | 8048.3 |
| 西藏 | 267 | 92 | 129 | 35 | 8 | 3 | 413.5 |

| 地区 | 6岁及6岁以上人口 | 未上过学 | 小学 | 初中 | 高中（含中专） | 大专及以上 | 存量人力资源（万单位） |
|---|---|---|---|---|---|---|---|
| 陕西 | 3631 | 304 | 1046 | 1423 | 578 | 281 | 8058.5 |
| 甘肃 | 2507 | 430 | 863 | 809 | 310 | 96 | 4952.3 |
| 青海 | 520 | 87 | 198 | 141 | 57 | 37 | 1043.0 |
| 宁夏 | 569 | 69 | 187 | 200 | 71 | 42 | 1203.6 |
| 新疆 | 1940 | 89 | 683 | 765 | 229 | 174 | 4308.4 |

资料来源：根据《中国统计年鉴—2006》表4—13数据整理所得。

说明：1. 表中不同学历人口数据是2007年全国人口抽样调查样本数据，以抽样比为0.09%
　　　推算所得；2. 表中的存量人力资源是根据本表不同学历人口数按表4—1的折算系数
　　　折算所得，相当于是当量。

　　6岁及以上人口所具有的存量人力资源可以作为开发的对象和基础，但并不是现实可用的人力资源，现实中的人力资源是附着在劳动力，即15岁及以上的劳动力身上的人力资源，所以对从业人员的人力资源估算更具有现实意义。2007年我国西部15岁及以上人口的人力资源存量计算结果如表5—3所示。同样，便于比较，还可计算出我国1998年和2007年西部同口径的人力资源存量变动情况如表5—4所示。

表5—3　2007年中国西部15岁及以上人口学历构成情况及人力资源

单位：万人

| 地区 | 15岁及以上人口 | 未上过学 | 小学 | 初中 | 高中（含中专） | 大专及以上 | 存量人力资源（万单位） |
|---|---|---|---|---|---|---|---|
| 全国 | 108473.67 | 6508.42 | 30698.05 | 50874.15 | 13233.79 | 7159.26 | 239613.99 |
| 西部 | 29321.67 | 2730.82 | 10667.66 | 11712.95 | 2655.97 | 1530.85 | 60536.53 |
| 内蒙古 | 2067.11 | 128.16 | 570.52 | 915.73 | 289.40 | 162.27 | 4639.20 |
| 广西 | 3769.44 | 120.62 | 1119.53 | 1994.04 | 373.18 | 159.82 | 8203.22 |
| 重庆 | 2328.56 | 125.74 | 912.79 | 973.34 | 221.21 | 93.61 | 4835.15 |
| 四川 | 6756.56 | 547.28 | 2824.24 | 2574.25 | 527.01 | 274.99 | 13601.69 |
| 贵州 | 2796.78 | 405.53 | 1171.85 | 945.31 | 153.82 | 115.23 | 5357.40 |
| 云南 | 3552.44 | 493.79 | 1648.33 | 1076.39 | 209.59 | 125.40 | 6711.46 |
| 西藏 | 225.00 | 77.85 | 119.25 | 25.43 | 1.58 | 0.68 | 333.99 |

| 地区 | 15 岁及以上人口 | 未上过学 | 小学 | 初中 | 高中（含中专） | 大专及以上 | 存量人力资源（万单位） |
|---|---|---|---|---|---|---|---|
| 陕西 | 3157.22 | 233.63 | 814.56 | 1420.75 | 429.38 | 256.68 | 7082.44 |
| 甘肃 | 2113.67 | 410.05 | 693.28 | 741.90 | 181.78 | 83.91 | 4085.65 |
| 青海 | 434.89 | 76.11 | 152.65 | 123.94 | 42.18 | 39.88 | 889.61 |
| 宁夏 | 472.78 | 60.99 | 130.01 | 187.22 | 50.59 | 43.78 | 1023.08 |
| 新疆 | 1647.22 | 51.06 | 510.64 | 734.66 | 176.25 | 174.61 | 3773.65 |

资料来源：根据《中国人口统计年鉴—2008》第 102 页表 3—13 数据，及《中国劳动统计年鉴—2008》第 63 页表 1—44 数据整理所得。

说明：1. 表中不同学历人口数据是 2008 年全国人口抽样调查样本数据，以抽样比为 0.09% 推算所得；2. 表中学历构成数据是在推算所得全国及西部地区 15 岁及以上人口数的基础上，结合《中国劳动统计年鉴—2008》表 1—44 数据中全国就业人员受教育程度构成，计算获得 15 岁及以上人口学历构成情况后，在此基础上计算获得人力资源存量数；3. 表中的存量人力资源是根据本表不同学历人口数按表 4—1 的折算系数折算所得，相当于是当量。

通过表 5—2 计算可知，截至 2007 年，我国西部 6 岁及以上人口的人力资源存量为 70607.1 万单位，全国是 268635.4 万单位，西部占全国的比重是 26.3%，与西部人口占全国的比重基本相当。其中，人力资源存量最高的是四川，最低的是西藏，这与人口数量的情况一致，表明西部各省的人力资源结构情况基本一致，即各地区的受教育程度结构基本一致。对西部 15 岁及以上人口的人力资源存量计算结果如表 5—3 显示，我国西部 15 岁及以上人口的人力资源存量为 60536.53 万单位，占全国同口径人力资源存量的比重为 25.26%。其中，存量最高的仍然是四川，最低的仍然是西藏。

通过表 5—4 对 1998 年和 2007 年西部地区人力资源存量的估算可以看出，经过 10 年的变化，我国西部地区人力资源存量年均增长为 1.92%，略高于西部地区从业人员的年均增幅 1.22%，这个结果表明我国西部地区从业人员的总体素质在提高，即人口的平均受教育年限在增加。但是，西部地区人力资源存量年均增长率 1.92%，低于全国人力资源存量年均增长率 2.31%，表明我国西部地区的人力资源存量年均增长率不如全国，可以想象其距离东部地区的这一指标则更远。

表 5—4　1998 年、2007 年中国西部地区人力资源存量变动情况

| 地区 | 从业人员数（万人） | | | 人力资源存量（万单位） | | |
|---|---|---|---|---|---|---|
| | 1998 年 | 2007 年 | 年均增长（%） | 1998 年 | 2007 年 | 年均增长（%） |
| 全国 | 69957.00 | 76990.00 | 1.12 | 222444.79 | 268635.40 | 2.31 |
| 西部 | 18138.30 | 20129.70 | 1.22 | 60202.45 | 70607.10 | 1.92 |
| 内蒙古 | 1006.80 | 1081.50 | 0.82 | 4427.90 | 5128.40 | 1.76 |
| 广西 | 2470.90 | 2759.60 | 1.30 | 8065.38 | 9376.40 | 1.81 |
| 重庆 | 1645.10 | 1789.50 | 0.98 | 5197.03 | 55490.00 | 0.75 |
| 四川 | 4534.70 | 4778.60 | 0.60 | 14800.59 | 15778.30 | 0.73 |
| 贵州 | 1946.30 | 2283.00 | 1.92 | 5640.80 | 6747.50 | 2.18 |
| 云南 | 2270.30 | 2600.80 | 1.62 | 6419.97 | 8048.30 | 2.82 |
| 西藏 | 118.40 | 153.70 | 3.31 | 310.50 | 413.50 | 3.69 |
| 陕西 | 1802.00 | 1922.00 | 0.74 | 6377.31 | 8058.50 | 2.93 |
| 甘肃 | 1175.60 | 1374.40 | 1.88 | 4133.65 | 4952.30 | 2.20 |
| 青海 | 230.40 | 276.30 | 2.21 | 747.82 | 1043.00 | 4.39 |
| 宁夏 | 259.50 | 309.50 | 2.14 | 910.38 | 1203.60 | 3.58 |
| 新疆 | 678.30 | 800.80 | 2.01 | 3171.12 | 4308.40 | 3.98 |

资料来源：根据《中国劳动统计年鉴》（1999、2008），《中国统计年鉴—2008》表 4—12
数据整理所得。

### 5.1.4　中国西部农村存量人力资源估算

　　多年来，我国西部地区总的人力资源存量在增加。根据以上估算可以看出，其增幅大于西部地区人口的增幅，也大于西部地区从业人员的增幅。同时，西部地区人力资源存量根据其人口（户籍）所在地区的不同可以分为城镇和乡村两大部分，其中本研究重点是针对西部农村地区人力资源存量。如果将西部地区具有劳动能力的劳动人口或从业人员按户籍是城市还是农村进行统计，可以获得西部城镇与乡村从业人员构成情况如表 5—5 所示，并可采用同样的办法估算获得西部农村人力资源情况。

　　从表 5—5 可以看出，全国乡村从业人员比例比城镇高，高出 23 个百分点，但是西部地区乡村的从业人员比例更高，达到 78.44%，乡村从业人员比例比城镇从业人员比例高出近 57 个百分点，比全国多 34 个百分点。在乡村从业人员占比高于城镇的地区中，占比差距最大的是贵州 73 个百分点，

其次是广西为 65 个百分点，之后是四川 62 个百分点、云南为 61 个百分点，陕西、甘肃、重庆的差距也在 50 个百分点以上。这表明西部地区的农村劳动力资源是西部人力资源的主要构成部分，同时也说明对西部农村人力资源的开发是提高整个西部劳动力素质的关键。

表 5—5　2007 年中国西部城镇与乡村从业人员构成

| 地区 | 从业人员数（万人） | 其中 | | | |
|---|---|---|---|---|---|
| | | 城镇（万人） | 占比（%） | 乡村（万人） | 占比（%） |
| 全国 | 76990.00 | 29350.00 | 38.12 | 47640.00 | 61.88 |
| 西部 | 20129.70 | 4340.40 | 21.56 | 15789.50 | 78.44 |
| 陕西 | 1922.00 | 480.40 | 24.99 | 1441.60 | 75.01 |
| 甘肃 | 1374.40 | 278.80 | 20.29 | 1095.60 | 79.71 |
| 宁夏 | 309.50 | 94.90 | 30.66 | 214.60 | 69.34 |
| 青海 | 276.30 | 86.90 | 31.45 | 189.40 | 68.55 |
| 新疆 | 800.80 | 375.60 | 46.90 | 425.30 | 53.10 |
| 西藏 | 153.70 | 41.20 | 26.81 | 112.40 | 73.19 |
| 四川 | 4778.60 | 899.70 | 18.83 | 3879.00 | 81.17 |
| 重庆 | 1789.50 | 411.20 | 22.98 | 1378.30 | 77.02 |
| 云南 | 2600.80 | 504.30 | 19.39 | 2096.50 | 80.61 |
| 贵州 | 2283.00 | 301.00 | 13.18 | 1982.10 | 86.82 |
| 广西 | 2759.60 | 482.90 | 17.50 | 2276.70 | 82.50 |
| 内蒙古 | 1081.50 | 383.50 | 35.46 | 698.00 | 64.54 |

资料来源：根据《中国统计年鉴—2008》第 110~111 页整理所得。

表 5—6　2005 年中国西部地区农村从业人员学历构成情况及人力资源

单位：万人

| 地区 | 不识字或识字很少 | 小学 | 初中 | 高中（含中专） | 大专及以上 | 存量人力资源（万单位） |
|---|---|---|---|---|---|---|
| 全国 | 3331.54 | 13204.92 | 25323.57 | 6119.94 | 514.04 | 102174.92 |
| 西部 | 1453.94 | 5151.01 | 7360.75 | 1488.82 | 96.76 | 31222.12 |
| 内蒙古 | 37.72 | 213.87 | 346.23 | 87.94 | 5.04 | 1446.77 |
| 广西 | 50.51 | 570.22 | 1327.01 | 308.09 | 19.57 | 4968.30 |
| 重庆 | 84.06 | 508.21 | 651.33 | 114.14 | 9.16 | 2753.06 |
| 四川 | 271.05 | 1239.67 | 1910.63 | 359.62 | 20.53 | 7745.02 |

| 地区 | 不识字或识字很少 | 小学 | 初中 | 高中（含中专） | 大专及以上 | 存量人力资源（万单位） |
|---|---|---|---|---|---|---|
| 贵州 | 280.07 | 740.61 | 795.73 | 108.32 | 9.48 | 3634.44 |
| 云南 | 286.51 | 861.99 | 779.55 | 117.52 | 5.13 | 3807.24 |
| 西藏 | 57.19 | 47.19 | 3.86 | 0.38 | 0.07 | 142.87 |
| 陕西 | 102.03 | 327.35 | 801.85 | 193.13 | 12.50 | 3069.20 |
| 甘肃 | 176.52 | 338.52 | 425.05 | 134.67 | 9.54 | 2119.62 |
| 青海 | 44.83 | 73.95 | 52.95 | 13.47 | 0.80 | 326.49 |
| 宁夏 | 44.80 | 67.63 | 84.88 | 13.46 | 1.27 | 391.06 |
| 新疆 | 18.66 | 161.80 | 181.67 | 38.09 | 3.68 | 818.05 |

资料来源：根据《中国统计年鉴—2006》第 128 页表 5—4、《中国西部农村统计资料
　　　　2008》第 34 页表 3—6 中的"农村居民劳动力文化程度"按各地农村从业人
　　　　员数整理计算所得。

从表 5—6 对西部农村地区 2005 年从业人员的人力资源估算得知，西部农村地区人力资源为 31222.12 万单位，占全国农村地区人力资源存量的30.56%；从表 5—7 对西部农村地区 2007 年的农村从业人员人力资源估算得知，西部地区农村地区人力资源存量为 30721.68 万单位，占全国农村地区人力资源存量的 30.818%，以上比例基本相当，但高于西部地区 6 岁及以上人口的存量人力资源占全国 26.28% 的比重，也高于西部地区 15 岁及以上人口的存量人力资源占全国 25.26% 的比重。以上结论显示，我国西部地区农村人力资源存量丰富，开发潜力大，任务重。

表 5—7　2007 年中国西部地区农村从业人员学历构成情况及人力资源

单位：万人

| 地区 | 不识字或识字很少 | 小学 | 初中 | 高中（含中专） | 大专及以上 | 存量人力资源（万单位） |
|---|---|---|---|---|---|---|
| 全国 | 3020.38 | 12272.06 | 25206.32 | 6455.22 | 690.78 | 101807.54 |
| 西部 | 1391.53 | 4898.87 | 7257.36 | 1521.74 | 122.36 | 30721.68 |
| 内蒙古 | 37.97 | 206.82 | 349.49 | 97.44 | 6.21 | 1475.71 |
| 广西 | 31.22 | 403.20 | 980.97 | 247.09 | 16.11 | 3700.53 |
| 重庆 | 80.63 | 489.99 | 677.71 | 119.09 | 10.89 | 2802.16 |
| 四川 | 263.38 | 1270.76 | 1956.96 | 359.58 | 28.70 | 7926.13 |
| 贵州 | 279.28 | 718.11 | 841.40 | 130.22 | 13.08 | 3780.55 |

| 地区 | 不识字或识字很少 | 小学 | 初中 | 高中（含中专） | 大专及以上 | 存量人力资源（万单位） |
|---|---|---|---|---|---|---|
| 云南 | 279.88 | 835.04 | 840.70 | 131.66 | 9.22 | 3955.00 |
| 西藏 | 55.84 | 51.03 | 4.74 | 0.72 | 0.07 | 150.68 |
| 陕西 | 90.82 | 308.50 | 815.66 | 209.46 | 17.16 | 3126.10 |
| 甘肃 | 167.08 | 311.15 | 449.74 | 152.95 | 14.79 | 2197.58 |
| 青海 | 44.64 | 73.88 | 54.94 | 15.10 | 0.83 | 335.63 |
| 宁夏 | 42.92 | 66.18 | 85.45 | 18.37 | 1.67 | 404.15 |
| 新疆 | 17.86 | 164.21 | 199.59 | 40.06 | 3.62 | 867.48 |

资料来源：根据《中国统计年鉴—2008》第110页表4—2、《中国西部农村统计资料2008》
表2—9中的"农村居民劳动力文化程度"按各地农村从业人员数整理计算所得。

表5—8 2005年、2007年中国西部农村地区人力资源存量变动情况

| 地区 | 农村从业人员数（万人） | | | 农村人力资源存量（万单位） | | |
|---|---|---|---|---|---|---|
| | 2005年 | 2007年 | 增长 | 2005年 | 2007年 | 年均增长（%） |
| 全国 | 48494.00 | 47640.00 | −854.00 | 102174.92 | 101807.5000 | −0.36 |
| 西部 | 15551.00 | 15789.50 | 238.50 | 31222.12 | 30721.6800 | −1.60 |
| 内蒙古 | 1437.00 | 698.00 | −739.00 | 1446.77 | 1475.7100 | 2.00 |
| 广西 | 1084.00 | 2276.70 | 1192.70 | 4968.30 | 3700.5340 | −25.52 |
| 重庆 | 212.00 | 1378.30 | 1166.30 | 2753.06 | 2802.1580 | 1.78 |
| 四川 | 186.00 | 3879.00 | 3693.00 | 7745.02 | 7926.1310 | 2.34 |
| 贵州 | 403.90 | 1982.10 | 1578.20 | 3634.44 | 3780.5470 | 4.02 |
| 云南 | 108.80 | 2096.50 | 1987.70 | 3807.24 | 3954.9970 | 3.88 |
| 西藏 | 3801.50 | 112.40 | −3689.10 | 142.87 | 150.6794 | 5.47 |
| 陕西 | 1366.90 | 1441.60 | 74.70 | 3069.20 | 3126.0950 | 1.85 |
| 甘肃 | 2050.90 | 1095.60 | −955.30 | 2119.62 | 2197.5790 | 3.68 |
| 青海 | 1934.20 | 189.40 | −1744.80 | 326.49 | 335.6266 | 2.80 |
| 宁夏 | 2275.40 | 214.60 | −2060.80 | 391.06 | 404.1493 | 3.35 |
| 新疆 | 690.80 | 425.30 | −265.50 | 818.05 | 867.4751 | 6.04 |

资料来源：根据表4—7、表4—8中的数据计算整理得出。

从估算获得的表5—8中的数据发现，2005年、2007年全国农村从业人员数出现负增长，有些西部地区的农村从业人数也出现了下降，但是总体上来看，西部农村地区从业人员数出现正增长，似乎西部农村地区的就业情况有所好转，但是从农村人力资源存量来看，西部人力资源存量降低的幅度比全国大。这说明，由于我国义务教育的普及，西部地区劳动者也通过培训及

成人教育等形式提高了学历，增加了技能，同时新增农村从业人员的平均学历也有所提高。即西部地区人力资源的开发已经取得了初步成效，但是西部地区农村人力资源的总体质量还是不高。

利用上述方法，同样可以对 2007 年全国及西部地区、西部各地农村人力资源存量按不同学历层次估算出农村人力资源存量结构，结果如表5—9所示。

表 5—9　2007 年中国西部农村地区人力资源存量结构情况

| 地区 | 西部农村从业人员（万人） | 人力资源存量（万单位） | 不同学历层次的人力资源构成（%） | | | | |
|---|---|---|---|---|---|---|---|
| | | | 文盲半文盲（1.0） | 小学（1.6） | 初中（2.28） | 高中（含中专）（2.92） | 大学（含大专）（4.1） |
| 全国 | 47640.0 | 101807.54000 | 2.97 | 12.05 | 24.76 | 6.34 | 0.68 |
| 西部 | 15789.5 | 30721.68200 | 4.53 | 15.95 | 23.62 | 4.95 | 0.40 |
| 内蒙古 | 698.0 | 1475.71020 | 2.57 | 14.01 | 23.68 | 6.60 | 0.42 |
| 广西 | 2276.7 | 3700.53410 | 0.84 | 10.90 | 26.51 | 6.68 | 0.44 |
| 重庆 | 1378.3 | 2802.15830 | 2.88 | 17.49 | 24.19 | 4.25 | 0.39 |
| 四川 | 3879.0 | 7926.13140 | 3.32 | 16.03 | 24.69 | 4.54 | 0.36 |
| 贵州 | 1982.1 | 3780.54650 | 7.39 | 19.00 | 22.26 | 3.44 | 0.35 |
| 云南 | 2096.5 | 3954.99690 | 7.08 | 21.11 | 21.26 | 3.33 | 0.23 |
| 西藏 | 112.4 | 150.67939 | 37.06 | 33.87 | 3.15 | 0.48 | 0.04 |
| 陕西 | 1441.6 | 3126.09520 | 2.91 | 9.87 | 26.09 | 6.70 | 0.55 |
| 甘肃 | 1095.6 | 2197.57860 | 7.60 | 14.16 | 20.47 | 6.96 | 0.67 |
| 青海 | 189.4 | 335.62665 | 13.30 | 22.01 | 16.37 | 4.50 | 0.25 |
| 宁夏 | 214.6 | 404.14931 | 10.62 | 16.38 | 21.14 | 4.55 | 0.41 |
| 新疆 | 425.3 | 867.47505 | 2.06 | 18.93 | 23.01 | 4.62 | 0.42 |

资料来源：根据表 5—7 中数据计算整理得来。

表 5—9 对 2007 年西部农村人力资源按不同学历层次构成进行统计计算后发现，全国农村地区人力资源的学历构成是以小学和初中为主，其中小学文化程度的农村人力资源占比为 12.05%，而初中文化程度的农村人力资源占比为 24.76%；西部地区农村人力资源的构成总体情况仍然是以小学和初中文化程度为主，合计占西部农村人力资源的比重为 80.9%，但其中小学文化程度的占比为 15.95%，高于全国农村人力资源构成中的小学文化程度占比近 4 个百分点，初中文化程度的占比为 23.62%，低于全国农村人力资源

构成中的初中文化程度占比 1 个百分点。表明我国西部地区农村人力资源的素质不如全国，这一点从其他学历的人力资源构成仍可得到同样的结论，如文盲半文盲的占比西部高于全国，而高中及以上的占比低于全国。

从西部各地的情况来看，农村人力资源的学历层次构成中初中占比高于小学的有内蒙古、广西、重庆、四川、陕西、甘肃、宁夏、新疆，其中初中占比相对最高的是陕西，表明陕西的农村人力资源素质相对高于西部其余各省；而农村人力资源学历构成中初中占比低于小学占比的有西藏、青海、宁夏，其中初中占比相对最低的是西藏，表明西藏的农村人力资源素质相对于西部其余各省最差，同样也可能是全国农村人力资源最差的地区。从西部农村人力资源构成的其他层次的排名可以看出，西部各地农村人力资源总体上讲西藏最差。

## 5.1.5 中国西部农村增量人力资源估算

增量人力资源的估算应根据未来劳动者的人口数及其所具有的知识、智力和技能等因素综合考虑，因此准确估算未来西部农村增量人力资源的难度较大。但可以从现今的少儿抚养比粗略地对西部及西部农村地区的未来人力资源进行估算，由表 5—10 可知，2006 年我国西部地区 15~64 岁的劳动年龄人口数量占比略低于全国平均水平，但总抚养比及少儿和老年抚养比等负担系数却高于全国。从总体上看，西部地区总的抚养比高于全国平均水平 5.25 个百分点，其中少儿抚养比高出全国平均水平 5.06 个百分点，在西部各地中该数字最高的是贵州，少儿抚养比为 42.20%，高出全国平均水平达 16.67 个百分点，表明西部地区具有高于全国的潜在增量人力资源，未来可供开发的人力资源潜力较大。

从 0~14 岁人口占西部总人口的比重来看，除内蒙古外，其余 11 个省区市均高于全国平均水平，其中仍是贵州最高。同样表明，在西部地区总人口中作为未来人力资源的可开发潜力较大，同时也表明目前的学校基础教育压力较大、未来增量人力资源的开发投入较大、未来潜在的就业压力较大等情况。如果国家不重视这部分增量人力资源的教育问题，未来将付出更高的人力资源开发代价，这不仅是关乎西部经济增长质量的问题，也是直接关系我国经济是否可持续地又好又快增长的决定性因素之一。

　　从15~64岁人口占总人口的比重来看，2006年西部地区劳动年龄人口数量比重略低于全国平均水平。这是西部地区少数民族较多，人口计划生育政策及执行不力导致少儿人口增长过快造成的结果。其中，只有内蒙古和陕西省劳动年龄人口数量比重高于全国平均水平，其余各省区市均低于全国平均水平，其中贵州最低。

　　从65岁及以上人口的比重来看，除广西、重庆、四川外，其余9个省区市均低于全国平均水平，这说明西部大部分地区的养老负担低于全国平均水平。

　　以上分析得出，我国西部地区的增量人力资源潜力较大，西部地区人力资源的问题仍然是未来劳动者的数量和质量两方面的问题，同时也提醒我们必须严格执行国家的计划生育政策，重视西部地区义务教育，不断提高西部地区人口素质，促进西部经济增长质量的持续提高。

表5—10　2006年西部地区人口年龄构成和负担情况<br>（1%人口抽样调查样本数据）

| 地区 | 合计（人） | 年龄结构（%） | | | 总抚养比（%） | 少儿抚养比（%） | 老年抚养比（%） |
|---|---|---|---|---|---|---|---|
| | | 0~14岁 | 15~64岁 | 65岁及以上 | | | |
| 全国 | 1192666 | 220280 | 862690 | 109696 | 38.25 | 25.53 | 12.72 |
| 西部 | 334371 | 71269 | 233017 | 30085 | 43.50 | 30.59 | 12.91 |
| 内蒙古 | 22180 | 3598 | 16853 | 1728 | 31.61 | 21.35 | 10.26 |
| 广西 | 43311 | 9629 | 29789 | 3892 | 45.39 | 32.32 | 12.51 |
| 重庆 | 26005 | 5059 | 17969 | 2977 | 44.72 | 28.16 | 16.57 |
| 四川 | 76324 | 15181 | 52518 | 8625 | 45.33 | 28.91 | 16.42 |
| 贵州 | 34666 | 9459 | 22413 | 2794 | 54.67 | 42.20 | 12.47 |
| 云南 | 41359 | 9387 | 28860 | 3112 | 43.31 | 32.53 | 10.78 |
| 西藏 | 2574 | 631 | 1779 | 165 | 44.69 | 35.45 | 9.25 |
| 陕西 | 34574 | 6392 | 25097 | 3086 | 37.76 | 25.47 | 12.30 |
| 甘肃 | 24109 | 5251 | 17076 | 1782 | 41.18 | 30.75 | 10.44 |
| 青海 | 5049 | 1140 | 3556 | 352 | 41.96 | 32.07 | 9.89 |
| 宁夏 | 5539 | 1336 | 3874 | 330 | 42.99 | 34.49 | 8.51 |
| 新疆 | 18681 | 4206 | 13233 | 1242 | 41.17 | 31.79 | 9.39 |

资料来源：根据《中国统计年鉴—2007》表4—10整理所得。

说明：本表是2006年全国人口变动情况抽样调查样本数据，抽样比为0.907‰。

另外，从表5—11中2007年西部地区人口的年龄构成和负担情况统计数据来看，同表5—10中2006年数据获得的结论基本一致，同样得出我国西部地区未来增量人力资源潜力较大，开发任务较重的结论。

表5—11　2007年西部地区人口年龄构成和负担情况
（0.09%人口抽样调查样本数据）

| 地区 | 合计（人） | 年龄结构（%） | | | 总抚养比（%） | 少儿抚养比（%） | 老年抚养比（%） |
| --- | --- | --- | --- | --- | --- | --- | --- |
| | | 0~14岁 | 15~64岁 | 65岁及以上 | | | |
| 全国 | 1188739 | 17.87 | 72.77 | 9.36 | 37.42 | 24.56 | 12.86 |
| 西部 | 332852 | 21.04 | 70.67 | 8.29 | — | — | — |
| 内蒙古 | 22066 | 15.69 | 76.14 | 8.17 | 31.33 | 20.61 | 10.73 |
| 广西 | 43442 | 21.91 | 68.91 | 9.19 | 45.12 | 31.79 | 13.33 |
| 重庆 | 25850 | 18.92 | 69.39 | 11.68 | 44.11 | 27.27 | 16.84 |
| 四川 | 75201 | 19.14 | 69.88 | 10.99 | 43.11 | 27.39 | 15.72 |
| 贵州 | 34587 | 27.22 | 64.48 | 8.30 | 55.09 | 42.22 | 12.87 |
| 云南 | 41269 | 22.53 | 70.02 | 7.45 | 42.81 | 32.17 | 10.64 |
| 西藏 | 2587 | 21.72 | 71.63 | 6.65 | 39.57 | 30.31 | 9.26 |
| 陕西 | 34383 | 17.36 | 73.00 | 9.64 | 36.98 | 23.78 | 13.20 |
| 甘肃 | 23990 | 20.70 | 71.47 | 7.82 | 39.92 | 28.97 | 10.94 |
| 青海 | 5045 | 22.42 | 71.04 | 6.52 | 40.74 | 31.55 | 9.19 |
| 宁夏 | 5560 | 23.47 | 70.29 | 6.24 | 42.26 | 33.39 | 8.88 |
| 新疆 | 18872 | 21.44 | 71.75 | 6.81 | 39.38 | 29.89 | 9.49 |

资料来源：根据《中国统计年鉴—2008》第97页整理计算所得。
说明：表中所依据的原始数据是2007年全国0.09%人口抽样调查样本数据，表中合计一栏的数据为原始样本数据，未推算全国数据。

以上分析得出，我国西部未来增量人力资源潜力较大，但由于我国西部农村地区普遍教育水平较低，教育条件较差，人口受教育程度较低，远远低于我国东部发达地区，也低于全国平均水平，大量的西部农村地区劳动者没有达到法定就业年龄便提前辍学进入劳动者的行列，致使大部分劳动者的人均人力资源较低，这将导致整个西部地区未来的人力资源质量难以提高。因此，重视西部地区农村教育和农民培训，通过开发提高整个西部地区现实的存量人力资源和未来的增量人力资源，提高西部劳动者的整体素质是解决西部地区农村人力资源未来问题的关键。

## 5.2　中国西部农村人力资源的质量

　　人口数量不等于人力资源的数量，更不能代表人力资源质量，只有大量的人口资源而质量低下，是无法支撑一国经济快速发展的。所谓人力资源质量，是指作为生产性要素投入社会经济活动中并在一定区域范围内可以被管理者运用的劳动人口的体力、智力和技能等人力因素所体现出来的综合能力水平。人力资源质量反映的是人力资源质的特征，在现代社会经济高速发展的条件下，人力资源质的变化对社会生产和其他社会活动的影响越来越大，这使得人力资源质量指标比人力资源数量指标更为重要。从人力资源能力结构构成要素的内涵出发，人力资源的质量可以用劳动人口的健康、知识和技能水平以及劳动态度来衡量。其中健康是形成劳动能力的物质基础；劳动能力将随着知识和技能的积累而成长、发展和提高；而劳动态度将决定劳动者劳动能力的发挥程度。作为人力资源质量的一个重要特征表现，它是劳动者在后天获得的凝聚在劳动者身上的，并以体力、智力、知识和技能为形式所表现出来的各种能力。人们为了获得或者增强这种后天的能力需要一定的花费。所花的费用、所用的时间、所投入的经济资源，就是所谓的人力资源投资，或称之为人力资本投资。教育投资是人力资源投资的主要部分，也是推动经济发展的重要因素。教育投资是一种生产性投资，它隐藏在人的体内，会在将来发挥重要作用，并具有溢出效应。现代教育经济理论认为，人们通过学习所获得的知识和技能，会形成一种能力，它对经济发展的推动作用要大于物质资本。人力资源质量的提高需要加大在教育、培训、健康等方面投入必要的时间和经济资源，这个过程就是西方经济学中被称之为人力资本的形成过程。

　　据世界银行采用的国民财富测量方法表明，人力资源是衡量一个国家国民财富的重要指标。中国是世界上人口第一大国和劳动力资源第一大国，但不是世界上人力资源第一大国。据有关资料显示，1999 年中国总人口占世界总人口数的 20.9%，相当于美国的 4.58 倍，但人力资源仅相当于美国的 44.3%。中美两国相比，平均劳动生产率相差 4.5 倍，其中工业劳动生产率相差 4.5 倍，服务业劳动生产率相差 8.6 倍，农业劳动生产率相差更是达到 23.8 倍。显然，要增强综合国力，应对国际竞争，就必须加强人力资源开发的力度与水平，提高劳动力的整体素质，变人口负担为人力资源优势，将人力资源转化为人力资本，大大提高劳动产出。其中的重点与难点就在于农村人力资源的开发。

我国农村人力资源的质量体现在劳动力文化素质普遍偏低，据 2003 年 2 月 13 日教育部公布的《中国教育与人力资源问题报告》指出，2000 年我国 15 岁及以上人口中仍有文盲 8699.2 万人，占 6.72%，其中 75% 以上分布在农村；2000 年我国 15 岁及以上人口受教育年限为 7.85 年，25 岁及以上国民受教育年限为 7.42 年，两项平均仍不到初中二年级水平，仅相当于美国 100 年前 15 岁及以上国民受教育的水平，与 1999 年美国人均 12.7 年相当于大学一年级水平相比，整整低了近 5 年，比韩国低了近 4 年；农村劳动人口人均受教育年限为 7.33 年，而城市是 10.20 年；城市、县镇和农村之间劳动人口受教育水平的比重情况为：具有大专及以上教育水平的人口比例是 20：9：1，接受过高中教育的人口比为 4：3：1，接受过初中教育的人口比为 0.19：1.10：1，接受过小学教育的人口比为 0.37：0.55：1（见表 5—12）。相比之下，中国西部地区国民受教育水平就更低了，2000 年 25 岁及以上人口人均受教育年限仅为 6.82 年，低于全国 7.42 年的平均水平（见表 5—12）。另外，据统计 1998 年在全国农村从业人员中，受过高中以上教育的仅占 5.8%；而不识字或识字很少的占 14.01%；小学文化程度的占 42.15%；初中文化程度的占 38.04%。农村的职业教育、成人教育和培训更是非常薄弱，实用性技术培训少得可怜，现有的免费培训效果也较差。受升学观念的影响，1999 年全国接受职业教育的在校生占高中阶段在校生的比例仅为 29%。到 2001 年，中国各地区农村居民家庭劳动力文化状况统计小学以下文化程度的仍占 40% 左右。

表5—12　2000年分区域城乡人均受教育年限（25岁及以上人口）

单位：年

| 省份 | 合计 | 城市 | 县镇 | 农村 | 省份 | 合计 | 城市 | 县镇 | 农村 |
|---|---|---|---|---|---|---|---|---|---|
| 全国 | 7.42 | 9.39 | 8.38 | 6.63 | 江西 | 7.29 | 9.48 | 8.66 | 6.56 |
| 东部11 | 7.74 | 9.36 | 8.11 | 6.64 | 河南 | 7.57 | 9.67 | 8.78 | 7.00 |
| 北京 | 9.97 | 10.79 | 9.24 | 7.57 | 湖北 | 7.52 | 9.27 | 8.60 | 6.44 |
| 天津 | 8.91 | 10.11 | 7.88 | 7.04 | 湖南 | 7.60 | 9.50 | 9.09 | 6.92 |
| 河北 | 7.54 | 9.43 | 8.77 | 6.92 | 西部12 | 6.82 | 9.32 | 8.49 | 5.90 |
| 辽宁 | 8.38 | 9.67 | 8.56 | 7.00 | 西藏 | 3.09 | 7.30 | 5.82 | 2.07 |
| 上海 | 9.12 | 9.70 | 7.95 | 6.43 | 青海 | 5.99 | 9.04 | 8.33 | 4.34 |
| 江苏 | 7.61 | 9.14 | 8.13 | 6.77 | 云南 | 5.92 | 9.00 | 7.64 | 5.11 |
| 浙江 | 7.02 | 8.36 | 7.58 | 6.08 | 甘肃 | 6.21 | 9.55 | 8.63 | 5.14 |
| 福建 | 7.10 | 8.84 | 7.67 | 6.17 | 贵州 | 5.74 | 8.86 | 7.77 | 4.82 |
| 山东 | 7.26 | 9.07 | 8.00 | 6.38 | 宁夏 | 6.81 | 9.34 | 9.07 | 5.36 |
| 广东 | 8.04 | 9.26 | 8.24 | 6.87 | 陕西 | 7.57 | 10.06 | 8.86 | 6.56 |
| 海南 | 7.80 | 9.72 | 8.52 | 6.75 | 四川 | 6.82 | 9.04 | 8.35 | 6.09 |
| 中部8 | 7.55 | 9.48 | 8.70 | 6.70 | 内蒙古 | 7.58 | 9.58 | 8.71 | 6.30 |
| 山西 | 8.05 | 9.72 | 9.03 | 7.23 | 重庆 | 7.05 | 8.94 | 8.35 | 6.18 |
| 吉林 | 8.26 | 9.89 | 8.88 | 6.88 | 广西 | 7.52 | 9.47 | 8.64 | 6.86 |
| 黑龙江 | 8.25 | 9.54 | 8.91 | 6.98 | 新疆 | 7.80 | 9.87 | 8.60 | 6.63 |
| 安徽 | 6.54 | 8.80 | 7.89 | 5.84 | — | — | — | — | — |

资料来源：根据2000年全国第五次人口普查数据整理计算所得。

说明：表中的人均受教育年限是指6岁及以上人口的受教育年限。

《中国教育与人力资源问题报告》同样提出，截至2000年年底全国15岁及以上文盲人口多集中在西部农村地区。从地区分布来看，15岁及以上人口文盲率最高的前10个省份中西部地区就占了8个，超过10%的地区有6个，分别是西藏自治区、青海省、贵州省、甘肃省、宁夏回族自治区和云南省，均为西部地区。其中西藏自治区、青海省、贵州省、甘肃省4个地区的文盲率超过或接近15%，西藏自治区更是高达32.5%（见表5—13）。

表5—13　2000年西部地区人口文盲率及在全国的排名（15岁及以上）

| 省份 | 文盲率（%） | 名次 | 省份 | 文盲率（%） | 名次 |
|---|---|---|---|---|---|
| 全国 | 6.72 | — | 广西壮族自治区 | 3.79 | 31 |

续表

| 省份 | 文盲率（%） | 名次 | 省份 | 文盲率（%） | 名次 |
|---|---|---|---|---|---|
| 重庆市 | 6.95 | 16 | 甘肃省 | 14.34 | 3 |
| 四川省 | 7.64 | 10 | 青海省 | 18.03 | 2 |
| 贵州省 | 13.89 | 4 | 宁夏回族自治区 | 13.40 | 5 |
| 云南省 | 11.39 | 6 | 新疆维吾尔自治区 | 5.56 | 20 |
| 西藏自治区 | 32.50 | 1 | 内蒙古自治区 | 9.12 | 8 |
| 陕西省 | 7.29 | 11 | — | — | — |

资料来源：根据 2000 年全国第五次人口普查数据整理所得。

《中国教育与人力资源问题报告》还提出，2000 年农村劳动人口（15～64岁）人均受教育年限为 7.33 年，而城市是 10.20 年，农村比城市低 2.87 年（见表 5—14）。差距的主要原因在于劳动人口各种文化层次分布的差异，农村劳动力人口中具有高中及以上受教育水平的人口比重明显相对偏低，而具有小学及以下受教育水平人口的比重又相对较高。15~64 岁农村劳动力人口中具有小学及以下受教育水平的占 47.62%，文盲人口占 8.74%，分别比城市高出 31 个百分点和 6 个百分点；而农村劳动力人口中具有高中及以上受教育水平的比例只有 8.46%，比城市整整低了 35 个百分点；农村劳动力人口中具有大专及以上受教育水平的比例尚不足 1 个百分点，比城市低 13 个百分点。城市、建制镇和农村之间 15~64 岁劳动力人口中受教育年限的比值情况为：具有大专及以上受教育水平的人口比是 20：9：1；其中本科及以上受教育水平的人口比是 55：13：1；受高中教育的人口比为 4：3：1；受初中教育的人口比为 0.91：1.01：1；受小学教育的人口比为 0.37：0.55：1（见表 5—14）。

表 5—14 2000 年我国部分城乡各种受教育水平人口比重及人均受教育年限情况（15~64 岁之间人口）

单位：%

| 地区 | 未上过学和扫盲班 | 小学 | 初中 | 高中 | 大专及以上 | 本科及以上 | 人均受教育年限（年） |
|---|---|---|---|---|---|---|---|
| 城市 | 2.49 | 14.34 | 39.98 | 29.22 | 13.97 | 5.49 | 10.20 |
| 县镇 | 4.20 | 21.37 | 44.31 | 23.79 | 6.33 | 1.27 | 9.14 |
| 农村 | 8.74 | 38.88 | 43.92 | 7.75 | 0.71 | 0.10 | 7.33 |

资料来源：全国第五次人口普查资料。

根据《中国统计年鉴—2008》统计的我国东、中、西部文盲及半文盲率
情况如表 5—15 所示，统计显示，截至 2007 年年底，随着总人口数的增长，
全国 15 岁及以上文盲人口占比已高达 8.40%，并且仍然主要集中在西部农
村地区。从地区分布来看，15 岁及以上人口文盲率最高的前 10 个省份中
西部地区就占了 7 个，地区数量比 2000 年稍有下降，但仍有 7 个地区超过
10%，分别是西藏自治区、青海省、贵州省、甘肃省、云南省、宁夏回族自
治区、四川省。其中西藏自治区、青海省、甘肃省 3 个地区的文盲率超过或
接近 20%，西藏自治区更是高达 36.77%，这说明西部地区文盲率的急剧上
升是造成全国文盲率上升的主要拉力。另据统计，全国 3/4 以上的文盲半文
盲集中在西部农村地区，特别是少数民族地区和国家级贫困县。

表 5—15　2007 年全国文盲（含半文盲）率及名次（15 岁及以上）

| 省份 | 文盲半文盲率（%） | 名次 | 省份 | 文盲半文盲率（%） | 名次 |
|---|---|---|---|---|---|
| 全国 | 8.40 | — | 江西 | 7.20 | 19 |
| 东部 11 省区 | — | — | 河南 | 7.91 | 18 |
| 北京 | 3.34 | 31 | 湖北 | 8.70 | 12 |
| 天津 | 3.85 | 29 | 湖南 | 5.35 | 22 |
| 河北 | 6.25 | 20 | 西部 12 省区 | — | — |
| 辽宁 | 3.76 | 30 | 西藏 | 36.77 | 1 |
| 上海 | 4.04 | 28 | 青海 | 18.40 | 3 |
| 江苏 | 8.19 | 16 | 云南 | 16.13 | 6 |
| 浙江 | 10.12 | 10 | 甘肃 | 19.33 | 2 |
| 福建 | 11.20 | 8 | 贵州 | 16.59 | 5 |
| 山东 | 8.21 | 15 | 宁夏 | 13.80 | 7 |
| 广东 | 4.12 | 27 | 陕西 | 8.89 | 11 |
| 海南 | 8.54 | 13 | 四川 | 10.62 | 9 |
| 中部 8 省区 | — | — | 内蒙古 | 8.23 | 14 |
| 山西 | 4.26 | 26 | 重庆 | 8.00 | 17 |
| 吉林 | 4.55 | 23 | 广西 | 5.82 | 21 |
| 黑龙江 | 4.36 | 24 | 新疆 | 4.29 | 25 |
| 安徽 | 16.83 | 4 | — | — | — |

资料来源：根据《中国统计年鉴—2008》第 102 页数据整理所得。

表 5—16 我国城乡文盲率变化情况

单位: %

| 年份（年） | 城镇文盲率 | 农村文盲率 | 文盲率城乡差距 |
|---|---|---|---|
| 1982 | 16.43 | 34.98 | 18.55 |
| 1990 | 11.97 | 26.23 | 14.26 |
| 2000 | 5.22 | 11.55 | 6.33 |

资料来源：根据全国第三、四、五次人口普查资料整理所得。

从根据全国第三、四、五次人口普查整理获得的我国城乡文盲率变化情况来看，农村文盲率一直高于城市，但城乡文盲率差距有缩小的趋势（见表5—16）。

从我国农村与城镇从业人员受教育程度的比较来看，农村从业人员受教育程度明显偏低，体现在平均受教育年限上存在明显差距。中国社会科学院经济研究所和原中国劳动和社会保障部劳动科学研究所于1992年进行的涉及全国12个省26个市（县）438个企业、9432名职工的一项调查表明，被调查职工平均受教育年限为11.79年；另据1995年涉及全国11个省市、11763名职工的抽样调查材料显示，城市职工平均受教育年限为10.58年。这些都证明我国城镇职工的平均受教育年限远远超过了九年制义务教育年限，相比之下，农村从业人员受教育程度则要低得多。根据入户抽样调查数据进行同口径比较，1998年浙江省2700户农村住户中7706名劳动者平均受教育年限为7.39年，高中及以上从业人员占全部从业人员的10.48%，分别比1740户城镇住户中3070名从业人员低3.70年和44.02%。相比经济比较发达的浙江省，我国西部各省农村劳动者与城镇劳动者的平均受教育年限差距则更大。

据一项联合国提供的研究成果表明："劳动生产率与劳动者文化程度呈现出高度的正比例关系，与文盲相比，小学毕业可提高生产率43%，初中毕业可提高生产率108%，大学毕业可提高生产率300%。"要实现我国农村经济增长方式由粗放型向集约型转变，提高西部人力资本对经济增长的贡献，所需要的劳动力不是现有的低素质劳动力，而是受过良好教育、训练有素，具有较高文化水平、科技水平和专业技能的新型劳动者。一是要求劳动力素质的提高，专业化、科技化的农业只有具备一定的科技知识和专业素质的劳动力才能胜任；二是人才的多样化，除了传统农业中的直接生产者以外，还需要大量的经营人才、管理人才、技术人才等。如果农村劳动力没有良好的素质，就不能适应新时期对高素质农村劳动力的需求，农村剩余劳动力向非农产业、向城市转移也比较困难，农村经济增长方式的转变也就成为一句空话。

近年来，农村人力资源的质量虽有较大提高，但并没有改变高质量人力资源缺乏的状况。随着生产规模的日趋扩大与科学技术的广泛应用，劳动的复杂程度明显增加，因而对劳动者的科学文化素质提出了更高的要求。没有人力资源的有效开发，就不能有效地提高农村人力资源的素质，就不能实现农业经济增长方式的转变。要实现传统农业向现代农业、粗放型农业向现代集约型农业的转变，就必须大力开发农村人力资源。另有资料显示，我国城镇新生劳动力中，接受过职业教育和培训的比例不足30%，尚有约70%新生劳动力无法实现就业。下岗失业人员平均年龄为40岁，其中大龄下岗人员占下岗人员总数的30%左右，初中以下文化程度的占40%，初级工及没有技术等级的占50%，这就给农村低素质劳动力转移到城市就业带来更大的压力，在市场就业竞争中明显处于弱势，根本不能适应产业调整、职业转换的需求，难以重新走上新的岗位。

农村人力资源的质量一般体现在农村人力资源的素质方面，而农村人力资源的素质不仅指受教育程度，而且包括身体素质、文化素质、思想素质三个大的方面。随着经济和社会的发展，人们把人力资源的素质又拓展为科技素质、经济管理素质等。于是，我国西部农村人力资源的质量就表现为受教育年限较低、科学素养较差、身体素质偏低、思想素质较差、经营管理素质较差等特点。农村人力资源的素质与农村经济和社会发展有着互动的作用。由于我国农村人力资源数量大、素质差等原因，导致提高农村人力资源素质的难度相当大，在某种程度上影响和制约了农村产业结构的调整和农村经济与社会的又好又快发展。党中央、国务院一再重申，农村经济和社会的发展要依靠农业科技、教育以及农村劳动者素质的提高。这可见提高农村人力资源素质的重要性。农村人力资源对经济发展的制约，在我国西部尤为明显，因为有研究表明在我国东西部间城镇人口的受教育年限差距不太明显，而农村则特别明显，所以导致东西部经济增长质量差异的人力资源因素差异主要在农村，要改变西部经济增长质量，调整西部农村产业结构是关键，其中西部农村人力资源则是制约性因素。

## 5.3　中国西部农村人力资源的结构

人力资源的结构包括地区结构、城乡结构、行业结构、性别结构、年龄结构、学历结构等。

### 5.3.1　地区结构

中国西部农村人力资源地区结构包括西部地区与全国及东部、中部的比较，也包括西部各省区内部的结构，根据本研究对中国东、中、西部的范围界定，运用《中国统计年鉴》与《中国人口统计年鉴》的有关数据，整理获得 2007 年我国就业人员按地区统计的构成情况如表 5—17 所示。

表 5—17 显示，截至 2007 年，我国人口总数中西部占全国的比重为 27.5%，15~64 岁的人口中西部占全国的比重为 27.00%，就业人员中西部占全国的比重为 26.15%，其中农村就业人员中西部占全国的比重为 33.14%，以上数据显示我国西部地区农村从业人员占全国的比重大于西部地区人口占全国的比重，也大于西部地区就业人员占全国的比重，表明我国西部地区农村从业人员比其他地区要多，也表明我国西部农村具有比东部、中部农村更多的富余劳动力或具有更多的人力资源数量。从对中国西部乡村从业人员按行业统计情况来看，我国西部乡村从业人员占全国的比重为 31%，而西部在农村从事农、林、牧、渔业等纯粹农业的人员占全国的比重却为 35%，证明我国西部农村就业人员中从事纯粹农业的人员高于全国（见表 5—22）。

表 5—17　2007 年中国西部就业人员分地区统计情况

| 地区 | 人口总数（万人） | 各地区占全国比（%） | 15~64岁人口（万人） | 各地区占全国比（%） | 就业人员（万人） | 各地区占全国比（%） | 农村就业人员（万人） | 各地区占全国比（%） |
|---|---|---|---|---|---|---|---|---|
| 全国 | 132129 | 100.00 | 9612 | 100.00 | 76990.0 | 100.00 | 47640.0 | 100.00 |
| 西部 | 36298 | 27.50 | 2595 | 27.00 | 20129.7 | 26.15 | 15789.0 | 33.14 |
| 陕西 | 3748 | 2.84 | 279 | 2.90 | 1922.0 | 2.50 | 1441.6 | 3.03 |
| 甘肃 | 2617 | 1.95 | 191 | 1.99 | 1374.4 | 1.79 | 1095.6 | 2.30 |
| 宁夏 | 610 | 0.46 | 43 | 0.45 | 309.5 | 0.40 | 214.6 | 0.45 |
| 青海 | 552 | 0.42 | 40 | 0.42 | 276.3 | 0.36 | 189.4 | 0.40 |
| 新疆 | 2095 | 1.59 | 150 | 1.56 | 800.8 | 1.04 | 425.3 | 0.89 |
| 西藏 | 284 | 0.21 | 21 | 0.22 | 153.7 | 0.20 | 112.4 | 0.24 |
| 四川 | 8127 | 6.15 | 584 | 6.07 | 4778.6 | 6.21 | 3879.0 | 8.14 |
| 重庆 | 2816 | 2.13 | 199 | 2.07 | 1789.5 | 2.32 | 1378.3 | 2.89 |
| 云南 | 4514 | 3.42 | 321 | 3.34 | 2600.8 | 3.38 | 2096.5 | 4.40 |
| 贵州 | 3762 | 2.85 | 248 | 2.58 | 2283.0 | 2.97 | 1982.1 | 4.16 |
| 广西 | 4768 | 3.61 | 333 | 3.46 | 2759.6 | 3.58 | 2276.7 | 4.79 |
| 内蒙古 | 2405 | 1.82 | 187 | 1.95 | 1081.5 | 1.40 | 698.0 | 1.47 |

资料来源：根据《中国统计年鉴—2008》第 89、97、110、111 页数据整理计算所得。

　　在西部各省区的人力资源结构方面，四川省的人口总数、就业人员数及农村就业人员数均居首位，表明四川省人力资源特别是农村人力资源丰富；云南省三个数据均居第二位，但其中农村就业人员数占全国的比重远远高于前两个指标，广西自治区、贵州省也较为类似，表明云南、广西、贵州三地的农村就业人员或农村人口所占比重较大。上表还显示，西部各地的农村就业人员占全国的比重均高于各地就业人员数与人口总数占全国的比重，表明西部农业从业人员所占比重较高，并高于东部、中部及全国平均水平。以上西部各省区人力资源结构特点表明，可供开发的西部农村人力资源丰富，其中地处西南的四川、云南、贵州三省又特别明显。

## 5.3.2　城乡结构

　　根据户籍所在地的不同，常将中国人口划分为城镇和乡村人口，同样人力资源也根据其所处地域的不同，可以划分为城市与农村两大部分。本研究重点关注的是西部农村的人力资源问题，有必要进一步对农村从业人员进行细分。根据所从事行业的不同可将西部农村从业人员细分为农业与非农业从业人员，其中从事农、林、牧、渔业的纯粹农业从业人员则是农村人力资源开发的重点。

根据《中国统计年鉴》及《中国人口统计年鉴》，统计得出 2007 年我国西部人口及就业人员城乡构成情况如表 5—18 所示。

表 5—18　2007 年中国西部人口及就业人员城乡构成情况

| 地区 | 人口总数（万人） | 其中 | | 就业人员数（万人） | 其中 | | | |
|------|------|------|------|------|------|------|------|------|
| | | 城镇（%） | 乡村（%） | | 城镇（万人） | 占比（%） | 乡村（万人） | 占比（%） |
| 全国 | 132129 | 44.94 | 55.06 | 76990.0 | 29350.0 | 38.12 | 47640.0 | 61.88 |
| 西部 | 16298 | 36.96 | 63.04 | 20129.7 | 4340.4 | 21.56 | 15789.5 | 78.44 |
| 陕西 | 3748 | 40.62 | 59.38 | 1922.0 | 480.4 | 24.99 | 1441.6 | 75.01 |
| 甘肃 | 2617 | 31.59 | 68.41 | 1374.4 | 278.8 | 20.29 | 1095.6 | 79.71 |
| 宁夏 | 610 | 44.02 | 55.98 | 309.5 | 94.9 | 30.66 | 214.6 | 69.34 |
| 青海 | 552 | 40.07 | 59.93 | 276.3 | 86.9 | 31.45 | 189.4 | 68.55 |
| 新疆 | 2095 | 39.15 | 60.85 | 800.8 | 375.6 | 46.90 | 425.3 | 53.10 |
| 西藏 | 284 | 28.30 | 71.70 | 153.7 | 41.2 | 26.81 | 112.4 | 73.19 |
| 四川 | 8127 | 25.60 | 64.40 | 4778.6 | 899.7 | 18.83 | 3879.0 | 81.17 |
| 重庆 | 2816 | 48.34 | 51.66 | 1789.5 | 411.2 | 22.98 | 1378.3 | 77.02 |
| 云南 | 4514 | 31.60 | 68.40 | 2600.8 | 504.5 | 19.39 | 2096.5 | 80.61 |
| 贵州 | 3762 | 28.24 | 71.76 | 2283.0 | 301.0 | 13.18 | 1982.1 | 86.82 |
| 广西 | 4768 | 36.24 | 63.76 | 2759.6 | 482.9 | 17.50 | 2276.7 | 82.50 |
| 内蒙古 | 2405 | 50.15 | 49.85 | 1081.5 | 383.5 | 35.46 | 698.0 | 64.54 |

资料来源：根据《中国统计年鉴—2008》第 89、110、111 页数据整理计算所得。

表 5—18 显示，中国人口及人力资源的构成，无论全国还是西部，都是农村大于城市，但城乡构成情况则是西部的城乡差异远远大于全国，全国城市人口与乡村人口之比为 44.94∶55.06，而西部则为 36.96∶63.04，

西部二者差距为 29.08，大于全国二者之差 10.12，表明我国西部农村人口远远大于城市人口，即在中国西部大部分人是居住在农村的，这一比例远远高于全国。从城镇与乡村比较来看，表 5—18 还显示全国城镇人口少于乡村，全国城镇就业人员数也小于乡村；但西部城镇就业人员数与乡村就业人员数之比同全国情况比差距较大，其中宁夏、青海、重庆与全国情况基本一致，即城镇就业人员略大于乡村，而其余大部分省区则与西部总体情况相同，这一结论同样表明西部地区农村就业人员过多，亟需开发转移。

由于历史原因形成的二元经济结构特点，使得我国城乡人口及其就业人员除数量结构不合理之外，素质差距也较大，即城乡与地区间的文化素质结构同样不合理，具体表现在人均受教育年限及城乡文盲率指标的地区差异、城乡差异较大。从城市和农村文盲人口占 15 岁及以上人口的比例来看，近 20 年来，虽然我国城乡成人文盲率差距在逐渐缩小，但目前其差距仍在 2 个百分点以上（见表 5—16）。而从文盲或半文盲总人口的分布来看，我国城市、建制镇和乡村人口之间的文化素质也有明显差别。根据对全国第五次人口普查结果计算可知，2000 年，我国 15 岁及以上人口中仍有文盲8699.2 万人，其中属城市常住人口的占 12.8%，属县镇人口的占 9.7%，其余属乡村人口的占 77.5%。也就是说，有超过 3/4 的文盲或半文盲人口分布在我国农村，并且主要分布在西部地区农村，说明今后我国扫盲工作的重点和难点仍在农村，尤其是西部地区农村。全国城乡受教育年限差距超过 3.5年的省份全部集中在西部地区，其中青海省、甘肃省超过 4 年。表 5—19 表明，东、西部地区教育水平的差距主要在于农村教育水平的差距。东部地区农村教育水平之所以高于西部地区，主要得益于东部地区乡镇企业和农村城镇化的快速发展，以及人们对教育的重视程度较高。

表 5—19　2000 年我国东西部部分地区城乡人均受教育年限差距比较
（15 岁及以上人口）

单位：年

| 地区 | 城市 | 农村 | 城乡差距 |
| --- | --- | --- | --- |
| 全国 | 9.80 | 6.85 | 2.95 |

| 地区 | | 城市 | 农村 | 城乡差距 |
|---|---|---|---|---|
| 西部 | 青海省 | 9.34 | 4.72 | 4.62 |
| | 甘肃省 | 9.94 | 5.61 | 4.33 |
| | 贵州省 | 9.27 | 5.30 | 3.97 |
| | 云南省 | 9.42 | 5.61 | 3.81 |
| 东部 | 山东省 | 9.55 | 6.80 | 2.75 |
| | 江苏省 | 9.66 | 7.15 | 2.51 |
| | 福建省 | 9.31 | 6.81 | 2.50 |
| | 广东省 | 9.57 | 7.37 | 2.20 |

资料来源：根据 2000 年全国第五次人口普查数据整理所得。

对全国第五次人口普查数据进行统计分析还得出，我国城乡分年龄段人口的人均受教育年限差距情况为，15 岁及以上人口城市、建制镇、农村各年龄段的人均受教育年限呈现明显梯次分布，差异十分明显，城市要比建制镇高出 0.9~1.7 年，而建制镇又比农村高出 1.5~1.9 年，城市和农村之间的差距达到 2.4~3.5 年。各年龄段人口的人均受教育年限城乡差距中，以 25~29 岁人口、55~59 岁人口、60~64 岁人口三个年龄段的差距最为明显，分别达到 2.93 年、3.23 年、3.46 年。差距原因仍然主要在于各年龄段中各种受教育水平的人口比重差异，农村大专以上受教育水平人口的比重远远低于城市。

可见，我国城乡之间劳动力受教育水平层次结构存在着明显差异，尤其体现在具有中、高层次受教育水平的人口比重上。目前我国城市人力资本积累基本上处于中等和高等教育阶段，而农村人力资本积累尚处于普及初中和小学教育阶段。这表明，我国农村劳动力受教育水平与城市相比存在着明显的差距，难以满足实现农村产业化和现代化发展的要求。同时也意味着提高农村劳动力文化素质是一项非常艰巨的任务，也是我国建设社会主义新农村的重大障碍。为此，培养一批新农民也是在我国农村地区实现新农村总体目标的重要前提。

文盲率的城乡差异从另一个侧面反映了我国城乡劳动力文化素质的差异，而这样的人力资源结构恰恰是导致我国东西部经济发展差异的重要原因，因为东西部城市就业人口的素质差异并不十分明显，而农村则恰恰相反，这种东西部农村劳动力素质的差异，不利于提高我国西部农业劳动生产率和推进农村产业化以及城镇化建设的发展。

### 5.3.3　行业结构

随着我国市场经济体制的建立，农村经济迅速发展，特别是现代农业进程加快，农村产业结构多元化的格局已基本形成，农村从业人员也出现多元化的格局，农村城镇化的快速发展使得纯粹的农业从业人员增速得到有效控制。但在农村人口中，农业人口仍占着较大比重。从农村人力资源的从业人员结构来看，20世纪80年代后期，随着农村第二产业，特别是第三产业的迅猛发展，农村产业结构发生了巨大变化，从而使农村人力资源的从业结构也发生了相应变化。

从表5—20可以看出，1970~2001年间，农村从事第一产业的劳动力逐渐下降，由89.72%下降为67.3%；从事第二、三产业的劳动者，总体上为上升趋势，其中从事第二产业的劳动者由6.41%上升为14.7%，从事第三产业的劳动者由3.87%上升为18%，上升速度较快，这一趋势在2001年后变化更大。截至2005年年末，在中国农村从事第一产业的劳动者比重只有46%，而从事第二、三产业的劳动者则增加为22.3%和31.7%。即在我国农村从事第一产业的劳动者在逐年减少，而从事第二、三产业的劳动者人数则在逐年增加，特别是随着我国农业产业结构的调整，在第三产业领域工作的农村劳动者规模的发展速度较快。

表5—20　1970~2005年中国乡村就业人员在三次产业中的构成情况

单位：%

| 年份 | 1970 | 1980 | 1985 | 1990 | 1995 | 1997 | 1998 | 2001 | 2005 |
|---|---|---|---|---|---|---|---|---|---|
| 第一产业 | 89.72 | 88.99 | 81.89 | 79.35 | 71.79 | 70.57 | 70.30 | 67.30 | 46.00 |
| 第二产业 | 6.41 | 7.00 | 10.44 | 11.31 | 13.71 | 13.93 | 13.70 | 14.70 | 22.30 |
| 第三产业 | 3.87 | 4.01 | 7.67 | 9.34 | 14.50 | 15.50 | 16.00 | 18.00 | 31.70 |

资料来源：根据各年《中国统计年鉴》等资料整理计算所得。

说明：由于2006年之后的统计数据缺乏，所以只能考察2005年以前的数据。

表 5—21  1990~2005 年全国及西部乡村从业人员分行业构成变动情况

单位：万人

| 年份 | 小计 | 农、林、牧、渔业 | 工业 | 建筑业 | 交通运输业、仓储及邮电通信业 | 批发零售贸易业、餐饮业 | 其他非农行业 |
|---|---|---|---|---|---|---|---|
| 1990 | 42009.500 | 33336.400 | 3228.700 | 1522.800 | 635.300 | 693.200 | 2593.100 |
| 西部占比（%） | 0.308 | 0.341 | 0.128 | 0.189 | 0.187 | 0.211 | 0.227 |
| 1995 | 45041.800 | 32334.500 | 3970.700 | 2203.600 | 983.000 | 1170.400 | 4379.600 |
| 西部占比（%） | 0.313 | 0.352 | 0.136 | 0.213 | 0.195 | 0.209 | 0.282 |
| 1998 | 46432.300 | 32626.400 | 3928.600 | 2453.500 | 1087.900 | 1461.900 | 4874.000 |
| 1999 | 46896.500 | 32911.800 | 3953.000 | 2531.900 | 1115.800 | 1584.600 | 4799.400 |
| 2000 | 47962.100 | 32797.500 | 4108.600 | 2691.700 | 1170.600 | 1751.800 | 5441.900 |
| 西部占比（%） | 0.308 | 0.338 | 0.134 | 0.231 | 0.212 | 0.214 | 0.349 |
| 2001 | 48228.900 | 32451.000 | 4296.000 | 2797.400 | 1205.400 | 1864.500 | 5614.600 |
| 2002 | 48526.900 | 31990.600 | 4505.600 | 2959.000 | 1259.100 | 1996.800 | 5815.800 |
| 西部占比（%） | 0.287 | 0.342 | 0.133 | 0.240 | 0.215 | 0.218 | 0.353 |
| 2003 | 48971.100 | 31259.600 | 4937.100 | 3201.100 | 1328.200 | 2059.200 | 6185.900 |
| 西部占比（%） | 0.310 | 0.344 | 0.133 | 0.243 | 0.218 | 0.217 | 0.365 |
| 2004 | 49695.300 | 30596.000 | 5438.900 | 3380.500 | 1475.900 | 2701.600 | 6102.400 |
| 2005 | 50387.200 | 29975.500 | 6011.500 | 3653.200 | 1567.300 | 2937.700 | 6242.000 |
| 2005 年各行业比重（%） | 100.000 | 59.500 | 12.000 | 7.200 | 3.100 | 5.800 | 12.400 |
| 2005 年与 2000 年之比 | 1.050 | 0.910 | 1.460 | 1.360 | 1.340 | 1.680 | 1.150 |

资料来源：根据《中国统计年鉴—2006》、《中国西部农村统计年鉴—2004》第 17 页数据整理计算所得。

说明：由于 2006 年之后的统计数据缺乏，所以只能考察 2005 年以前的数据。

表 5—21 按统计年鉴中表"乡村从业人员"将乡村从业人员按行业分类

成农林牧渔业、工业、建筑业、交通运输业与仓储及邮电通信业、批发零售贸易业与餐饮业、其他非农行业6大类统计，其中作为农村人力资源开发的重点是从事农、林、牧、渔业的农民。表5—21统计显示，我国乡村从业人员约5亿人，数量巨大，且在逐年增加，其中从事农、林、牧、渔业的纯粹农业从业人员占近60%，说明农村人力资源开发的潜力巨大。这个群体是产出较低的群体，对其进行开发是本研究的重点，也是直接影响我国西部大开发，促进西部经济增长的重要因素。从图5—1对我国1990~2005年的乡村从业人员按行业统计还发现，在我国农村经过30多年的改革开放，在整个农村人口逐年增加的情况下，截至2005年年末，专业从事农、林、牧、渔业的农业人员却在逐年减少，2005年只有2000年的91.4%，但从事工业、建筑业等二、三产业的农村就业人员比例在逐年增加，其中增加最快的是第三产业，如批发零售贸易业、餐饮业等。其中，西部农村从业人员按6大行业统计的人数占全国的比重基本保持稳定，其中，农、林、牧、渔业保持在全国的33%~35%间、工业保持在13%左右、建筑业保持在23%~24%间、交通运输业与仓储及邮电通信业保持在21%左右、批发零售贸易业与餐饮业保持在21%左右、其他非农行业保持在34%~36%左右。

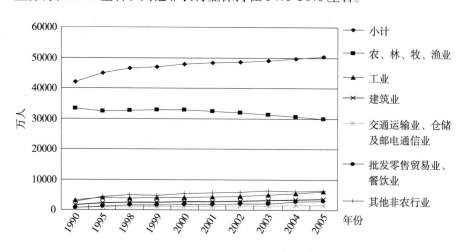

图5—1　1990~2005年中国乡村从业人员分行业构成变动情况

对我国西部乡村从业人员分行业进行统计，得到行业构成情况如表5—22所示。

表5—22 2005年中国西部乡村从业人员行业构成情况

单位：万人

| 地区<br>（%） | 小计 | 农、林、牧、渔业 | | 工业 | 建筑业 | 交通运输业、仓储及邮电通信业 | 批发零售贸易业、餐饮业 | 其他非农行业 |
| | | 人数 | 占比<br>（%） | | | | | |
|---|---|---|---|---|---|---|---|---|
| 全国 | 50387.20 | 29975.50 | 0.46 | 6011.50 | 3653.20 | 1567.30 | 2937.70 | 6242.00 |
| 西部 | 15551.70 | 10493.60 | 0.67 | 786.10 | 892.00 | 327.00 | 635.00 | 2418.00 |
| 占比 | 0.31% | 0.35% | — | 0.13% | 0.24% | 0.21% | 0.22% | 0.39% |
| 内蒙古 | 690.80 | 529.20 | 0.77 | 25.80 | 32.20 | 14.10 | 39.30 | 50.20 |
| 广西 | 2275.50 | 1503.10 | 0.66 | 86.20 | 96.70 | 43.10 | 77.20 | 469.20 |
| 重庆 | 1366.90 | 775.90 | 0.57 | 109.80 | 1251.00 | 26.70 | 61.10 | 268.40 |
| 四川 | 3801.50 | 2317.70 | 0.61 | 259.10 | 301.90 | 76.00 | 189.40 | 657.40 |
| 贵州 | 1934.20 | 1268.10 | 0.66 | 81.80 | 50.30 | 27.70 | 57.40 | 448.90 |
| 云南 | 2050.80 | 1690.10 | 0.82 | 58.90 | 63.00 | 40.20 | 54.40 | 144.10 |
| 西藏 | 108.80 | 85.50 | 0.79 | 2.60 | 5.60 | 3.00 | 2.80 | 9.30 |
| 陕西 | 1437.00 | 949.20 | 0.66 | 90.90 | 106.60 | 44.50 | 71.40 | 174.40 |
| 甘肃 | 1084.30 | 761.40 | 0.70 | 35.30 | 63.30 | 24.60 | 38.80 | 160.90 |
| 青海 | 186.00 | 128.70 | 0.69 | 10.10 | 15.20 | 5.70 | 11.20 | 15.10 |
| 宁夏 | 212.00 | 140.60 | 0.66 | 14.20 | 23.20 | 10.00 | 13.80 | 10.20 |
| 新疆 | 404.10 | 344.10 | 0.85 | 11.40 | 9.30 | 11.10 | 18.10 | 10.10 |

资料来源：根据《中国统计年鉴—2006》数据整理计算所得。

说明：由于2006年之后的统计数据缺乏，所以只能考察2005年以前的数据。

从对中国西部乡村从业人员分行业统计获得的表5—22来看，2005年全国乡村从业人员约5亿人，其中从事农、林、牧、渔业的纯粹农业从业人员为近3亿人，占46%，此比例数据在西部高达67%，西部大部分省区的该数据也都大大高于全国，约为70%左右，其中超过70%的省区有内蒙古、云南、西藏、甘肃、新疆，而云南和新疆两省区甚至超过了80%，低于60%的只有重庆，这种现状表明我国西部劳动者大部分在农村从事纯粹农业。这与我国西部传统的农业耕作方式有关，但这样的现状无法适应我国现代农业的发展进程，将严重影响西部地区的经济和社会发展，也是制约西部农村地区劳动人民致富的关键，这一群体也正是本研究重点关注的对象，应作为西部农村人力资源开发的重点。

### 5.3.4　性别结构

　　我国农村人口性别构成情况是男女比例基本平衡，但是从农村劳动力的性别构成来看，则是农村女性劳动力占农村劳动力的比重有上升趋势，而且农村女性劳动力的绝对数在不断增加，如果不是按户籍所在地而是按实际在农村的女性劳动者统计，则在农村劳动的女性劳动者将占绝对优势。这是由于我国市场经济的拉动，第二、三产业的迅速发展，以及农村城镇化进程的加快，致使农村剩余劳动力大量转移，其中农村转移劳动力多以青壮年男性为主，特别是文化程度较高且有一定技能的男性农村劳动力，致使留在农村的女性劳动力所占比重逐渐上升，并占绝对多数。

表 5—23　2007 年中国西部人口性别构成情况

| 地区 | 人口总数<br>（万人） | 男性<br>（万人） | 占比<br>（%） | 女性<br>（万人） | 占比<br>（%） |
|---|---|---|---|---|---|
| 全国 | 132082 | 66971 | 51 | 65111 | 49 |
| 西部 | 36906 | 18840 | — | 18066 | — |
| 占比 | 28% | 28% | — | 27% | — |
| 内蒙古 | 2451 | 1244 | 51 | 1207 | 49 |
| 广西 | 4826 | 2513 | 52 | 2313 | 48 |
| 重庆 | 2872 | 1454 | 51 | 1414 | 49 |
| 四川 | 8355 | 420 | 50 | 4154 | 50 |
| 贵州 | 3843 | 1987 | 52 | 1856 | 48 |
| 云南 | 4514 | 2362 | 52 | 2152 | 48 |
| 西藏 | 287 | 141 | 49 | 146 | 51 |
| 陕西 | 3820 | 1924 | 50 | 1896 | 50 |
| 甘肃 | 2665 | 1351 | 51 | 1314 | 49 |
| 青海 | 560 | 284 | 51 | 276 | 49 |
| 宁夏 | 617 | 313 | 51 | 304 | 49 |
| 新疆 | 2096 | 1066 | 51 | 1030 | 49 |

资料来源：根据《中国统计年鉴—2008》第 93 页中表 3—8 数据，以抽样比为 0.09% 推算所得。

续表

表 5—24 2007 年中国西部 15 岁及以上人口性别构成情况

| 地区 | 人口总数（万人） | 男性（万人） | 占比（%） | 女性（万人） | 占比（%） |
|------|------|------|------|------|------|
| 全国 | 108473 | 54106 | 50 | 54367 | 50 |
| 西部 | 29321 | 14721 | 50 | 14600 | 50 |
| 占比 | 27% | 27% | — | 27% | — |
| 内蒙古 | 2067 | 1041 | 50 | 1026 | 50 |
| 广西 | 3769 | 1934 | 51 | 1835 | 49 |
| 重庆 | 2328 | 1160 | 50 | 1168 | 50 |
| 四川 | 6756 | 3347 | 50 | 3409 | 50 |
| 贵州 | 2796 | 1416 | 51 | 1380 | 49 |
| 云南 | 3552 | 1808 | 51 | 1744 | 49 |
| 西藏 | 225 | 109 | 48 | 116 | 52 |
| 陕西 | 3157 | 1563 | 50 | 1594 | 50 |
| 甘肃 | 2113 | 1055 | 50 | 1058 | 50 |
| 青海 | 434 | 218 | 50 | 216 | 50 |
| 宁夏 | 472 | 237 | 50 | 235 | 50 |
| 新疆 | 1647 | 833 | 51 | 814 | 49 |

资料来源：根据《中国统计年鉴—2008》中数据按 2007 年全国人口抽样调查样本数据，以抽样比为 0.09% 推算所得。

表 5—25 2003 年中国西部乡村从业人员性别构成情况

| 地区 | 人口总数（万人） | 男性（万人） | 占比（%） | 女性（万人） | 占比（%） |
|------|------|------|------|------|------|
| 全国 | 48971.0 | 26121.0 | 53 | 22850.0 | 47 |
| 西部 | 15167.8 | 8066.0 | 53 | 7101.8 | 47 |
| 占比 | 31% | 31% | — | 31% | — |
| 内蒙古 | 652.3 | 366.3 | 56 | 286.0 | 44 |
| 广西 | 2216.3 | 1170.8 | 53 | 1045.4 | 47 |
| 重庆 | 1340.3 | 715.1 | 53 | 625.2 | 47 |
| 四川 | 3759.6 | 1992.6 | 53 | 1767.1 | 47 |
| 贵州 | 1874.9 | 992.9 | 53 | 882.0 | 47 |
| 云南 | 2002.7 | 1041.5 | 52 | 961.2 | 48 |
| 西藏 | 103.6 | 52.7 | 51 | 51.0 | 49 |
| 陕西 | 1396.2 | 764.0 | 55 | 632.2 | 45 |
| 甘肃 | 1050.5 | 555.9 | 53 | 494.6 | 47 |

| | | | | | |
|---|---|---|---|---|---|
| 青海 | 180.6 | 94.6 | 52 | 86.0 | 48 |
| 宁夏 | 208.5 | 109.0 | 52 | 99.5 | 48 |
| 新疆 | 382.3 | 210.6 | 55 | 171.6 | 45 |

资料来源：根据《中国农村统计年鉴—2004》中表3—4"各地区乡村从业人员"数据整理所得。

表5—26　2005年中国西部乡村从业人员性别构成情况

| 地区 | 人口总数<br>（万人） | 男性<br>（万人） | 占比<br>（%） | 女性<br>（万人） | 占比<br>（%） |
|---|---|---|---|---|---|
| 全国 | 50387.3 | 26930.6 | 53.45 | 23456.7 | 46.55 |
| 西部 | 15551.7 | 8290.4 | 30.78 | 7261.3 | 30.96 |
| 内蒙古 | 690.8 | 390.4 | 56.51 | 300.4 | 43.49 |
| 广西 | 2275.4 | 1202.1 | 52.83 | 1073.3 | 47.17 |
| 重庆 | 1366.9 | 736.8 | 53.90 | 630.1 | 46.10 |
| 四川 | 3801.5 | 2018.4 | 53.09 | 1783.1 | 46.91 |
| 贵州 | 1934.2 | 1033.0 | 53.41 | 901.1 | 46.59 |
| 云南 | 2050.9 | 1069.3 | 52.14 | 981.6 | 47.86 |
| 西藏 | 108.8 | 55.3 | 50.83 | 53.5 | 49.17 |
| 陕西 | 1437.0 | 781.2 | 54.36 | 655.9 | 45.64 |
| 甘肃 | 1084.3 | 570.8 | 52.64 | 513.5 | 47.36 |
| 青海 | 186.0 | 98.2 | 52.80 | 87.8 | 47.20 |
| 宁夏 | 212.0 | 110.6 | 52.17 | 101.4 | 47.83 |
| 新疆 | 403.9 | 224.3 | 55.53 | 179.6 | 44.47 |

资料来源：根据《中国农村统计年鉴—2006》第463页中表13—3数据整理所得。

表5—27　1990~2007年中国乡村从业人员性别比变动情况

| 项目　　年份（年） | 1990 | 1995 | 2000 | 2002 | 2003 | 2005 |
|---|---|---|---|---|---|---|
| 合计 | 42009.5000 | 45041.8000 | 47962.1000 | 48526.8000 | 48971.0000 | 50387.3000 |
| 男人数（万人） | 22551.8000 | 24037.4000 | 25517.8000 | 25850.1000 | 26121.0000 | 26930.6000 |
| 比重（%） | 0.5368 | 0.5337 | 0.5320 | 0.5327 | 0.5334 | 0.5345 |
| 女人数（万人） | 19457.7000 | 21004.4000 | 22444.3000 | 22676.7000 | 22850.0000 | 23456.7000 |
| 比重（%） | 0.4632 | 0.4663 | 0.4680 | 0.4673 | 0.4666 | 0.4655 |

资料来源：根据《中国农村统计年鉴—2004》中表3—1数据及《中国统计年鉴—2006》表13—1数据整理所得。

表5—28　1990~2005年中国西部乡村人口及从业人员性别比变动情况

| 项目＼年份（年） | 1990 | 1995 | 2000 | 2002 | 2003 | 2005 |
|---|---|---|---|---|---|---|
| 人口小计（万人） | 26707.2 | 27434.7 | 27992.3 | 28199.7 | 28227.8 | 28523.3 |
| 占全国比（%） | 29.8 | 29.9 | 30.2 | 30.2 | 30.1 | 30.1 |
| 从业人员小计（万人） | 12928.2 | 14075.7 | 14772.4 | 15004.5 | 15167.6 | 15551.9 |
| 占全国比（%） | 30.8 | 31.3 | 30.8 | 28.7 | 31.0 | 30.9 |
| 男性数（万人） | 6738.7 | 7442.4 | 7821.6 | 7956.0 | 8065.8 | 8290.4 |
| 占全国比（%） | 29.9 | 31.0 | 30.7 | 30.8 | 30.9 | 30.8 |
| 女性数（万人） | 6189.5 | 6633.6 | 6950.8 | 7048.4 | 7101.7 | 7261.3 |
| 占全国比（%） | 31.8 | 31.6 | 31.0 | 31.1 | 31.1 | 31.0 |

资料来源：根据《中国西部农村统计年鉴—2004》中表2—1数据以及《中国统计年鉴—2006》表13—3数据整理所得。

　　表5—23与表5—24对全西部15岁及以上具有劳动能力的人口性别结构进行了统计，统计显示我国西部男女结构合理，各自基本保持在50%左右。而按户籍所在地统计获得的表5—25、表5—26中我国西部乡村从业人员性别构成情况则发现，西部总体与全国农村从业人员的男女性别比为53∶47，其中西部大部分省份出现了男女性别比高于全国的情况，其中内蒙古、陕西、新疆较高，西藏、青海、宁夏较低，这样的比例与西部的人口性别比和西部15岁及以上人口的性别比并不一致，表明按户籍统计的西部乡村从业人员中男性多于女性。但是，由于近年我国城市化、工业化的快速发展，特别是年轻力壮、高素质的农村剩余劳动力大量向城市转移，而转移的劳动力以男性及具有一定劳动技能的劳动者居多，剩下留守在农村的劳动力往往是女性，所以实际上西部农村从业人员仍然是以女性为主。这种情况在表5—27有所体现，但不太明显。之所以出现统计结果与现实之间的差距，原因在于统计乡村人口数时是以常住人口数来统计的，大部分转移到城市的劳动者的常住地仍然在农村，因为其户口并没有迁移，同时其身份仍然是农民，即农业从业人员。

　　在不同性别的从业人员中，女性从业人员受教育水平更低。1996年全国 26602 万女性从业人员中，5193 万人为文盲，占 19.52%，文盲比例比男性农村从业人员高 10% 左右；初中及以上人员比重则比男性低 17.38%，仅为 34.69%。农村女性从业人员平均受教育程度为 5.98 年，而男性平均受教育程度为 7.26 年，比男性低 1.28 年。

城乡女性文盲率差异较大，明显高于男性。2000 年全国城乡女性文盲率差异达 8.72 个百分点，有 11 个地区城乡女性文盲率差异超过 10 个百分点，其中有 9 个为西部地区。城乡女性文盲率差异的相对差异系数达到 73.08%，极差达到 26.27%。

从文盲、半文盲人口中的性别构成看，根据对《中国人口统计年鉴—2003》第 36 页数据整理获得，在我国西部地区文盲、半文盲人口中男性占 30.64%，女性占 69.36%，女性文盲人口比例高于男性 38.72 个百分点，其中在 15 岁及以上女性人口中，西藏文盲、半文盲比例高达 52.77%，已超过 15 岁及以上女性人口的 1/2，青海、云南这一比例也分别高达 35.25% 和 32.95%，而同期全国 15 岁及以上人口中，男性人口的文盲、半文盲率为 6.43%，女性人口的文盲、半文盲率为 16.92%，女性文盲人口比例高于男性 10 个百分点。这充分说明我国男女受教育程度的不均衡性，而西部地区的这种差别则更为明显。

## 5.3.5　年龄结构

随着我国城市化步伐的加快，农村剩余劳动力大量向城镇转移，由于转移劳动力的素质、年龄要求相对较高，所以年轻力壮且具有一定学历和技能的农村人力资源往往比较容易向城市转移，导致我国农村人力资源出现了由成年型向老年型转化的结构特点，且有逐年加速的转化趋势。据测算，到 2020 年，我国农村老年人口将有 1.2 亿人，占农村人口的 9.8%，人口老龄化的速度明显加快。而随着经济社会的发展，农村人口向城镇的快速转移，还将进一步加快实际农村人口的老龄化进程。根据《中国统计年鉴》有关样本原始数据进行整理得出的表 5—29 与表 5—30 就较好地证明了这一点。

表 5—29    1997 年中国西部地区人口年龄构成情况

| 省份 | 合计（人） | 年龄结构（%） | | |
|------|-----------|-----------|-----------|-----------|
| | | 0~14 岁 | 15~64 岁 | 65 岁及以上 |
| 全国 | 1242799 | 24.98 | 67.99 | 7.04 |
| 西部地区 | 357452 | 26.48 | 66.94 | 6.57 |
| 内蒙古 | 23611 | 24.70 | 70.18 | 5.12 |
| 广西 | 47115 | 28.56 | 63.82 | 7.62 |
| 重庆 | 30904 | 23.41 | 68.41 | 8.18 |
| 四川 | 85642 | 23.31 | 68.72 | 7.97 |
| 贵州 | 36631 | 29.27 | 65.14 | 5.59 |
| 云南 | 41589 | 27.26 | 66.55 | 6.19 |
| 西藏 | 2479 | 33.28 | 61.27 | 5.45 |
| 陕西 | 36269 | 27.63 | 66.52 | 5.85 |
| 甘肃 | 25340 | 27.48 | 67.74 | 4.77 |
| 青海 | 5035 | 28.72 | 66.71 | 4.59 |
| 宁夏 | 5384 | 29.53 | 66.18 | 4.29 |
| 新疆 | 17453 | 30.25 | 65.19 | 4.56 |

资料来源：根据《中国统计年鉴—1998》中数据，按 1997 年全国人口抽样调查样本数据计算所得，抽样比为 1.016‰。

表 5—30    2007 年中国西部地区人口年龄构成情况

| 省份 | 合计（人） | 年龄结构（%） | | |
|------|-----------|-----------|-----------|-----------|
| | | 0~14 岁 | 15~64 岁 | 65 岁及以上 |
| 全国 | 1320821111 | 17.87 | 72.77 | 9.36 |
| 西部地区 | 369835556 | 21.04 | 70.67 | 8.29 |
| 内蒙古 | 24517778 | 15.69 | 76.14 | 8.17 |
| 广西 | 48268889 | 21.91 | 68.91 | 9.19 |
| 重庆 | 28722222 | 18.92 | 69.39 | 11.68 |
| 四川 | 83556667 | 19.14 | 69.88 | 10.99 |
| 贵州 | 38430000 | 27.22 | 64.48 | 8.30 |
| 云南 | 45854444 | 22.53 | 70.02 | 7.45 |
| 西藏 | 2874444 | 21.72 | 71.63 | 6.65 |
| 陕西 | 38203333 | 17.36 | 73.00 | 9.64 |
| 甘肃 | 26655556 | 20.70 | 71.47 | 7.82 |
| 青海 | 5605556 | 22.42 | 71.04 | 6.52 |
| 宁夏 | 6177778 | 23.47 | 70.29 | 6.24 |
| 新疆 | 20968889 | 21.44 | 71.75 | 6.81 |

资料来源：根据《中国统计年鉴—2008》中数据，按 2007 年全国人口抽样调查样本数据计算所得，抽样比为 0.09%。

　　从表5—29与表5—30中1997年及2007年的数据对比来看，全国及西部各省区普遍出现0~14岁的人口比例从1997年的24.98%减少为2007年的17.87%，西部也从26.48%减少为21.04%；同时，全国15~64岁和65岁及以上人口比例却在增加，分别从1997年的67.99%和7.04%增加为2007年的72.77%和9.36%，西部也从66.94%和6.57%增加为70.67%和8.29%。其中，老年人口所占比重增加较快。在西部农村地区，由于近年农村剩余劳动力大量向城市转移，导致实际留在农村劳动和生活人口中的老年人口比例更大，且有不断加速增加的趋势。一方面表明我国计划生育政策对抑制人口出生起到了积极的作用，另一方面也反映出全国及西部劳动力的逐年增加及人口老龄化步伐的加快。

　　从我国农村人口年龄构成变化情况来看，无论是全国的情况，还是西部总体情况或者是西部各地的情况，15岁及以上人口的总量都在增加，但由于农村劳动力向城市转移的原因，大部分学历高的青壮年农村劳动力纷纷进城就业，导致留在农村从事纯粹农业生产的从业人员往往是素质低、年龄大的劳动力，青壮年也是以女性为主。其中，留在农村从事农业劳动的人员中，青年农民的文化水平稍高些，但受教育年限往往不足九年。值得注意的是，留在农村从事农业劳动的青年农民和中老年农民中，大部分文化素质较低。据统计，46岁以上的中老年农村从业人员中，35.42%为文盲或半文盲，由于农村养老保障制度的不够健全，导致老龄化后的农民仍将继续从事农业劳动。同时，新增青壮年农民中仍有一定数量的文盲存在。《中国教育与人力资源问题报告》就指出，2000年我国15岁及以上的人口中仍有文盲8699.2万人，其中75%以上分布在农村；还有，农村劳动者一直存在的就业低龄化特点仍将继续，低龄就业人员又成为新的低素质农业从业人员，其中1996年全国已有2000万17岁以下的人开始从业，15岁以下的有近600万人，这部分人大多为农村从业人员。这些大量新增的低素质农业从业人员，与原本就在农村从事农业劳动的中老年农民一起共同构成了新的文盲或半文盲群体，其素质低下和思想观念的落后极不利于农村经济的快速发展。所以，总体上讲，青年农民的受教育年限要高于中老年，但与城镇从业人员相比仍存在较大差距，这样的情况西部又比东部表现得更为明显。

### 5.3.6 学历结构

根据《中国统计年鉴—2006》资料显示，1998 年我国农村劳动力中文盲、半文盲人数占农村劳动力总数的 8.64%，西部地区农村劳动力中的文盲、半文盲率为 14.81%，比东部的 6.44% 高出 1 倍还多，即高出 8.37 个百分点（见表 5—31）。

根据《中国统计年鉴—2008》显示，2007 年我国农村劳动力中文盲、半文盲人数占农村劳动力总数的比例低于 1998 年，主要原因是东部地区经济高速发展带来了农村人口素质提高而将整体数据提升，但西部地区农村劳动力中的文盲、半文盲率仍为 13.87%，比东部的 3.64% 高出 10.23 个百分点，高出近 3 倍，进一步拉大了东西部差距（见表 5—32）。

表 5—31　1998 年我国不同地区农村劳动力学历统计

单位：%

| 地区 | 文盲半文盲 | 小学 | 初中 | 高中（含中专） | 大专以上 |
|---|---|---|---|---|---|
| 东部 | 6.44 | 31.71 | 47.72 | 13.53 | 0.60 |
| 中部 | 5.83 | 33.27 | 49.50 | 11.11 | 0.29 |
| 西部 | 14.81 | 39.22 | 38.05 | 7.75 | 0.17 |
| 西部与东部差 | 8.37 | 7.51 | −9.67 | −5.78 | −0.43 |

资料来源：根据《中国统计年鉴—2006》表 3—5 等整理计算所得。

表 5—32　2007 年我国东、中、西部地区农村劳动力学历结构情况

单位：%

| 地区 | 不识字或识字很少 | 小学 | 初中 | 高中（含中专） | 大专及以上 |
|---|---|---|---|---|---|
| 全国 | 6.34 | 25.76 | 52.91 | 13.55 | 1.45 |
| 东部 | 3.64 | 20.00 | 54.59 | 18.32 | 3.44 |
| 中部 | 4.80 | 24.57 | 57.13 | 12.39 | 1.11 |
| 西部 | 13.87 | 33.47 | 42.36 | 9.54 | 0.76 |
| 西部与东部差 | 10.23 | 13.47 | −12.23 | −5.93 | −2.33 |
| 内蒙古 | 5.44 | 29.63 | 50.07 | 13.96 | 0.89 |
| 广西 | 1.86 | 24.02 | 58.44 | 14.72 | 0.96 |
| 重庆 | 5.85 | 35.55 | 49.17 | 8.64 | 0.79 |
| 四川 | 6.79 | 32.76 | 50.45 | 9.27 | 0.74 |

| 地区 | 不识字或识字很少 | 小学 | 初中 | 高中（含中专） | 大专及以上 |
|------|----------|------|------|----------|-----------|
| 贵州 | 14.09 | 36.23 | 42.45 | 6.57 | 0.66 |
| 云南 | 13.35 | 39.83 | 40.10 | 6.28 | 0.44 |
| 西藏 | 49.68 | 45.40 | 4.22 | 0.64 | 0.06 |
| 陕西 | 6.30 | 21.40 | 56.58 | 14.53 | 1.19 |
| 甘肃 | 15.25 | 28.40 | 41.05 | 13.96 | 1.35 |
| 青海 | 23.57 | 39.01 | 29.01 | 7.97 | 0.44 |
| 宁夏 | 20.00 | 30.84 | 39.82 | 8.56 | 0.78 |
| 新疆 | 4.20 | 38.61 | 46.93 | 9.42 | 0.85 |

资料来源：根据《中国农村统计年鉴—2008》第 28 页数据计算所得。

说明：表中东、中、西部数据是按各省数据简单平均获得，不是按各自人口统计获得的。

　　数量多、文化素质低是我国农村劳动力的主要特点，西部地区的文盲半文盲（即不识字或识字很少）等低文化素质的人口中 90% 在农村，其中 70% 为妇女。我国农民文化素质总体状况是受教育年限较低，文盲人口数量较大，以小学及小学以下文化程度为主。农村教育水平的状况反映出我国农村人力资源的文化素质较差。

　　我国农村人力资源状况表现在农村从业人员受教育水平的低下。根据全国农业普查资料，1996 年全国 56147.9 万农村住户从业人员中，受过高中以上教育的仅有 3258.7 万人，仅占 5.8%；而不识字或识字很少的有 7867.5 万人，占 14.01%；小学文化程度的有 23665.5 万人，占 42.15%；初中文化程度的有 21356.3 万人，占 38.04%。在不同类型的农户中，平均受教育年限农业户为 6.54 年，其中纯农业户为 6.23 年，农业兼业户为 6.78 年，非农兼业户为 7.38 年；较好一点的农村非农业户平均受教育年限为 8.03 年；全国农村住户从业人员总的平均受教育程度仅为 6.66 年，刚刚超过小学毕业水平；纯农业户的从业人员中，有 5366.8 万人为文盲，占全部农业从业人员的 17.23%。

　　根据国家统计局人口和社会科技统计司提供的《1997 年中国人口》的资料显示，1980 年，我国农村劳动力中的文盲、半文盲人数占农村劳动力总数的 32.76%，小学毕业占 39.10%，初中毕业占 21.73%，高中和中专毕业占 6.48%，大专毕业的占 0.01%。到 1998 年，我国农村劳动力中的文盲、

半文盲数占农村劳动力总数的 8.64%，小学毕业占 34.63%，初中毕业占
45.67%，高中和中专毕业占 10.73%，大专以上占 0.33%。根据《中国农村
统计年鉴—2001》资料显示，农业劳动力以初中文化为主，小学文化次之，
受过高中及以上教育的仅 2200 余万人，而不识字或识字很少的却有 7800 多
万人。2000 年，全国平均每 100 个农村劳动力中，不识字或识字很少的为
8.09 人；小学文化程度的为 32.22 人；初中文化程度的为 48.07 人；高中文化
程度的为 9.31 人；中专文化程度的为 1.83 人；大专及以上文化程度的为 0.48
人。农村劳动力的平均受教育年限为 6.66 年，仅为小学水平。到 2007 年，
文盲半文盲率为 13.87%，小学文化程度的农村劳动力占比下降到 33.47%；
初中文化程度的农村劳动力占比上升到 42.36%；高中文化程度的农村劳动
力占比略有上升，为 9.54%；大专及以上文化程度的农村劳动力占比上升为
0.76%。我国农村人力资源的学历构成情况如表 5—33 所示。

表 5—33　1980~2005 年我国农村劳动力学历变动情况

单位：%

| 年份（年） | 不识字或识字很少 | 小学 | 初中 | 高中（含中专） | 大专以上 |
|---|---|---|---|---|---|
| 1980 | 32.76 | 39.10 | 21.73 | 6.48 | 0.01 |
| 1990 | 20.73 | 38.86 | 32.84 | 7.47 | 0.10 |
| 1995 | 13.47 | 36.62 | 40.10 | 9.57 | 0.24 |
| 1998 | 8.64 | 34.63 | 45.67 | 10.73 | 0.33 |
| 2000 | 8.09 | 32.22 | 48.07 | 11.14 | 0.48 |
| 2002 | 7.59 | 30.63 | 49.33 | 11.90 | 0.56 |
| 2003 | 7.39 | 29.94 | 50.24 | 11.79 | 0.64 |
| 2003 年比 1980 年相比增减 | −25.37 | −9.16 | 28.51 | 5.31 | 0.63 |
| 2005 | 6.87 | 27.23 | 52.22 | 12.62 | 1.06 |
| 2007 | 6.34 | 25.76 | 52.94 | 13.55 | 1.45 |
| 2005 年与 1980 年相比增减 | −25.89 | −11.87 | 30.49 | 6.14 | 1.05 |
| 2007 年与 1980 年相比增减 | −26.42 | −13.34 | 31.18 | 7.07 | 1.44 |

资料来源：根据《中国农村统计年鉴—2006》表 3—5 等整理所得。

表 5—33 显示，我国农村劳动力受教育程度经过 20 多年的努力，已经
有了较大改善，但是距离经济发展的需求差距较远。特别是我国西部地区，

广大农村劳动力的受教育年限更低，如表5—32显示的2007年西部地区劳动力中的文盲、半文盲率为13.87%，是东部地区的4倍；而高中及以上文化程度的劳动力却只有东部地区的1/2。从表5—32与表5—33中的2007年与1998年的数据比较来看，东西部农村劳动力素质的这种差距还有拉大的趋势，这将进一步拉大东西部间的经济差距。

发达国家在20世纪80年代末的农业劳动力平均受教育年限就达到11年。另外，根据2001年中国科协对中国公众的科学素养的调查显示，我国公众中具备基本科学素养的比例仅为1.4，其中东部地区为2.3、中部地区为0.85、西部地区为0.65。调查还发现，受教育年限的高低与科学素养间存在正向关系，即受教育年限长的人的科学素养要比受教育年限短的人高。可见，制约我国西部经济增长的重要因素之一就是农村劳动力的受教育年限过低，导致广大农业劳动者的文化素质较低，从而严重地束缚着我国农村生产力水平的迅速提高和农村经济的进一步发展。

## 5.4　本章小结

对我国西部农村人力资源的数量、质量及结构的实证分析得出，我国西部农村地区人力资源的总体情况是数量大、质量低、结构不合理。

（1）我国西部大部分地区仍保持着较高的人口自然增长率，远远高于东部地区，表明西部地区未来增量人力资源可开发潜力较大。

（2）我国西部地区农村人力资源的构成总体情况仍然是以小学和初中文化程度为主，农村劳动力中文盲、半文盲人数占农村劳动力总数的比例大，人口普遍受教育程度较低，远远低于我国东部发达地区，也低于全国平均水平，西部农村人力资源的整体素质较差。

（3）从对西部地区农村人力资源结构的分析可以看出：①从地区结构来看，我国西部农村均具有比东部、中部农村更多的富余劳动力或具有更多可供开发的人力资源数量。但在西部各省区的人力资源结构方面，四川省的人口总数、就业人员数及农村就业人员数均居首位，表明四川省的人力资源特别是农村人力资源丰富；同时，云南、广西、贵州三地的农村就业人员或农村人口所占比重也较大。且西部各地农村就业人员占全国的比重均高于各地就业人员数与人口总数占全国的比重，表明西部农村就业人员、纯农业从业人员或农村人口所占比重较高。②从城乡结构来看，西部地区城乡人口的数量、受教育程度等方面的差异都大于全国及东部发达地区。③从行业结构来看，西部乡村从业人员中从事农、林、牧、渔业等纯粹农业的从业人员比例大大高于全国。④从性别结构来看，按户籍统计的乡村从业人员中大部分西部省份出现男女性别比高于全国的情况，即普遍是男性比例大于女性，且在不同性别的从业人员中，女性从业人员受教育程度更低，城乡女性文盲率差异大，且明显高于男性，这与实际情况存在较大差异。⑤从年龄结构来看，全国和西部地区 15 岁及以上人口的总量均在增加，但由于农村劳动力向城市转移的原因，大部分学历高的青壮年农村劳动力纷纷进城就业，导致留在农村从事纯粹农业生产的从业人员往往是素质低、年龄大的劳动力，即使青壮年也是以女性为主，而西部农村地区实际留在农村劳动和生活人口中的老年人口比例更大，且有不断加速增加的趋势。⑥从学历结构来看，在全国农村劳动力中文盲、半文盲人数占农村劳动力总数的比例在降低的同时，西部地区农村劳动力中的文盲、半文盲率尚在增加，且远远高于东部。

# 6　农村教育与西部农村人力资源开发

## 6.1　农村教育与西部农村人力资源开发的关系

　　教育具有广义与狭义两个不同的概念，广义的教育包括职前的学校教育与职后的继续教育，而狭义的教育仅指学校教育，本章非特别声明的教育概念均为狭义的教育。本研究对存量与增量人力资源的界定依据是就业时间点，即根据是否在学校接受正规教育来划分，而非是否已经附着在人身上的知识、智力、体力、技能、精神等要素。为了缩小东西部经济差距，促进西部经济持续快速增长，在借助西部大开发政策大力增加实物资本投入的同时，应通过开发努力提高西部人力资源的质量，其中西部农村人力资源的开发至关重要。提高西部农村劳动者的受教育水平，特别是未来增量人力资源的受教育年限是提高西部未来增量劳动力质量的关键。只有通过在西部农村地区实施免费甚至补贴的义务教育，甚至是整个基础教育，延长广大农村劳动者的受教育年限，实现城乡教育均衡发展，才能统筹城乡人力资源，进而为统筹城乡经济发展打下坚实的人才基础。

　　自古以来，教育就是影响和改变人思想的重要活动，承担着教书育人的重任，如今的教育更是在改造着人的思想的同时，给予了人们未来劳动的技能，所以唯有重视西部农村地区的教育，真正实现义务教育，缩小未来增量人力资源的城乡差距，实现城乡教育均衡发展，才能使西部农村的"三农"问题得以实质性的改观。教育不仅可以降低明天的培训成本，而且是实现农村剩余劳动力转移以及提高转移质量的前提。为此，中央政府和各级地方政府应高度重视教育，增加教育投入，特别是义务教育投入，从硬件与软件两方面尽快实现城乡教育均衡发展，不仅实现农村教育硬件资源的标准化建设，更重要的是使优质的教师资源实现城乡互动，改变根据学生农村居住地就近入学的原则，有条件的地方应组建教育集团，在县城整合文化、体育和教育资源，借助已有的条件，建设标准化的教育（文化）园区，在集团内整合全县或区域教师资源，实行教师年限委派制，定期轮换，辅之以自愿者、支教、农村教育硕士等支持西部农村教育的形式，提高西部农村地区教师队伍的素质，逐步将贫困家庭或偏远山区的孩子实行免费加补贴食宿的义务教育，对有条件的家庭实行部分补贴食宿的义务教育，统一在县城住校就读，这既能实现统筹城乡教育资源，真正彻底实现城乡教育一体化，同时也解决了农村留守儿童的问题。

教育是提高我国西部农村增量人力资源质量的关键途径，也可以说是目前全国以及西部地区的农村现实所决定的唯一途径。要提高我国西部经济增长质量，既要着力提高西部农村存量人力资源的质量，适应建设社会主义新农村的需要，更要着眼于未来，高度重视西部农村教育，培养适应现代农业发展的增量人力资源，将明天的存量人力资源开发经费部分地投入基础教育，降低一代又一代农民开发投入。

## 6.2　中国西部农村教育质量总体分析

影响我国西部农村未来增量劳动力质量的农村教育质量总体上较低，主要体现在农村学生生均教育经费支出较低（见表6—1）和农村教师素质较低（见表6—2、表6—3、表6—4）等投入指标上。

表6—1　西部农村生均教育经费支出情况（2006年）

单位：元

| 地区 | 农村初中生均教育经费支出 | 农村小学生均教育经费支出 | 地方职业中学生均教育经费支出 |
|---|---|---|---|
| 全国 | 1819.92 | 4169.00 | 1572.57 |

续表

| 地区 | 农村初中生均教育经费支出 | 农村小学生均教育经费支出 | 地方职业中学生均教育经费支出 |
|------|------------------|------------------|------------------|
| 东部 | 3682.19 | 3621.91 | 6403.98 |
| 西部 | 1768.17 | 3263.97 | 1840.12 |
| 内蒙古 | 2422.38 | 2782.95 | 3473.66 |
| 广西 | 1413.50 | 1174.66 | 3188.07 |
| 重庆 | 2161.33 | 1473.82 | 5049.03 |
| 四川 | 1507.87 | 1254.81 | 3076.66 |
| 贵州 | 1090.60 | 913.96 | 2307.33 |
| 云南 | 1747.71 | 1592.16 | 3309.99 |
| 西藏 | — | 2895.37 | — |
| 陕西 | 1271.31 | 1279.55 | 2124.30 |
| 甘肃 | 1418.24 | 1114.69 | 3077.96 |
| 青海 | 2146.37 | 2062.27 | 4637.73 |
| 宁夏 | 1987.57 | 1378.90 | 3092.44 |
| 新疆 | 2282.95 | 2318.20 | 5830.47 |

资料来源：根据《教育经费统计年鉴—2006》第493、495、499页数据整理所得。

　　表6—1显示，我国西部农村初中、小学和职业中学的生均教育经费均低于东部地区，其中地方职业中学生均教育经费支出远远低于东部，而前两项也低于全国平均水平。其中，西部农村初中生均教育经费支出最高的是内蒙古2422.38元，贵州则只有1090.60元；农村小学生均教育经费支出西部最高的西藏2895.37元，贵州则只有913.96元。以上结果表明，我国西部农村中小学及职业中学生均经费较低，也就是西部农村教育投入不如东部及全国平均水平，必然导致硬件设施水平较低，教育质量低下。

　　对体现西部农村教育质量的西部农村普通初中、小学及职业中学的教师质量情况统计如表6—2、表6—3、表6—4所示。

表6—2　西部地区农村普通初中教师质量情况（2007年）

| 年份（年）　　项目 | 全国 | 全国农村 | 西部农村 |
|------|------|--------|--------|
| 学校数 | 59109 | 32865 | 10511 |
| 毕业生数 | 19568428 | 8306158 | 2236411 |
| 专任教师人数 | 3464296 | 1395363 | 385451 |

续表

| 项目 ＼ 年份（年） | 全国 | 全国农村 | 西部农村 |
|---|---|---|---|
| 其中：研究生学历比例 | 0.30% | 0.10% | 0.10% |
| 本科学历比例 | 47.00% | 35.70% | 33.00% |
| 专科以下学历比例 | 52.70% | 64.00% | 66.90% |
| 其中：高级职称比例 | 8.80% | 5.50% | 3.00% |
| 中学一级比例 | 39.90% | 37.00% | 27.70% |
| 中学二级比例 | 38.70% | 42.10% | 45.30% |
| 中学三级比例 | 5.70% | 27.40% | 12.60% |
| 未评职称比例 | 6.90% | 24.20% | 11.40% |

资料来源：根据《中国教育统计年鉴—2007》第 46~47 页数据整理计算所得。

表 6—3　西部地区农村小学教师质量情况（2007 年）

| 项目 ＼ 地区 | 全国 | 全国农村 | 西部农村 |
|---|---|---|---|
| 学校数 | 320061.00 | 271584.00 | 100301.00 |
| 毕业生数 | 18701708.00 | 11107503.00 | 3771315.00 |
| 教职工 | 6133815.00 | 3641176.00 | 1181228.00 |
| 其中：专任教师 | 5612563.00 | 3400420.00 | 1099338.00 |
| 占比 | 91.50% | 93.40% | 93.10% |
| 代课教师 | 272282.00 | 209809.00 | 110509.00 |
| 占比 | 4.40% | 5.80% | 9.40% |
| 兼任教师 | 17604.00 | 10106.00 | 3339.00 |
| 占比 | 10.29% | 0.28% | 0.28% |

资料来源：根据《中国教育统计年鉴—2007》第 538、539、544、545 页数据整理计算所得。

表 6—4　西部农村职业初中教师质量情况（2007 年）

| 项目 ＼ 地区 | 全国 | 全国农村 | 西部农村 |
|---|---|---|---|
| 学校数 | 69550.00 | 335.00 | 181.00 |
| 毕业生数 | 68630.00 | 40645.00 | 15303.00 |
| 教职工总数 | 10405.00 | 6420.00 | 3339.00 |
| 其中：专任教师数 | 8699.00 | 5316.00 | 2670.00 |
| 占比 | 83.60% | 82.80% | 80.00% |
| 代课教师数 | 228.00 | 120.00 | 77.00 |
| 占比 | 2.19% | 1.87% | 2.31% |
| 兼职教师人数 | 198.00 | 109.00 | 105.00 |
| 占比 | 1.90% | 1.70% | 3.14% |
| 其中：研究生人数 | 25.00 | 4.00 | 0.00 |
| 占比 | 0.24% | 0.06% | 0.00 |

| 项目　　　　地区 | 全国 | 全国农村 | 西部农村 |
|---|---|---|---|
| 本科生人数 | 3468.00 | 1973.00 | 869.00 |
| 占比 | 33.33% | 30.73% | 26.03% |
| 专科及以下学历人数 | 5206.00 | 3339.00 | 1800.00 |
| 占比 | 50.03% | 52.01% | 53.91% |

资料来源：根据《中国教育统计年鉴—2007》第 459、462、478、479 页数据计算所得。

　　表 6—2 显示，体现我国西部农村教育质量的西部农村初中的研究生学历、本科生学历教师所占比重低于全国农村，更低于全国，同样高级职称、中学一级教师所占比重也低于全国农村和全国平均水平，而中学二级以下所占比例则高于全国农村和全国平均水平。表 6—3 则显示，我国西部农村小学中的教职工中代课教师及兼任教师所占比例均高于全国农村。

表 6—4 则显示：在西部农村职业中学中的专任教师占比低于全国及全国农村，而代课教师及兼职教师占比则高于全国及全国农村；学历构成方面，研究生及本科生教师所占比重低于全国，而专科及以下教师所占比重高于全国。

　　以上分析结果显示，无论是西部农村教育中的生均经费支出，还是西部农村教育中的教师质量，都反映出我国西部农村教育质量不如全国平均水平和全国农村平均水平，也不如东部农村地区的水平，即我国西部农村教育质量同全国情况相比较差。

## 6.3　中国西部农村教育质量调查分析——以四川省为例

　　本研究分十个组于 2005 年分别对四川省境内的乐山市、雅安市、资阳市及成都市等地的十二个县或县级市（区）的农村教师的基本情况、工作状况、生活状况及继续教育情况进行了调查。期望通过对西部农村教师生存现状及素质的研究，寻找实现城乡基础教育均衡发展，改革农村教育，提高教师质量，进而提高西部农村未来增量人力资源的质量。

　　结果显示，农村教师们对自己的现状并不满意。

## 6.3.1 被调查教师的工作状况及教师对工作状况的满意度分析

1. 对自己的工作状况不满意

第一，农村教师的工作量大，调查显示，大部分教师每周的课程安排都在 10~25 节之间，其中分布最多的是 10~20 节。可见，乡村教师的教学任务量较重。另外，中小学教师还普遍实行了坐班制，早上很早就要到学校，特别是要辅导学生早自习的中学教师，通常是早上不到 8 点到教室，而下午回家的时间则较晚，回家后还要备课或批改作业。辅导学生晚自习的教师通常要晚上 9 点之后才能离开学校。另外，担任班主任或团队工作的教师，还要处理学生中的各项事务，这些都大大增加了教师的工作量。另一方面，教师对工作条件不满意，主要是因为工作条件太差，尤其是在一些山区学校。

第二，多数教师教学能力较强，但教育研究能力较差。调研发现，大部分教师对自己的工作表示能够胜任，且教龄越长对工作的困难感知度越低，表明教师的教学能力是比较过硬的。但是，教师自身的科研方面却不尽如人意，大部分被调查地区没有发表过或者发表了很少科研论文的教师人数占被调查人数的比例较大。这主要是因为师范教育和教师继续教育长期以来只注重培养教师的教学能力，而忽视了教师教育研究能力培养。目前，农村教师一般都通过教研组参加教育科研活动，并有不同水平的成果面世。不论是重视教育科研的教师还是不重视教育科研的教师对自己的科研能力本身没有多少怀疑，也就是说，农村教师对自己的科研工作基本上不存在不满意。但是，这本身也与教师对科研与教学关系的认识有关，由于社会对教师工作的要求，让他们感觉到教学的重要性远远大于科研，因此本身不太重视科研，所以即便是自己的水平不高，也往往不会产生不满意。另外，由于农村教师没有太多机会接触到水平比较高的科研培训和教育，这一方面影响他们对科研的科学认识，另一方面也影响他们自身对科研难度的认识，往往容易对自身科研水平盲目自信。所以，这种比较高的满意度后面隐藏的是教师自身科研素养相对落后的现状。

第三，对于教师重要工作环境之一的人际关系而言，农村教师普遍认为教师与教师之间、教师与学生之间的关系都比较融洽，特别是对师生关系比较满意。虽然现阶段农村的独生子女较多，增加了他们处理师生关系的难度，但是这并不影响他们对学生的积极评价。至于同事之间的关系，他们普遍认为，教师的工作性质与工作特点决定了他们不太可能产生比较大的矛盾。教师与领导之间的关系比较重要，也是他们相对很看重的人际关系，就目前农村教师与领导之间的关系而言，教师普遍比较满意，这与农村学校领导的工作性质有关，一方面，农村学校领导在学校管理方面有比较大的权力；但另一方面，在关系教师生存发展等问题时，比如晋升、评聘、调动等问题，学校领导的职权相对有限，所以也不太容易与教师产生根本性的冲突。

第四，教师普遍对工作条件感到不太满意，但大多数教师对自己的工作业绩是感到满意的。调查数据显示，一半以上的教师对工作条件不满意。根据课题组实地观察和访谈中得到的情况，教师对工作条件不满意主要是因为工作条件太差，尤其是在一些山区学校。但是，大部分教师对自己工作业绩都是满意的。调查中了解到，尽管工作条件不好，老师们还是很敬业。尤其难能可贵的是，乡村学校的老师在条件非常艰苦的情况下，也是相当认真负责地教书育人。对工作条件和自己工作业绩满意的教师人数和教师年龄有关，年龄段越高，对工作条件和自己工作业绩满意的教师占同年龄段老师总数的比例也越高。

2. 对自己的生活状况不满意

第一，教师的收入水平比较低。调研数据分析得出，大部分教师的月收入集中分布在 600~1200 元（其中又以 600~800 元居多），且大部分教师家庭的收入来源主要来自于教师本身，教师对自身收入水平是不太满意的。教师的月收入越高，感到满意的教师所占的比例就越高；教师的月收入越低，感到不满意的教师所占的比例也就越高。同时，年龄段越高，对收入不满意的教师占的比例越低。

教师收入低是指收入与教师在工作中所付出的大量劳动相比不成比例。同时，这也是与当地某些效益好的机关单位的工作人员相比而言的。另外，在大部分西部较贫困的县，由于财政收入很低，所以对农村教育的投入也非常少，靠财政吃饭的教师工资自然较低，而且教师有时候还要承担一些不合理费用，每个月能拿到的钱就更少。地域条件好的、能创收的学校的教师待遇要高一些，非县城的学校教师的收入比县城学校教师低，小学和初中教师的收入比高中的教师收入低。同时，教师住房是教师生存的基本条件之一，也是教师待遇的构成要素，但长期以来存在着诸多困难。虽然教师享受公费医疗，也交了医疗保险，但公费医疗有名无实，由于教育经费严重不足，因此许多教师看病的钱得不到及时报销。导致大部分教师对收入和待遇不太满意，但年龄段越高，对收入满意的教师占同年龄段老师总数的比例越高。

第二，大部分教师对自己所从事的职业性质感到比较满意，但并不具有职业认同感。调查数据显示，大部分教师对自己的职业是感到满意的，但愿意让自己孩子以后从事教师职业的教师仅占很小比例，持不愿意态度的教师占了大多数。这里存在着一个明显反差，教师们对教师的职业性质具有认同感，但是对目前教师职业的工作条件、工作环境却不具有认同感。

第三，大部分教师都有调动的愿望，而且大都是30~40岁之间的骨干教师。数据显示，其中很想或者偶尔想调动的教师人数占被调查总人数的大部分比例，两者合计最高比例达82.1%，最低为67%，只有极少数教师表示不愿意调动，最高比例为6.8%，最低仅为1.5%。

虽然大多数教师都有向学校以外单位求职的愿望，但由于各方面条件限制使得这种流动量并不大。大多数教师愿意向学校以外的单位求职，也印证了大部分教师对自己所从事的职业缺乏认同感。教师最愿意调往的单位是政府机关等，也较愿意调往条件较好的学校。

## 6.3.2 对教师继续教育的分析

1.教师普遍都参加过继续教育，与刚参加工作时相比学历都有一定的提高

通过其中三个县教师的调查，教师学历今昔对比可以看出，教师在刚参加工作时的学历普遍比较低，而通过各种各样的继续教育形式，教师们的整体学历都有了较大提高。

2. 教师对现行的继续教育效果普遍感到不满意

调查发现，教师对继续教育的效果普遍感到不太满意。三个被调查县的教师普遍对继续教育持较好或一般态度，感觉很好的只有约 10%，还有平均超过 10% 的人认为继续教育的效果较差，并有约 5% 的教师认为很差，表明我国现有的继续教育效果整体上并不令人满意。

出现以上情况既有教师自身的原因，也有继续教育机构的原因，还有我国继续教育体制的原因。有很大部分教师参加继续教育就是为了拿文凭，加之工学矛盾，对于学习本身就不太认真；而现在一些继续教育机构对教学质量也不够重视，教学方式老套，教学秩序松散，师资队伍素质不高，所以使得继续教育的效果不尽如人意。加之，继续教育经费投入不足导致硬件建设不到位，相关配套设施跟不上，影响了教师继续教育水平的提高。同时，在对教师进行访谈时，部分教师也表示参加继续教育没有学到什么东西。

3. 就继续深造的意愿来讲，大多数教师都有进一步深造的愿望

教师们希望进一步深造，最主要的原因有工作需要和自身需要。但随着年龄的增长，在同年龄段中想继续深造的教师比例在不断下降。

### 6.3.3　对调查结果的深层次分析

通过对调查数据的统计分析可见，影响我国西部农村教育质量，进而影响我国西部农村增量人力资源开发质量的各县农村中小学教师的生存状态都存在令人担忧的方面，其中涉及本次调查的关于乡村教师队伍的工作状况、生活状况和继续教育状况的三个方面都不容乐观。究其背景和原因，主要有以下几点。

1. 现行教育体制的制约

调查了解到许多教师感到身心疲惫，其主要原因是教学工作量过大，再加上每天备课的时间、改作业的时间和坐班的时间，老师的绝大多数时间都在学校，没有其他娱乐活动，长时间面对同样的环境自然会感到疲倦，大多数教师都认为这在很大程度上是应试教育所致。教育行政部门对学校的评价以学校升学率的高低和每学期的学习成绩为依据，并且直接和

学校的奖金挂钩。因此，学校领导也不得不把升学任务下放到每个教师头上。再加上学校与学校之间的比较与竞争，使得学校和教师过分重视学生的考试成绩，从而忽视了学生的全面发展。可见，应试教育是老师感到压力过大的直接原因。

## 2. 社会和家长的压力

尽管素质教育已推行多年，但根深蒂固的应试教育在社会上仍然大有市场，究其根本原因还在于社会和家长对学校的压力。用人单位看好名牌大学的学生，考上了名牌大学就等于找到了好工作。名牌大学录取学生主要是以考试分数为依据，家长自然是跟着社会和大学的"指挥棒"转。但这一切最终都将转化成教师的直接压力，或许这就是教师压力过大的最终原因。

## 3. 新课程改革的影响

素质教育，新课改的推行，对老师们有了新的要求，其知识体系和教学方法都要发生相应改变。这在城市里或许容易些，但对于农村教师来说却有相当大的困难，特别是一些老年教师，他们的知识体系很难跟上，再加上年龄的原因，许多教师感到无所适从。对于年龄偏大的部分教师（40岁以上），他们有着丰富的教学经验，是学校的教学骨干，但他们对教育改革的不适应将严重阻碍我国素质教育和新课改的进程。加强这个教师群体的再教育必须引起我们的高度重视。

## 4. 付出与收入的落差

农村教师的工资并不高，特别是乡村教师，收入问题已经严重影响到教师的"军心"。就行业之间比较而言，许多老师都表示对自己的工资不满意。这是许多教师离职改行的原因；而校与校之间差别太大，这也是许多教师想流动的原因。当然，教师的流动会在一定程度上促进教师队伍的发展，但要根据具体情况而定。适当缩小差距，稳定偏远山区教师队伍是有必要的。再者，有许多教师表示，评了职称却没有涨工资，究其主要原因还是本地经济落后。

## 5. 家庭的牵绊

家庭因素在中国人的生活中一直占有重要的地位。数据显示，社会和相关部门对教师的配偶和子女考虑较少，这对教师影响较大。这一点在农村教师中表现得尤为突出，有部分教师为了配偶和子女费尽周折都要调到条件好的学校去。可见，要稳定教师队伍，要调动教师积极性，家庭是一个万万不可忽视的因素。

在国家关注"三农"问题的同时，改善农村教师的生存状态也成为一个亟待解决的问题，不仅有利于提高农村教育质量，而且有利于提高西部农村人力资源开发质量，最终解决"三农"问题。

## 6.4  提高西部农村教育质量的途径与措施

必须以科学发展观为指导，站在统筹城乡协调发展的高度，按"新教育、新农民、新农村"的发展思路，提高西部增量农村人力资源质量，培养一批建设社会主义新农村合格的新农民，才能实现建设社会主义新农村的战略目标。建设新农村需要新农民，新农民是建设新农村的主体，新农民包括存量农民和增量农民两大部分，其中存量农民的"新"化依靠培训，增量农民的"新"化则依靠新教育，其中主要是基础教育，所以只有转变教育观念，革新教育模式，创造"新教育"，才能培养新农民。

这里的"新教育"应包括以下几个方面的特征：第一，城乡教育均衡发展；第二，基础教育增添职业教育色彩，特别是适应现代农业发展的职业技术教育内容；第三，基础教育参与农民培训，特别是建设新农村的思想发动培训，开展全国第二次扫（技）盲教育；第四，农村标准化学校建设应纠偏，从只重视硬件的标准化到重视软硬件的标准化，用教育质量（产出）作为衡量标准化的最终标准；第五，整合资源以县为单位建立教育投资集团；第六，培育教育产出评估中介机构，改革教育投入机制。提高西部地区增量农村人力资源质量必须依靠提高西部农村教育来实现，而农村教师质量是决定西部农村教育质量的关键因素。

### 6.4.1  统筹西部地区城乡教育资源，实现城乡教育均衡发展

按"新教育"的发展思路，加大中央财政对西部农村地区的转移支付力

度，全面实施义务教育，开展困难家庭补助教育，改善西部农村地区基础教育硬件和软件条件，改善农村教师队伍的生存环境和素质状况，提高教学质量，改革教学目标，创新教学方法，实现统筹城乡教育均衡发展。统筹城乡的关键是统筹城乡教育，标志是统筹城乡教育质量，根源在统筹城乡教师资源，解决途径是城乡教育一体化均衡发展。

第一，统筹城乡教育硬件资源。城乡一体化是解决西部城乡教育硬件资源最彻底的解决方案，必须在广大农村地区改变以现在住地就近入学的指导思想，改变按镇村分散投资建设学校的理念，有条件的地方逐步实现以县为单位在县城或重点镇乡集中建设标准化的教育与文化园区，统筹城乡教育硬件条件，通过政府补贴将分散居住的农村贫困家庭学生集中住校学习，将文化、体育、教育设施资源整合、统一规划，结合国家正在实施的文化馆、图书馆及农村文化活动阵地建设，体育场馆建设，与标准化学校建设结合起来，整合西部农村教育资源。

第二，统筹城乡教育教师资源。实现城乡教育均衡发展，不仅实现农村教育硬件资源的标准化建设，更重要的是使优质的教师资源实现城乡互动。统筹城乡教育各类资源，有条件的地方组建教育集团。即改变根据学生农村居住地就近入学的原则，在县城整合文化、体育和教育资源，借助已有的条件，建设标准化的教育（文化）园区。园区内整合全县或区域教师资源，实行教师年限委派制，定期轮换，辅之以自愿者、支教、农村教育硕士等支持西部农村教育的形式，提高西部农村地区教师队伍的素质。同时对贫困家庭或偏远山区的孩子实行免费加补贴食宿的义务教育，对有条件的家庭实行部分补贴食宿的义务教育，统一在县城住校就读，这既能实现统筹城乡教育资源，真正彻底实现城乡教育一体化，同时也解决了农村留守儿童的问题。

## 6.4.2　整合教育和人力资源开发经费，提高资金的使用效益

教育是提高我国西部农村增量人力资源质量的关键途径，也可以说是目前我国以及西部现实所决定的主要途径。但是，由于长期以来受我国城乡二元结构、教育投资体制以及传统教育观念诸多因素的影响，城市与农村教育

无论是在国家财政预算内教育经费的投入水平上，还是在总教育经费的投入水平上都存在着明显的差异。加之我国现阶段将教育经费投入与人力资源开发经费投入割裂开来，由不同的部门、不同的转移支付渠道分别控制使用，独立考核绩效，一方面由于农村教育经费严重短缺，农村校舍的危房率远远高于城市，教学仪器、设备和图书资料十分匮乏、落后；另一方面，在大部分西部农村地区出现了各级财政转移支付的农村人力资源开发经费用不出去或使用效果不佳的怪圈。因此，应整合教育和人力资源开发经费，解决一方面农村义务教育经费严重不足，教师生存困难，素质不能得到很好提高的问题，而另一方面各级财政转移支付的农民培训等人力资源开发经费又用不出去或使用效益差的怪现象。要提高我国西部经济增长质量，既要着力提高西部农村存量人力资源的质量，适应建设社会主义新农村的需要，更要着眼于未来，高度重视西部农村教育，培养适应现代农业发展的增量人力资源，将明天的存量人力资源开发经费部分地投入基础教育，降低一代又一代农民开发投入。

### 6.4.3　推行农村教育改革，改变西部农村教育目标指导思想

应推行农村教育改革，特别是农村教育课程改革，同时改变升学的单一教育目标，在农村义务教育阶段引入职业教育内容，在高中阶段大力开展职业教育，开展地区特色教育。为适应地方经济发展的需要，可在基础教育阶段，特别是初中或高中教育阶段，引入部分地方特色的传统文化、民俗文化、民俗工艺、特殊技能等内容，通过课堂或课外教学方式，既能使未来西部农村人力资源掌握一技之长，又能较好地继承和弘扬民族文化。在西部农村教育中大力发展职业技术教育，各级财政应加大对职业技术教育的投入力度，并向西部农村地区倾斜，开展东西部和城乡职业技术教育互动和就业对口服务，提高西部职业技术教育质量，增加西部农村人力资源的出路。

改变西部农村教育目标指导思想，提高西部农村教育职业化程度，改变西部农村教育的升学观念，不能将考大学或考重点大学作为西部基础教育的唯一目标，应将升学与为西部培养建设社会主义新农村人才，发展现代农村

紧密结合起来，改革西部基础教育课程，允许西部基础教育结合地方现代农业、文化旅游资源等实际，引进部分非基础教育内容的特色课程，加大学生农村实践课程，培养其适应现代农业生产的技能，为我国实现现代农业、建设社会主义新农村储备人才，实现新教育的转变。

### 6.4.4　提高农村教师的社会地位和经济地位，提高农村教育质量

目前，国家正在致力于解决"三农"问题，建设社会主义新农村，而发展农村教育，提高农村教师的经济和社会地位，从而提高农村增量人力资源的质量，对于"三农"问题的解决与建设新农村都具有重要的战略意义。因此，国家在国民收入的资源配置方面应加大对农村教育的投入，调动各方面的积极性，搞好硬件和软件建设。把农村教师急需解决的问题真正落实到位，使教育更好地为当地经济和社会发展服务。教师经济收入的提高，受制于各种因素，关键是投入。如果不从制度建设入手，加大财政转移支付的力度，特别是中央财政对西部贫困地区教育的转移支付，制定有关政策法规，仅靠各级党政领导的重视和关心，是无法从根本上、总体上解决问题的。将改善管理体制、精简人员、提高工作效率和改善工资待遇结合起来，推行校长负责制、教师聘任制、工资总额包干制，发展校办产业，改革校内分配制度，既优化了教师队伍，提高了工作效率，也使教师收入有较大幅度的增长，即所谓开源节流。建立基金会制度和开展勤工俭学是学校增收的重要途径，而开展学校内部改革，完善各种管理体制，则是节流的有效途径。

同时，要千方百计改善教职工的住房条件，切实解决教师的医疗、职称、住房等实际问题，努力减轻教师的后顾之忧。教师的经济地位低，不仅表现为工资收入较少，而且还表现为福利待遇较差。尽管现在住房已经实行商品化、货币化，但单靠教师现有的工资收入，没有特殊的政策补贴，是难以解决教师住房问题的。有效地调动地方各级党委和政府的积极性，由教育部门、计划部门、财政部门和建设部门协同落实，协调各部门的力量，统筹解决，定能收到较好的效果。另外，政府、教育行政部门、学校等各方面应通力合作，努力解决老师诸如医疗保健差、子女就业难、家境困窘、夫妻分

居等后顾之忧，以及解决入党、业务提高、晋职提升和恋爱婚姻等问题，对教师政治上关心培养，业务上大胆使用，生活上关怀照顾，从总体上促使教师健康成长。

### 6.4.5 以人为本，给农村教师一个宽松的工作与生活环境

通过本研究对几个县的调查，感受最深的就是经济不发达的农村地区老师们生活太艰辛，工作太繁重。在访谈中了解到，无论是学生、家长、学校，还是上级主管部门，都会有意无意地给工作在第一线的老师们施加很大的压力。

首先，教师在学校管理和教学中的工作量过大，而且农村学校普遍实行大班制，师生比一般都超过了国家规定标准，这实际上也加大了老师在批改作业、备课以及学生管理等方面的工作量。对此，学校应该给予老师宽松的工作环境，使他们有时间进一步充实和提高。其次，老师还要承受来自学生和家长方面的压力。由于打工潮的出现，许多家长降低了对子女学习的要求，经常是把子女丢在学校后就不闻不问，一旦子女出了什么问题就把责任全部推到老师和学校身上，无形中给教师造成了巨大的压力。所以，站在建设社会主义新农村的战略高度，为教师提供一个稳定与良好的工作生活状态，呼吁教育部门在为学生减负的同时，也要减轻教师们的负担。同时，社会、家长也应当充分履行各自对子女的职责，不能把所有的责任都推到老师身上。

调查分析得知，大部分教师都有调动的愿望，这说明他们对现在所处的环境和状态并不十分满意。教师最愿意调往气氛融洽、工作愉快的学校。愿意向学校以外单位求职的主要原因是自我发展机会多。由此可以看出，许多教师是以精神需要作为主导需要的。为此，学校领导应该采取多种措施，加大思想政治工作，满足教师们的精神需要。在为教师提供良好的教学条件和环境的同时，应以人为本，创造良好、和谐的人际气氛，除了领导对教师的关怀以外，还要帮助教师处理好教师之间的关系、教师与家长之间的关系以及教师与学生之间的关系。

### 6.4.6 加大转移支付力度，增加全社会的教育投入

受教育年限和文盲率是衡量一个地区人力资源质量的重要指标，因此中央政策的落实与否，直接体现在这两个指标的变化上。为此，中央财政与西部地方财政应加大对义务教育的投入力度，引导社会资金支持教育，全面提高生均教育经费，从宏观层面增加对西部地区增量人力资本的质量投入，推行义务教育改革，提高西部贫困地区义务教育质量，实现城乡甚至全国范围内的义务教育均衡发展，扎实提高西部农村地区劳动力质量，为促进经济的持续快速增长打下坚实的基础。

但是，要发展农村教育、提高农村地区教师的待遇，最根本、最关键的问题是加大投入。然而，在现有的经济基础上，许多西部贫困县要想在短时间内提升自己的经济实力几乎不可能。也就是说，要让当地政府在现有的基础上提供更多的教育经费几乎是不可能的，再加上现在国家实行减轻农民负担的政策，使地方政府在教育经费上的收入进一步减少。因此，要全面发展教育事业，在地方财政不足的情况下，中央、省级政府应当更多地承担起农村地区教育投资的责任，增加对这些地区义务教育的转移支付。

一方面，政府应下决心调整财政支出结构，真正把人力资源开发作为"第一要务"，把农村教育的发展摆到国家教育发展的战略地位，加大中央财政支出农村教育的转移支付力度，只有这样，才可能把一部分经费用于农村教育，把对农村教育转移支付的水平提高到基本弥补税费改革后的缺口，切实增加广大农村地区教师的收入，改善他们的生存和工作条件。另一方面，应考虑近年内把国债的一部分用于农村教育的基础设施建设，以缓解近期农村教育基础设施建设高峰期的困难。另外，在加大中央和省级财政转移支付力度，增加各级财政教育经费投入的同时，应积极引导社会资金通过捐赠等方式投资教育，形成全社会共同关注教育的良好局面。

### 6.4.7 注重实际，努力提高教师教育教学水平

在调查和访谈中了解到，大部分老师都参加过不同形式的继续教育，因

此教师首先要在思想上端正接受继续教育的动机，并把参加继续教育看做是拓宽知识面，接触新的教育思想和教育理念以及提高自身综合素质的一个绝好机会，使自己的教育教学能力有新的突破，提高继续教育文凭的含金量。

同时，各培训机构也要努力提高办学水平，针对中小学教育教学的实际需要，对现行的课程设置进行调整。首先，增加课程门类。教育课程应当构建新的体系，课程门类要进行整合、分化，使之多样化、小型化。从当前的迫切需要和实际情况来看，可以开设以下六个方面的课程：一是教育基本理论；二是我国教育法规与教师职业道德；三是现代教育技术；四是学科教学理论与实务；五是学生心理研究与心理健康教育；六是教育测量、评价与科学研究方法。其次，改善课程结构。教育课程的基本结构可以由必修课、选修课与自修课等组成。必修课是基础课，是所有学员都必须掌握的教育理论、教育知识、教育技术。还要适应时代要求不断更新开设选修课。一个教师在教育教学中应有自己的特色和风格，选修不同的教育课程有利于教师特色和风格的形成与发展。选修课又有必选和任选之分。自修课不由教师系统讲授，学员根据教材或资料独立学习，教师适当辅导，提供一定的条件，严格进行考核，学员必须取得相应学分。必修课、选修课、自修课之比可以因时、因地、因校、因人而异。

## 6.5　本章小结

（1）从整体情况来看，影响我国西部农村未来增量劳动力质量的农村教育质量较低，主要体现在农村学生生均教育经费支出较低和农村教师素质较低等投入指标上。对农村学生生均教育经费支出统计发现，我国西部农村初中、小学和职业中学的生均教育经费支出均低于东部地区，其中地方职业中学生均教育经费支出远远低于东部，而前两项也低于全国平均水平。对我国西部农村初中、小学和职业中学教师从学历结构、职称结构、代课教师及兼任教师占比统计发现，西部农村教师质量低于全国农村平均水平，农村教师素质普遍不高。

（2）通过对乡村教师队伍现状的调查发现，我国西部乡村教师的生存环境和素质状况令人担忧，且直接反映在了教学工作中，极大地影响着西部教育的均衡发展，进而影响着西部农村增量人力资源的质量。对四川省四市十二县乡村教师的调查得出，工作状况方面，乡村教师的工作任务普遍偏重，大多数教师教学能力较高但教育研究能力较差，教师普遍对工作条件感到不太满意；生活状态方面，乡村教师的收入水平普遍比较低，大部分教师对自己所从事的职业性质感到比较满意，但并不具有职业认同感，大部分教师都有调动的愿望，而且大都是 30~40 岁之间的骨干教师；教师继续教育方面，大部分乡村教师对继续教育的方式方法不满意，认为效果较差，并具有强烈的继续教育愿望。因此，应从工作、生活与继续教育等方面改善西部乡村教师的生存状态，提高西部农村教育质量，就必须通过增加教育经费，改善教师生存环境，提高教师素质，实现教育均衡发展，才能实现"新教育、新农民、新农村"的发展之路。

# 7 农民培训与西部农村人力资源开发

## 7.1 农民培训对西部农村人力资源开发的作用

培训本身也是大教育概念的范畴，通常指一个人在参加工作以后参加的专业技能训练，其中职业教育更是与之具有不可分割的联系。职业教育既是学校教育的组成部分，同时也是职后培训的重要机构和场所，所以大力发展职业教育不仅能够为社会提供可以使用的适用人才，还可以为大力发展职后培训提供重要的培训基地。从西部人力资源配置的角度来看，职业教育和培训在西部经济社会发展中有着重要的地位。

培训有利于西部人力资源流动，实现生产要素资源的优化配置。培训也是教育事业中与经济社会发展联系最直接、最密切的部分。培训和职业教育是解决就业难、提高经济增长率、改变经济增长方式的有效途径，是将劳动人口转化为现实生产力的最佳途径。

因此，大力发展西部地区的农民培训是西部人力资源开发的一项重要战略任务。在西部农村地区，培训主要体现在对农民的技能培训上。而农民工培训中"短、平、快"的培训模式，能减轻劳务经济中流动人员的经济负担和学习难度。

## 7.2  中国西部农民培训质量总体分析

### 7.2.1  西部农民培训取得的成绩

自西部大开发以来，农业部根据党中央、国务院的统一部署，围绕粮食增产、农业增效和农民增收的目标，采取有力措施，促进西部农业和农村经济发展，在农业农村人才队伍建设方面，取得了可喜的成绩：一是加强了农业领导干部的培养。2001 年以来，举办地方分管农业的地、县级党政领导干部专题研究班 61 期，其中培训西部地区的学员 1090 人，累计培训西部地区农业系统干部 20150 人次。二是加强了西部地区农村人才培养。针对社会主义新农村的重点和难点，将各项农民培训和农村实用人才培养政策向西部地区倾斜，2004~2008 年，累计投入西部地区财政补贴资金 12.06 亿元，农村劳动力转移培训阳光工程为西部地区培训农村劳动力 521 万人，2009 年安排投入财政补贴资金 3.78 亿元，西部地区培训任务 90 万人。2006~2008 年，新型农民科技培训工程实施项目覆盖了西部地区 558 个县的 22750 个示范村，中央财政累计安排 2.27 亿元专项资金，培训专业农民 90 多万人。农业部组织实施的农村实用人才培养“百万中专生计划”，2006 年以来共面向西部地区招生 10.4 万人，为贯彻落实《中共中央办公厅国务院办公厅关于加强农村实用人才队伍建设和农村人力资源开发的意见》，农业部在全国确定了 10 个农村实用人才培训基地，其中有 5 个在西部地区。2007 年以来，依托培训基地，组织举办了 45 期农村实用人才带头人培训班，31% 的学员来自西部地区，1500 多名西部地区的村支书、村委会主任和农民专业合作社负责人参加了培训。三是加强了农业专业技术人才培养。为落实“西部之光”访问学者培养工作，2004 年以来，农业部共接收“西部之光”访问学者 179 人，给他们安排合适的导师进行指导，并让学者们直接参与重大科研项目，为他们提供参加学术活动的机会，促使他们扩大知识面，提高学术水平，努力把他们培养成为西部农业发展的领军人才。四是加强了农业技能人才的培养。农业部在西部地区设有 125 个农业行业特有职业技能鉴定站。针对西部地区农牧业生产的特点，编制了适用的国家职业标准和大量的职业技能鉴定试题和培训教材，近 41 万人次参加了农业职业技能鉴定，38 万人次取得了国家职业资格证书。

### 7.2.2　西部农民培训质量

尽管西部地区的农民培训取得了一定的成绩，但是总体来看西部的培训质量还是比较低的。

我国农民培训主要通过各级职业教育学校及专门的农民培训机构或训练中心来完成，从资金来源的不同又可以分为民办与公办两大类教育或培训机构。因此，西部地区职业技术教育的水平本身就直接影响着我国西部农民的培训质量，从上文 6.2 节中对西部农村职业教育质量的分析中得知，西部农村职业教育无论是生均教育经费支出，还是教师学历结构、职称结构都不如全国及全国农村平均水平，表明我国西部农村职业教育质量较低。西部地区职业培训机构数量及办学条件等指标则是反映我国西部农民培训质量的重要指标，并直接影响我国西部农村人力资源的质量，而我国西部地区涉及农民培训的就业训练中心、民办职业培训机构情况及其所培训人员情况如表 7—1 至表 7—8 所示。

表 7—1　西部地区就业训练中心基本情况（2007 年）

单位：人

| 地区 | 就业训练中心个数 | 在职教职工总人数 | 兼职教师 | 就业训练人数 | 其中：培训农村劳动者 | 结业人数 | 就业人数 |
|---|---|---|---|---|---|---|---|
| 全国 | 3173 | 41978 | 33055 | 9581041 | 4308813 | 9184327 | 7166297 |
| 西部 | 936 | 10764 | 9677 | 1878226 | 953474 | 1802663 | 1302127 |
| 内蒙古 | 116 | 531 | 586 | 274543 | 143509 | 271526 | 228270 |
| 广西 | 81 | 809 | 928 | 329063 | 242016 | 305017 | 236594 |
| 重庆 | 39 | 284 | 502 | 72241 | 24042 | 71125 | 55960 |
| 四川 | 164 | 2267 | 3521 | 288982 | 132943 | 281764 | 203284 |
| 贵州 | 85 | 735 | 693 | 92076 | 66228 | 89627 | 70559 |
| 云南 | 97 | 1268 | 558 | 161321 | 79060 | 151848 | 105964 |
| 西藏 | — | — | — | — | — | — | — |
| 陕西 | 118 | 2365 | 1095 | 191643 | 51697 | 182180 | 116080 |

| 地区 | 就业训练中心个数 | 在职教职工总人数 | 兼职教师 | 就业训练人数 | 其中：培训农村劳动者 | 结业人数 | 就业人数 |
|------|------|------|------|------|------|------|------|
| 甘肃 | 101 | 857 | 519 | 121233 | 41652 | 113959 | 67890 |
| 青海 | 24 | 483 | 117 | 57761 | 36105 | 57629 | 45328 |
| 宁夏 | 22 | 89 | 54 | 39291 | 13811 | 37326 | 21276 |
| 新疆 | 89 | 1076 | 1104 | 250072 | 122411 | 240662 | 150922 |

资料来源：根据《中国劳动统计年鉴—2008》第480~481页数据计算整理所得。

表7—2　西部地区就业培训中心培训学生情况（2007年）

单位：人

| 地区 | 结业生人数 | 获取初级职业资格证书人数 | 获取中级职业资格证书人数 | 获取高级职业资格证书人数 | 获取技师和高级资格证书人数 |
|------|------|------|------|------|------|
| 全国 | 9184327 | 3373956 | 774366 | 86505 | 33051 |
| 东部 | 3889239 | 1518899 | 385738 | 60537 | 23698 |
| 西部 | 1802663 | 665930 | 91650 | 8900 | 5026 |
| 内蒙古 | 271526 | 14188 | 1313 | 121 | 129 |
| 广西 | 305017 | 89316 | 4882 | 826 | 434 |
| 重庆 | 71125 | 36120 | 3988 | — | — |
| 四川 | 281764 | 174107 | 17183 | 461 | 228 |
| 贵州 | 89627 | 53695 | 1577 | — | — |
| 云南 | 151848 | 85689 | 7447 | 1624 | 3067 |
| 陕西 | 182180 | 69783 | 17276 | 2016 | 834 |
| 甘肃 | 113959 | 17139 | 9228 | 202 | 29 |
| 青海 | 57629 | 43054 | 133 | 64 | — |
| 宁夏 | 37326 | 16544 | 926 | 72 | — |
| 新疆 | 240662 | 66295 | 27697 | 3514 | 305 |

资料来源：根据《中国劳动统计年鉴—2008》第481页数据计算整理所得。

表7—3　西部地区就业培训中心培训学生获得各级资格证书比例（2007年）

单位：%

| 地区 | 获取初级职业资格证书人数比例 | 获取中级职业资格证书人数比例 | 获取高级职业资格证书人数比例 | 获取技师和高级资格证书人数比例 |
|------|------|------|------|------|
| 全国 | 0.367 | 0.084 | 0.009 | 0.004 |
| 东部 | 0.391 | 0.099 | 0.016 | 0.006 |
| 西部 | 0.369 | 0.051 | 0.005 | 0.003 |

资料来源：根据表7—2整理计算所得。

　　表7—1及表7—2显示，全国及西部地区都建立起了一定数量的就业培训中心，而且培训了相当数量的劳动者，其中包括一定数量的农村劳动者，并实现了转移就业。但整体来讲西部地区的就业培训中心师资、硬件设施等方面都较弱，表7—2和表7—3表明，西部地区培训毕业生中获取初级、中级、高级及技师和高级技师资格的人数比例均不如东部和全国平均水平。

表7—4　西部地区民办职业培训机构基本情况（2007 年）

单位：人

| 地区 | 职业培训机构个数 | 在职教职工总人数 | 兼职教师 | 培训人数 | 结业人数 | 其中：培训农村劳动者 | 就业人数 | 农村劳动者就业人数 |
|---|---|---|---|---|---|---|---|---|
| 全国 | 21811 | 255292 | 84638 | 10380217 | 9674440 | 4136569 | 7184380 | 3534572 |
| 西部 | 4423 | 57490 | 19837 | 2367815 | 2133671 | 1006781 | 1423641 | 761612 |
| 内蒙古 | 284 | 2055 | 1123 | 78966 | 74267 | 22396 | 43976 | 16581 |
| 广西 | 363 | 6489 | 1789 | 259003 | 222960 | 126300 | 162034 | 99654 |
| 重庆 | 630 | 6188 | 2626 | 443064 | 407633 | 171615 | 311579 | 133309 |
| 四川 | 1417 | 14374 | 4949 | 680514 | 629383 | 345431 | 452080 | 289490 |
| 贵州 | 288 | 6013 | 2704 | 199301 | 182048 | 117441 | 115420 | 80615 |
| 云南 | 489 | 8423 | 2501 | 282926 | 257905 | 98193 | 119193 | 42321 |
| 西藏 | 32 | 323 | 122 | 5453 | 4788 | 2539 | 3271 | 1525 |
| 陕西 | 121 | 6582 | 1161 | 97050 | 57330 | 19493 | 46716 | 32701 |
| 甘肃 | 412 | 3224 | 1284 | 106492 | 93869 | 23209 | 47892 | 24579 |
| 青海 | 79 | 534 | 207 | 55125 | 55021 | 37473 | 44497 | 18257 |
| 宁夏 | 44 | 519 | 133 | 20117 | 15725 | 6762 | 9278 | 4360 |
| 新疆 | 264 | 2766 | 1238 | 139804 | 132742 | 35929 | 67705 | 18220 |

资料来源：根据《中国劳动统计年鉴—2008》第 484~485 页数据计算整理所得。

表7—5　西部地区民办职业培训机构培训学生情况（2007 年）

单位：人

| 地区 | 培训人数 | 结业人数 | 获取初级职业资格证书的人数 | 获取中级职业资格证书的人数 | 获取高级职业资格证书的人数 | 获取技师和高级技师资格证书的人数 |
|---|---|---|---|---|---|---|
| 全国 | 10380217 | 9674440 | 2732273 | 1746196 | 298687 | 54512 |
| 东部 | 5560332 | 5219476 | 1539109 | 990674 | 213906 | 38869 |
| 西部 | 2367815 | 2133671 | 666332 | 354981 | 49802 | 6713 |

| 地区 | 培训人数 | 结业人数 | 获取初级职业资格证书的人数 | 获取中级职业资格证书的人数 | 获取高级职业资格证书的人数 | 获取技师和高级技师资格证书的人数 |
|------|---------|---------|------------|------------|------------|------------|
| 内蒙古 | 78966 | 74267 | 9854 | 10781 | 963 | 486 |
| 广西 | 259003 | 222960 | 86618 | 18682 | 2732 | 487 |
| 重庆 | 443064 | 407633 | 72973 | 93077 | 55 | 3321 |
| 四川 | 680514 | 629383 | 161016 | 93520 | 10978 | 551 |
| 贵州 | 199301 | 182048 | 132082 | 13410 | 10274 | 27 |
| 云南 | 282926 | 257905 | 93209 | 59019 | 604 | 1363 |
| 西藏 | 5453 | 4788 | 4788 | — | 19153 | — |
| 陕西 | 97050 | 57330 | 17487 | 29362 | 2203 | 24 |
| 甘肃 | 106492 | 93869 | 9947 | 12683 | 935 | |
| 青海 | 55125 | 55021 | 28255 | 100 | 54 | |
| 宁夏 | 20117 | 15725 | 7397 | 271 | — | |
| 新疆 | 139804 | 132742 | 42706 | 24076 | 1851 | 454 |

资料来源：根据《中国劳动统计年鉴——2008》第485页数据整理所得。

表7—6 西部地区民办职业培训机构培训学生获得各级资格证书比例（2007年）

单位：%

| 地区 | 结业人数比例 | 获取初级职业资格证书人数比例 | 获取中级职业资格证书人数比例 | 获取高级职业资格证书人数比例 | 获取技师和高级技师资格证书人数比例 |
|------|---------|------------|------------|------------|------------|
| 全国 | 0.932 | 0.282 | 0.180 | 0.031 | 0.006 |
| 东部 | 0.938 | 0.295 | 0.190 | 0.041 | 0.007 |
| 西部 | 0.901 | 0.312 | 0.166 | 0.023 | 0.003 |

资料来源：根据表7—5整理计算所得。

　　表7—4及表7—5显示，全国及西部地区都具有一定数量的民办职业培训机构，而且也培训了相当数量的劳动者，其中也培训了一定数量的农村劳动者。但整体来讲西部地区的民办职业培训机构所培训人员中的结业人数比例及其获取高级及技师和高级技师资格的人数比例均不如东部及全国平均水平，但初级及中级比例高于全国及东部地区的平均水平如表7—3所示。这表明我国西部民办职业培训机构的培训效果不如东部及全国平均水平。

表7—7　西部地区职业技术培训机构基本情况（2007年）

| 地区 | 学校数（所） | 教学班（点） | 结业生数 | 教职工数 |
|---|---|---|---|---|
| 全国 | 178900 | 639177 | 60031763 | 528002 |
| 西部 | 65367 | 167495 | 20170938 | 148248 |
| 内蒙古 | 3624 | 6474 | 642528 | 9358 |
| 广西 | 4520 | 12641 | 2579172 | 32351 |
| 重庆 | 5526 | 20024 | 1907033 | 8048 |
| 四川 | 8910 | 30653 | 2980736 | 20066 |
| 贵州 | 11747 | 19514 | 2562038 | 31749 |
| 云南 | 11385 | 39392 | 5137352 | 4233 |
| 西藏 | — | — | — | — |
| 陕西 | 13051 | 23405 | 1668678 | 26380 |
| 甘肃 | 3880 | 8221 | 924083 | 11374 |
| 青海 | 916 | 1255 | 173477 | 1122 |
| 宁夏 | 287 | 500 | 51930 | 714 |
| 新疆 | 1521 | 5416 | 1543911 | 2853 |

资料来源：根据《中国教育统计年鉴—2007》第428~429页数据整理所得。

表7—8　西部地区职业技术培训机构资产情况（2007年）

| 地区 | 图书藏量（册） | 教学用计算机（台） | 语音实验室座位数（个） | 教学实习仪器设备资产值（万元） |
|---|---|---|---|---|
| 全国 | 186190706 | 774739 | 298229 | 1975122.53 |
| 东部 | 145033482 | 507751 | 176530 | 1096672.23 |
| 西部 | 21835788 | 103393 | 54940 | 73164.06 |
| 内蒙古 | 1387009 | 7341 | 4559 | 7030.94 |
| 广西 | 1451849 | 3643 | 2223 | 7030.94 |
| 重庆 | 1237535 | 7490 | 4752 | 4078.61 |
| 四川 | 4663719 | 37106 | 7755 | — |
| 贵州 | 1549630 | 7703 | 9340 | 6036.40 |
| 云南 | 862053 | 2624 | 918 | 2553.37 |
| 西藏 | — | — | — | — |
| 陕西 | 7992111 | 23667 | 15274 | 31541.88 |
| 甘肃 | 924472 | 11366 | 3368 | 10724.68 |
| 青海 | 41674 | 588 | 129 | 203.02 |

| 地区 | 图书藏量（册） | 教学用计算机（台） | 语音实验室座位数（个） | 教学实习仪器设备资产值（万元） |
|------|--------------|------------------|---------------------|--------------------------|
| 宁夏 | 24583 | 77 | 280 | 306.30 |
| 新疆 | 1701153 | 1788 | 6342 | 3657.92 |

资料来源：根据《中国劳动统计年鉴—2007》第436、437页数据整理所得。

表7—7及表7—8从西部地区职业技术培训机构的学校数、教学班、结业生数、教职工数及其图书藏量、教学用计算机、语音实验室座位数、教学实习仪器设备资产值等指标都不如东部地区，而且培训条件方面的指标差距还较大。培训条件的差异自然表现出培训效果的差异。

从表7—1至表7—8均能表明，我国西部地区已经建立起一批专门用于农民培训的职业教育与培训机构，并已经培训了一大批农村劳动力，还部分实现了培训后就业。但是，从前文6.2节对我国西部农村职业教育质量分析中得知，我国西部农村职业教育质量低下。同样，对涉及我国西部农民培训的专业培训机构的培训条件及培训人员获得的技能证书等级情况来看，同样得出我国西部农民培训质量较差的结论。

## 7.3  中国西部农民培训质量调查分析——以四川省邛崃市为例

课题组于2006年6月对四川省邛崃市及其24个乡镇的部分农民和相关部门对农民培训的情况进行了调查和访谈。

通过对涉及农民培训的相关部门及参与过培训的农民和失业人员的调查走访，从政府已有的培训方式、管理体制和人员、培训对象和方向、经费来源和管理、培训的效果等方面收集到了比较全面真实的情况，结果分析如下。

### 7.3.1  政府提供培训的情况分析

1. 政府提供的农民培训方式情况

目前邛崃市对农民（包括城镇失业人员）的培训方式主要有三种。（1）初级培训。也称引导性培训，主要针对农村富余劳动力，引导农民转变观念，引导农村富余劳动力就业，教给他们城市生活常识以及打工过程中自我保护和应该注意的问题等。（2）中级培训。主要是在技能方面进行深入性、实用性强的培训，增加普通民工的技术含量，所教内容的实用性强，包括电脑、厨师、美容、家电维修、缝纫等技能培训课程。（3）高级培训。也称创业培训，主要分为两类：一类是 SOAB，即创业的企业培训；另一类是 SIYB，即改善企业、培养企业小老板、带动人就业培训。创业培训不仅可以帮助被培训者就业，还可以带动一部分人就业。

2. 与农民培训相关的机构及专兼职人员情况

农民培训工作在政府机构中对应的管理机构是人事与劳动保障局一级局下属的二级局——就业局。邛崃市目前有一个教育培训中心（属市就业局管），十个培训专业基地。培训中心的教师由专职培训教师和兼职培训教师构成，其中专职培训教师是现有教师队伍中的教师，如职高、电大的教师等，兼职培训教师则是根据实际需要临时从成都市聘请的相关专业教师。十个专业培训基地都是社会创办，符合条件的由就业局按照一定的执业条件给其颁发培训资格执照。

培训的具体操作程序是，由就业局或其他行业管理部门、乡镇、社会培训机构提出申请，由就业局审批，就业局或其他行业管理部门、乡镇、社会培训机构组织人员，就业局设计或确定课程，就业局安排或聘请教师上课办班。

3. 培训对象情况

该市以前主要是下岗职工培训，近年来专门针对农民的培训在不断增加，包括 2002 年开始对失地农民开始进行的免费培训，2004 年开始对农村富余劳动力进行的免费培训，2005 年开始对所有失业人员包括农村剩余劳动力进行的免费培训。培训对象必须符合下列条件：男 60 岁以下，女 55 岁以下，有就业愿望者。其中，参加高级培训者，必须是初中以上学历。各培训基地免费培训班的学员就业率达到 60%，培训班才算合格，下期才批准开班。

4. 农民培训的经费来源构成、具体支付方式、管理模式经费来源主要有：国家的再就业基金、扶贫基金等，成都市政府的资金投入、邛崃市政府的资金投入等。还有两种其他辅助的来源方式：用人单位对其急需的技术工人的培训给予部分资金支持、培训机构让利（即对政府统一培训降价收费部分）。但目前总体上经费较为宽裕。

具体支付方式是政府筹集的培训经费并不直接发放给农民，而是按培训机构实际培训的人数按人头支付给相应的培训机构。培训机构培训农民后必须由就业局对培训对象进行考核，考核合格后再按人数支付给其70%的培训费，其余30%的培训费用则要等培训人员达到就业比例标准后再支付给培训机构，即培训机构每班次培训人员必须达到60%的就业率才能获得剩余30%的费用。

通过政府把培训经费全部支付给培训机构，培训机构对农民实行全免费培训，教材、实习的原材料等开支均由政府统一提供。另外，引导性培训的时间一般为5天，政府还出资为学员提供每天5元的午餐补助。但是，每人只能对以上三级培训各享受一次免费培训。

以上政府筹集的培训经费作为专项资金，采取财政统一管理的模式集中报销使用。

5. 已实施培训的主要专业技能方向情况

在已举办的政府免费培训班次中，主要的专业技能方向有10余个，如客房服务、餐厅服务、竹编技术、电脑技术、厨师技术、美容技术、家电维修技术等。

在2004年实施的培训中，主要采取的是订单培训和定向培训，其培训效果较好。定向培训是根据市场上的就业行情变化情况，来决定实施培训的专业技能方向，如现在的缝纫工；而订单培训则是根据企业的实际需要来开展培训，如省外输出地饭店企业需要的餐饮、客房服务人员，鞋业企业需要的缝纫工培训等，此类技能型培训的时间一般为20天至一个月。从订单培训的情况来看，实施培训后农民的转岗就业率较高，受到企业的欢迎。

6. 已培训人次情况

该市2004年共计有5000多人参加了技能培训，20000多人参加了引导性培训；2005年共计有8400多人参加了技能培训，26000多人参加了引导性培训，340多人参加了创业培训。经过培训后的人员转岗就业率较高，其中技能型培训的就业率一般在60%以上，未具体按农民、失业人员、自主创业人员分别进行统计。

### 7.3.2　农民的培训意愿分析

课题组具体调查走访了邛崃市金河村、金华山村、安乐村、与邛山市接近的芦山县大川镇的部分农民和平乐镇居民200余户，具体了解了他们关于政府对农民进行培训的参与情况和意愿。

通过对200余户近300人的实地访谈，并对访谈结果进行归纳统计，得到如下结果：愿意参加政府组织对农民的培训的人占到受访人数的66.67%，但有50%以上的人只愿意接受政府的免费培训，而只有16.67%的村民愿意自己支付少量的费用来接受培训。另外，33.33%的受访对象则表示不愿意或没兴趣接受政府培训。

在对农户的访谈中，涉及的问题主要有：所需要的专业技能；希望的培训方式；是否愿意付费培训、能够接受支付多少培训费用、占家庭支出的比例；家里已接受培训的人次、受培训的专业、受培训的形式；现从事的职业、如果是非农职业属于哪个产业；家庭主要收入来源；2005年家庭收入情况、家庭支出情况、家庭存款情况；家庭总人口数、学历构成；是否群居对象。通过对以上9个方面，近20个问题的访谈，得出如下结论。

（1）农户希望培训的专业技能主要有车床、模具、修车、美容、美发、厨师、皮鞋加工、墙面粉刷、酒店管理、餐厅服务、电脑、家政服务、家电维修、电工等。

（2）农户希望的培训方式主要有现场培训、私人培训、跟师傅培训等。分析还发现，回答希望的培训方式与所需要的专业技能紧密相关，基本符合适应不同专业技能的不同培训方式的特点。

（3）当问及是否愿意付费培训时，回答愿意的只有15%左右，大部分受访农户只愿意接受政府提供的免费培训；在愿意付费培训的农户中，回答每次培训在100~200元之间的人员较多，而回答300元以上的人员较少；当问及愿意付出的培训费用占家庭支出比例时，大部分回答在10%~20%

之间。

（4）当问及农户家里已接受过培训的人次时，只有 25% 左右的人回答家里有一人次及以上接受过培训，而大部分家庭还没有一人接受过培训；接受过培训的家庭所受培训的专业主要有美容美发、皮鞋加工、制仿瓷材料等；而培训方式主要有课堂教学、基地培训、跟师傅学等。

（5）当问及现在从事的职业时，大部分回答为家中务农，而只有不到 20% 的人回答是从事第三产业，少数回答家中有人在工厂上班。

（6）当问及家庭主要收入来源时，回答种地的人约占 70%，回答打工的人约 30%，其中回答打工的农户中大部分为接受过培训的农户。

（7）受调查农户的家庭年收入普遍不高，回答上万元家庭收入的只有不足 10%，而回答 2000~3000 元之间的家庭占 70% 左右，表明受访户的家庭收入不高，主要还是依靠农业种植收入，这与上面回答在家种地的农户约占 70% 基本一致；而大部分家庭支出都用于吃饭穿衣等家庭基本开支，用于生产发展的家庭支出比例较低，而用于技能培训的钱就更少，这与他们期望得到免费培训的回答一致；回答家庭存款时，大部分人不愿意透露，在回答的人中也大部分在 2000 元以下。

（8）当问及家庭总人口数时，回答总人口数 3 人的家庭占 30%，回答 4 人的占 42%，回答 3 人及以下和 5 人及以上的占 28%，表明受访户家庭人口数主要集中在 3~4 人，农村家庭子女普遍为 1~2 人，计划生育成效明显；家庭学历构成方面，以家庭学历即家中最高学历来看，77% 的家庭学历为初中毕业，而职高或高中的只有 15%，其他的为 8%。

（9）问及是否愿意群居时，只有 5% 左右的人不愿意集中居住，而 95% 的人愿意集中居住，希望能够通过集中居住改善生产生活条件，并希望加快社会主义新农村建设速度。

### 7.3.3　对政府提供培训宣传力度情况的了解分析

访谈中，课题组还针对政府提供的培训，特别是免费培训的宣传力度进行了走访，通过对当地村民的访问调查，得出知道政府提供培训的占 98% 左右，知道政府提供免费培训的占 64% 左右，表明政府对于农民培训的宣传力度较大，并收到了较好的效果。

### 7.3.4 对西部农民培训的深层次分析

通过对我国西部农村地区开展的农民培训情况的调查分析及西部农民培训意愿的调查分析来看，我国西部农村地区正在开展的农民培训在培训方向、培训方式、免费培训等方面基本符合农民的培训意愿。但是，现在提供的农民培训数量、农民培训质量方面还存在一些问题。

（1）通过对西部农民培训所需要的专业技能的统计分析，发现我国西部农村劳动者主要希望得到的培训方向是技能型培训，并希望通过培训掌握一技之长，能够很快改善自己家庭的就业现状，这与政府提供的技能型培训基本一致，也表明对他们意愿的分析结果反映了真实情况，因为他们希望成为专业技术工人，而不是成为管理者。

（2）通过对农村劳动者希望的培训方式的统计分析，发现他们提出的培训方式与政府现在所提供的培训方式是基本一致的，并对传统的师傅带徒弟的培训方式比较接受。

（3）对于付费培训的问题，大部分农民不愿意接受付费培训，即便愿意的也是较小额度，这是由我国西部农民的家庭收入状况决定的，因为他们的收入主要来源于传统的农业种植收入，收入水平低，只能基本满足生活需要，基本没有什么存款，无法承受继续学习和发展支出，因此针对我国西部农民的培训应主要依靠政府提供的免费培训。

（4）从家里已接受培训的人次、受培训的专业、受培训的形式等情况统计分析来看，我国西部农村劳动者接受培训的还不多，政府提供的培训在数量上还不能满足广大农民对培训的需求，各级政府特别是中央政府应通过转移支付为西部农民提供更多的接受培训的机会，对他们进行人力资源开发。从家庭总人口数和学历构成情况来看，我国西部农村广大家庭人口在3~4人，劳动力在1~2人，总体上家庭学历不高，需要通过培训来提高他们的素质和增加他们的收入。

（5）从学历构成来看，低学历由于自身的知识和竞争力不够强，参加培训的意愿相对于较高学历（高中或大学）更加强烈，而且表现出愿意付费培训。说明村民对知识就是生产力的认识还是比较深刻的，对自身的文化程度不足的认识也比较深刻，希望自己拥有更多的知识和实用技能，增强自己参与生产的能力。

（6）个人意愿方面，从对受访对象的个人意愿情况统计结果来看，大部分村民为了提高自身的从业技能从而增加收入还是愿意接受培训的，特别是希望政府提供更多的免费培训。在愿意接受培训的村民中，基本上以年轻人为主，并希望通过培训提高实用技能。但基本上不愿意去较远的地方参加培训，而是希望在离家较近的地方进行培训，并希望培训后能够就近就业。而对于培训期限，则希望尽可能是免费的短期培训，并希望通过短期培训就能学到真正的实用技术。对于不愿意或没有兴趣参加培训的受访对象，究其不愿意的原因，有的认为自己年龄较大，头脑和手脚都不如年轻人好用，知识的掌握吸收也比较困难和缓慢，没有必要再去浪费时间进行培训。除了年龄偏大的因素外，拥有比较稳定收入职业的人也表现出不愿意接受培训，这说明当地农民仍然缺乏积极进取的决心和态度，一旦自己生活工作比较稳定，就很容易安于现状；认为政府培训流于形式，不相信能够真正学到知识技术仍然是受访对象不愿意参加政府组织培训的重要原因之一。但是，几乎所有受访者都愿意让自己的子女接受培训，哪怕是付费的。这表明虽然我国西部农户家庭经济并不宽裕，靠农活和外出打工的钱维持生存，生活负担重，没有多余的开支可以用在培训上，但还是愿意将钱用在孩子的教育上，把希望全部寄托在下一代身上，反映西部农民并不是没有竞争学习的意识，只是由于自身的众多因素制约而没法选择培训，却把这种机会和希望都倾注在下一代身上。

（7）是否愿意参加培训方面，从以上调查可以看出，政府组织农民进行培训，大多数人还是愿意参加。但由于我国西部广大农民的生活压力大，家庭经济条件并不宽裕，更多的人希望接受免费的职业技术培训，并通过培训来增强自己的技能和竞争力。同时，家庭因素又让西部农民普遍倾向于在离家较近，照顾家庭比较方便的地点进行时间比较短的免费培训，还希望以后的就业也能离家近一些，这是符合农民传统的思想意识观念的。愿意接受培训，说明大部分人的思想还是积极上进的，对于人才的价值有着比较正确的认识和认同，这十分有利于我们进行农村人力资源开发。

与此同时，仍然有一部分农民不愿意接受政府组织的培训，哪怕是免费的。年龄偏大、思想落后、安于现状、对政府的不信任……这些都是造成这种结果的重要原因，也是我们开展农村人力资源开发的主要障碍。对此，我们应该认真分析，积极做好农村人力资源开发的宣传工作，努力纠正广大农民错误的、消极的观念，通过不断认真地执行各项培训计划，大力推广人才计划和宣传典型，让广大农民实实在在地看到政府的工作成效，建立起对政府工作的信任感，扭转偏见，从而主动积极地参与到农村人力资源开发中。

开展农民培训是西部农村存量人力资源开发的重要途径，而提高农民培训的质量是提高存量人力资源开发质量的关键环节。调查发现，我国正在开展的农民培训存在培训数量不足、培训质量不高等问题。调查同时发现，已有的政府初级、中级与高级培训，专业化程度较低，培训市场不健全，专业化的培训机构和人员缺乏，培训内容不适用、不系统、效果差，大多数农村劳动力不太接受。

因此，应不断健全西部农村人力资源培训体制，完善培训机制，创新培训模式，改革培训评价体系，切实提高农民培训实效。

## 7.4　提高西部农民培训质量的途径与措施

提高西部农民培训的专业化、市场化程度，逐步形成政府、用人单位、农民多渠道出资，专业机构培训，专业机构考核，农村劳动力积极参与的培训体系是提高西部农村存量人力资源开发质量的重要途径。

### 7.4.1　健全我国西部农村人力资源培训体制

我国西部农村地区普遍拥有较多的剩余劳动力，加之现代农业规模化、集约化经营，这一现象尚有上升趋势，这是西部经济发展的重要资源，必须通过培训，将西部农村人力资源优势转变为人力资本优势，并配合当地经济发展，培育壮大与当地资源相适应的经济组织，通过就地转移与异地转移，有计划、有组织地将西部地区的农村人力资源转化为人力资本，这是当今中央政府与西部各地方政府的重要责任，也是西部建设社会主义新农村实现二十字总体目标的关键环节。

首先，应建立"以县为主"的农村人力资源培训管理体制。我国农村劳动力培训体制包括中央到地方各级政府职能的发挥，必须统一思想，明确目标，各司其职。对于我国西部农村存量人力资源的开发，只有通过增加人力资本的质量投入，采取多种形式的综合素质培训与专业技能培训，包括思想观念转变的培训，通过就地转岗与异地转移等多种途径与方式，建立政府的人力资源转移服务公司或中介组织性质的劳务服务公司、劳务输出公司等机构，走培训与就业、服务一体化的农村人力资源综合开发道路，增加农村劳动力的组织化程度，保障广大农民的权益，从而提高培训实效，增加农民收入。其中，必须明确政府、农民与培训、就业、转移等中介机构的地位和作用，从而将专业化的培训、专业化的转移与政府的服务分开，转变政府职能，建立科学高效的农村人力资源开发机制。政府应从直接组织农村劳动力培训转为健全和规范培训市场，制定政策扶持专业培训机构、培训人才和培训基地，完善培训考核体系，购买农村劳动力培训服务；专业培训机构应具有一定资质，制定适应各种层次的、系统的、有针对性的培训方案，建立培训实践基地，聘请有资格的专业培训人员，提供特色化、专业化的培训产品；专业考核机构则应根据科学的农村劳动力培训考核体系，对培训机构提供的产品进行考核，并为政府购买培训服务提供决策依据；农村劳动力应主动转变观念，积极参加培训，不断提高自身综合素质和专业技术能力，培养竞争意识，成为建设社会主义新农村的主体。

我国农村人力资源培训应建立"以县为主"的管理体制，在各级劳动人事部门设立专门机构，由专人负责管理，并在乡镇一级设立专人负责联系此项工作。市级及以上劳动人事部门农村人力资源管理机构及专门人员，根据本区域内经济发展实际，负责本区域范围内的劳动力及农村劳动力的统一规划，制定促进农村人力资源培训与就业的有关政策措施，并监督实施，负责统计与分析本区域农村人力资源结构变化，以及制定相应的对策等。县级劳动人事部门农村人力资源管理机构及专门人员，应根据本地经济发展的实际，有针对性地组织和购买多种形式的培训，并根据本地财政与农村人力资源情况，制定农村人力资源培训的具体实施文件，并组织实施。乡镇农村人力资源管理人员应掌握本地农村劳动力情况，并按县级管理部门的要求组织人员参加培训。另外，各级政府应制定政策鼓励民间资本与机构、协会等从事农村人力资源的培训与输出等工作，作为政府培训的有力补充。这样形成一套完整的农村人力资源培训机构体系，从体制上为提高农村人力资源的质量提供保障。

其次，应建立政府主导、多方筹措、专款专用的农村人力资源培训投入体制。即应以中央和省级财政转移支付为主，多方筹集，县级成立农村人力资源开发基金，统一管理、规范使用。在西部农村地区普遍经济不发达的情况下，为了广泛提高农村存量人力资源质量，提高劳动生产率，应主要依靠各级财政从宏观层面增加人力资本质量投入，这也是实施智力扶贫计划的较好方式。经课题组对西部某农业大市的政府机构及 200 余户居民的调研发现，广大农民参加技能培训的意愿比较强烈，但支付费用的意愿金额则比较低。该市近年已投入的 700 万元农民培训费用中 90% 来自中央、省及市级财政，只有 10% 来自于参与农民培训的企业，对农民而言则全是免费，甚至给参加培训的农民提供误工补贴。随着我国经济的持续快速增长，加之现有的财税体制，使得中央财政及其部分省、市级财政收入增长较快，而农村人力资源培训的任务则主要由县级及以下政府负责，因此市级及以上劳动人事部门应加大转移支付力度，通过设立农村劳动力培训专项补贴，或以奖代补等方式来弥补贫困地区县级财政的不足，资助县级农村人力资源培训。地方财政应设立专项农村人力资源开发基金，通过本级财政按比例拨款与向上级部门申请培训专项补贴经费，并广泛吸收社会资金不断壮大基金，出台相应政策措施保证专款专用。市级以上各级财政则应有专门经费，以多种方式鼓励县级政府组织各种灵活多样、具有实效的农民培训。

最后，要建立健全一套完善的农村人力资源培训体系。这个培训体系应包括基础教育、成人教育、职业技术教育和与时俱进的终身教育。体制的建立，政府要重视，企业要投入，农民要参与。在保证足量的政府资金投入和企业技术支持加资金补贴的基础上，最重要的是要从根本上转变接受培训农民的观念，这是培训体制能否建立起来的关键。转变农民的观念不是件容易的事情，不能靠一味的劝说，应该用事实证明给农民看，接受培训的确可以增收，让生活过得更好。

## 7.4.2  完善我国西部农村人力资源培训机制

总体上讲，我国西部农村地区的农民培训应建立政府扶助、面向市场、多元办学的培训机制。

第一，应完善培训主体机制。农村人力资源培训机制的建立和创新是达到培训目标的重要环节。理顺组织体系和职责分工，做好政策制定、总体协调、资金筹集、督促检查等工作。各有关部门按分工抓好落实，人事劳动部门重点抓好劳动技能的培训，农业部门重点抓好农业实用技术的培训，教育部门重点抓好劳动预备培训，经贸部门重点抓好本地用工的培训，各个部门积极配合形成合力。乡镇则具体负责培训的宣传发动、组织实施，包括制订计划、建立基地、开展招生、组织教学等。各类职业培训机构要在相关部门的指导和乡镇的配合下，充分利用其师资、设备等方面的优势，发挥培训主阵地作用。职教着重培训劳动技能，成教侧重培训文化知识，中介机构主要提供就业信息，三大载体既各司其职，又相辅相成。整合农村各类教育机构，充分发挥现有的农业大中专院校、职业中学、农业广播电视学校、各类培训、教育基地，特别是农业职业教育培训中心的作用，开展多种形式、不同专业的定期与不定期培训或短训，利用现代网络与信息技术教育，构筑农民终身教育体系，是职业成教的重要使命。同时，搞好中职、高职、研究生教育的衔接，推动农村人力资源开发的可持续发展。

由于农村人力资源的开发关系着我国经济与社会的健康发展，所以应建立以政府为主，民间资本与民间机构参与为辅，广大农村劳动力积极参与的培训机制。为了建立起农村人力资源开发的长效机制，政府应通过政策手段扶持一批专业培训机构和培训基地，特别是建立一批现代农业技能培训基地，充分发挥本地区高等教育机构的社会服务功能，培育一批专业从事人力资源开发，特别是农村人力资源开发的专门中介机构和组织，并通过政府购买培训的方式，或上级政府购买后送培训的方式，逐步实现农村人力资源培训的专门化，提高培训的针对性、适用性。

第二，应创新培训方式。现有的政府组织请专家教学的培训模式往往流于形式，参加培训的农民少，收效不明显，进而又影响了广大农民群众参与培训的积极性，甚至影响政府形象。因此，地方政府应注意结合本地经济发展实际，与本地龙头企业、招商引资企业的需要相结合，特别是针对农业龙头企业及农业产业化发展的需要，突出地方特色产业，有针对性地开展企业所急需的农业技术工人培训。在农村劳动力的培训方式创新方面，应借助当地高等教育机构扶持一批专业的中介人力资源培训机构和组织，通过他们设计科学、合理、系统的培训内容，采取广大农民能够接受的喜闻乐见的培训方式，通过专家授课增加权威性和专业性，提高广大农民群众的参与积极性，政府则通过考核来决定是否支付专业培训机构以培训费用和向培训对象发放技能证书。通过专业机构的专业培训，结合各地的产业集群化发展与城镇新增劳动力培训、土地征用与失地农民培训、社会主义新农村新居建设与失地农民培训、项目工程及招商引资与扩大就业培训、移民项目与移民对象培训等专项培训项目。再辅之以专业合作组织、农业协会，农产品或其他工业加工企业免费提供的助学培训和农民相互之间的自学培训。通过充分运用政府主渠道购买提供的培训与民间补充培训相结合的机制，为提高农村劳动力质量与增加就业提供更多更好的机会，提高农村劳动力资源对西部经济增长的贡献。

第三，应完善培训投入机制。完善"政府主导、各方筹措"的培训投入机制，进一步开拓农民培训的资金来源，通过财政拨一点、乡镇出一点、部门凑一点、向上争取一点、培训机构让一点、个人交一点等多条途径筹集资金，多方联合壮大农民培训基金，并保证培训经费的专款专用。要积极鼓励企业、学校、科研单位和农民合作组织等开展农民素质培训。通过制定激励政策，采取积极有效措施，吸引更多的投资者、民间机构和个人把更多的资金投向农村，兴办农民职业教育。针对西部地区的农民培训，其经费来源和保障目前应以政府投资主导为主，但也应逐步过渡到由政府、社会（企业）、家庭个人分担的投入机制。经济学理论认为，投资负担必须坚持受益原则和能力原则，即谁受益谁负担；谁占有的国民收入多，谁就有能力负担。因此，各级政府每年都要拿出一定比例培训基金，以县为单位建立农民工培训基地，基金由县政府劳动部门管理，设立账户，专款专用，确保专项基金用于培训农民工职业技能，努力提高农民工的科技文化和技能水平，最好做到"订单培训"。在资金方面，还可以考虑投融资机制，广辟财源，吸引社会力量办学，建立多元化投融资渠道。在加大政府投入，广开财源的同时，对于已经踏出校门结束义务教育的农村存量人力资源来讲，继续教育培训的受益者最终是他们，他们的家庭、个人也负有承担培训费用的义务。职业技术教育和成人教育要逐步建立起财政出一部分，社会筹措一些，农民个人拿出一点的办法来保障经费的来源。西部各级农村政府不能把重视农民的继续教育培训停留在口头上，而是应该努力加大对农村继续教育培训的投资，通过立法的形式为农村的人力资源培训工作建立起长期稳定的财政支付渠道，保证继续教育的健康发展。还可以引入市场机制，多渠道筹措资金，支持培训工作。要通过出台优惠政策，鼓励民间资本投资培训，多种方式筹措资金，逐步实现农村培训经费来源多元化。与此同时，政府也要积极研究制定农民继续教育收费减免政策，努力降低农民的学习成本，从而保证稳定的培训生源，真正使农民在继续教育和职业技术培训中受益。对于起步较晚的我国农村人力资源培训，目前应以政府投入为主体，逐步引导民间机构和资金进入到这一领域。另外，管理培训经费要实行制度化。对于在继续教育和职业技术培训中政府所承担的那部分专项培训费用应有具体充足的来源，要符合WTO"绿箱"政策，这也是公共财政的扶持方向。要认真落实中央一号文件精神，把农民培训纳入财政预算，并根据实际需要，逐年增加投入。经费可由市一级农委统一管理使用。政府的专项经费还应按培训任务拨付，各培训基地应实行严格的经费管理制度，保证人力资源培训经费的充足和稳定。

第四，我国西部农村人力资源的开发是一项长期而艰苦的系统工程，因此在建立健全农村人力资源培训体系之外，还必须建立市场化运作的农村人力资源培训长效机制。通过在广大农村建立学习型组织，营造学习氛围，树立学习观念，培养学习风尚，养成学习习惯，打造新的知识平台。同时，建立长效机制，要多元化、全方位地开发西部农村人力资源。全面系统地开发西部农村人力资源，整体提升农民的素质和能力，必须通过各项政策和得力措施及各种有效的形式，建立学习长效机制才能得以实现。

全方位构建农民素质培训新体系。切实抓好三个衔接：一是农民的培训需求和培训机构的培训能力相衔接。列出包括机构、工种、费用和教师等相关内容的农民素质培训"菜单"，发给农户，让农民自己"点菜"，转变农民想学无处学、培训机构有力无处使的尴尬局面。二是短期和中长期培训相衔接。坚持多样化办学，把学历教育和短期培训相结合，全日制教育和函授教育相结合，职教与成教相结合。农民素质的短期培训见效快、成效好，能较快地提高劳务输出率；而中长期培训能培养知识更全面、技能更优秀的农村劳动力，是打造劳动力品牌的重要手段。三是职介中介机构和培训机构的衔接。培训机构要在培训质量上下工夫，职介中介机构要在广纳就业信息上下工夫，双方要加强沟通密切合作，努力使农村劳动力培训既"适销对路"又"产销两旺"。

### 7.4.3　创新我国西部农村人力资源培训模式

调查发现，目前我国针对农村人力资源培训的类型主要有初级培训、技能培训与高级培训，其培训内容大体上可分为提高综合素质的培训与专业技能培训两大类。初级培训为转变农民观念的培训，中级培训为实用技术培训，高级培训则主要是自主创业培训。采取的主要培训方式有政府自主培训、政府委托培训、企业委托培训、订单培训、项目培训、经营培训、转产培训等。调查还发现，现有的培训方式主要是政府组织，请有关专家或政府职能部门官员进行讲座性质的培训，培训内容系统性不强，操作性也较差，加之农村群众常常与当地干部之间具有抵触情绪，所以现有的培训往往流于形式，参加培训的农民少，而且收效也不明显，进而又影响了广大农民群众参与培训的积极性，甚至影响政府形象。

我国西部农民培训已经形成了六种比较成熟的模式，即："学校＋公司＋农户＋客商"的生产经营培训模式；多层次人才培养服务模式；"农职学校＋专业产业协会＋农户"的专业化培训模式；县乡村户四级网络培训模式；就业兼升学培训模式；农村教育"三教统筹"，服务"三农"的培训模式。以上农民培训模式几乎都是依靠政府及教育部门实施为农服务的，取得了一定的成效，但这仍然还不够，必须寻求一种政策统筹、农科教紧密结合、直接为农服务的有效的人力资源培训体系。在我国农村，尤其是针对教育相对落后的西部地区，在考虑人力资源培训模式的时候，可以根据我国农民可能的学习途径来进行构建，创建有中国特色的农村人力资源培训体系。首先，在加大政府对教育投资力度的同时，应调整教育投资结构，重点转向基础教育。其次，针对农村的成年人，构建农村成人教育体系，包括：一是村级教育，即开展扫盲运动；二是镇级教育，即开展农业实用技术培训；三是社会教育，即以农业大中专院校为主，采用函授或委培等方式培养农村的高层次人才。

### 7.4.4　改革我国西部农村人力资源培训评价体系

农村人力资源培训体制、机制的建立，培训模式的创新都涉及评价体系的建立，只有高度重视对培训效果的评价，建立一套科学适用的培训考核和评价体系，才能确保培训的效果。无论是综合素质培训还是技能培训，都必须结合农民的实际情况来开展，应以实用为主，形式多样化。为提高专业技能培训的效果，可对考核或考试合格的农民发放资格证书，并力争推荐就业。综合素质培训也应根据农民实际，以案例分析、现场授课为主，使广大农民经过培训后能够切实地转变观念，主动学科学、学技术。

调查也发现，受调查的200余户农民中，90%以上农民明确表示以前的课堂灌输式培训效果不好，比较愿意参加实用技术现场培训与跟师傅学习等培训方式。农民培训要杜绝走形式，必须实实在在地为提高农民素质卓有成效地开展培训，为此评价体系的建立非常重要。

判断西部农村人力资源培训后的收效，需要一系列的指标进行评价，以下的各项指标可以直接或间接地反映农村人力资源的培训效果。

1.农村开办教育和培训的数量

包括农村的基础教育，初高中教育，职业技术教育，各种长、短期培训班以及广播电视教育的开办情况。具体衡量指标可有：村、镇、乡的教育机构总数量，平均数量，当地人均享有数量；培训班开办期数、培养人数、专业设置门类数量与跨度、专业技术人员队伍的大小与稳定性；广电教育时间、覆盖范围、受众数量等。

2. 农村开办教育和培训的质量

要评价人力资源培训的效果，光有数量上的表现是不够的，关键还在于培训机构本身的质量以及培训过程、培训完毕后的结果如何。最终体现在农村劳动力的生产效率是否得到提高。但用劳动者劳动能力的提高或人力资本的增值来衡量培训的质量难以操作，因此衡量培训质量的好坏，可以用培训机构的师资力量、教育机构的农民入学率或就业率、培训网络的完善情况，以及办学体制、形式、专业设置、学习时间和方式的多样化情况和相关证书的取得情况等指标定量地考核培训的质量。其中培训机构的师资力量应包括参培教师学历、职称构成情况、年龄结构情况、教龄结构情况、教师科研技术成果情况、专业类别构成情况等；教育机构的农民入学率或就业率应包括直接升入高一级学府接受高等教育的升学率、升入职业技术学校接受专业技术培训的升学率、从事对口专业农业生产的就业率以及从事与职业技术对口的非农业生产的就业率等；培训网络的完善情况应包括是否建立了多层次、宽领域、多门类、全方位的培训基地和网络等；办学体制、形式、专业设置、学习时间和方式的多样化情况是指是否具有电大、函大、业大、成教、夜大等不同办学形式，以及是否采用多种灵活的教育方式如办班、深入农户、现场讲解、印发资料、科技下乡以及以会代训的形式、长短学制和专业、脱产或半脱产学习形式等；相关证书取得情况包括是否取得各种学历证书、专业证书、岗位资格证书、绿色证书等。

3. 相关硬件设施及制度的配套工作

要使农村的人力资源培训工作顺利有效进行，村镇中与之相配套的硬件设施和制度的制定也是评价其效果的又一重要指标。在相关制度的制定方面，其评价指标主要可以包括与农村人力资源开发相关的农业科技推广体系制度是否健全、党和政府对科普工作的领导和重视程度如何、与人力资源素质息息相关的农村医疗卫生保健事业的发展情况、农村法制化建设情况、劳动市场定价情况、是否建立了统筹城乡就业的管理体制、建立完善社会保障制度的情况、农民进城就业的服务体系的建立和健全、农村富余劳动力就业渠道的开拓……

要提高西部农民培训质量，实现存量农民向新农民的转变，还必须具有农村劳动力转变为商品的条件；培育一批市场化、专业化、职业化的农民培训中介机构，提供人力资源开发产品；培育一批专业培训评估中介机构，对农村人力资源开发产品进行评价与考核；政府的培训经费应采取市场化运作，改拨专款为拨专业培训等。

## 7.5  本章小结

（1）从总体情况来看，西部地区的农民培训取得了一定的成绩，在西部地区已经建立起了一批专门用于农民培训的职业教育和培训机构，并已经培训了一大批农村劳动力，还部分实现了培训后就业。但总体来看西部的农民培训质量还比较低，不仅西部农村职业教育质量低下，而且开展农民培训的专业培训机构的培训条件较差，培训人员获得的技能证书等级较低。

（2）对西部地区农民培训情况的调查发现，我国西部农民具有较强的培训意愿，大部分地方政府也针对农民开展了多个层次的培训，培训内容包括综合素质和专业技能两大部分，但由于培训体制不健全，市场化的培训机制没有形成，考核体系缺乏，导致整体培训效果差，农民满意度低，甚至个别地方出现抵触情绪。

# 8 农村劳动力转移与西部农村人力资源开发

## 8.1 农村劳动力转移对西部农村人力资源开发的作用

在西部经济社会发展中占重要地位的人力资源的流动常有组织间流动、行业间流动和地域间流动等形式。三种不同的人力资源流动形式中，人们最为关心也是对西部经济增长质量具有较大影响的为地域间的流动。对于人力资源在区域间的流动对全国及西部地区经济和社会的影响，应一分为二地看待。一方面，他们把东部的资金、先进技术、知识、信息甚至观念带到西部地区，从而在一定意义上起到推动西部经济社会发展，促进东、西部之间经济和社会互动的作用。但这种作用又会被劳动力的低素质所限制，由于他们受教育年限较低，对东部的先进技术、知识和信息的消化吸收非常有限。另一方面，西部地区高知识、高技能人才的流动，又会使西部原本就稀缺的高素质人才变得更加匮乏，结果造成东部发展所需的人才反而由西部免费提供，西部地区人力资源的投资收益明显降低。这种趋势使得经济发展本就相对落后的西部地区，培养等量人力资源所支付的成本反倒比东部经济发达地区要高得多，为本来就落后的西部经济增加了更大的负担，东、西部地区经济发展水平的差距将会越拉越大。高知识、高技术人才的流失，必然引起西部人力资源投资对经济增长的贡献率偏低。

根据本研究的需要，重点关心和研究的是数量庞大的从农村转移到城镇的剩余劳动力。综合各方数据来源，对我国农村劳动力转移规模可作如下描述，即长期和短期流动劳动力之和约占农村劳动力总数的 1/5~1/4（见表 8—1），且这种规模和范围有不断扩大的趋势，结构变化趋势也从最初以男性占绝对优势逐步过渡为女性占比逐年提高。

表 8—1　中国西部农村居民家庭劳动力及其转移情况（2003 年）

单位：人 / 户

| 地区 | 常住人口 | 劳动力人数 | 劳动力负担系数（人 / 劳动力） | 外出劳动力人数 | 男劳动力人数 |
|---|---|---|---|---|---|
| 全国 | 4.10 | 2.80 | 1.46 | 0.51 | 0.34 |
| 西部 | 4.37 | 2.86 | 1.53 | 0.52 | 0.36 |
| 内蒙古 | 3.93 | 2.74 | 1.44 | 0.19 | 0.14 |
| 广西 | 4.73 | 3.23 | 1.46 | 0.74 | 0.45 |
| 重庆 | 3.65 | 2.69 | 1.36 | 0.83 | 0.57 |
| 四川 | 3.89 | 2.70 | 1.44 | 0.72 | 0.49 |
| 贵州 | 4.42 | 2.79 | 1.58 | 0.58 | 0.39 |
| 云南 | 4.45 | 2.86 | 1.56 | 0.19 | 0.14 |
| 西藏 | 6.10 | 3.58 | 1.70 | 0.22 | 0.16 |
| 陕西 | 4.34 | 2.67 | 1.63 | 0.57 | 0.42 |
| 甘肃 | 4.65 | 2.80 | 1.66 | 0.56 | 0.42 |
| 青海 | 5.12 | 3.17 | 1.62 | 0.80 | 0.67 |
| 宁夏 | 4.62 | 2.80 | 1.65 | 0.60 | 0.49 |
| 新疆 | 5.11 | 3.12 | 1.64 | 0.08 | 0.05 |

资料来源：根据《中国西部农村统计年鉴—2004》中表 2—8 中数据计算整理所得。

从表 8—1 发现，2003 年我国西部户均劳动力人数与全国相当，但劳动力负担系数比全国要高，全国劳动力负担系数为 1.46，而西部总体情况是 1.53，各省份的情况则是西藏最高，其次是甘肃、宁夏、陕西、青海等地，而四川、内蒙古最低，均为 1.44，低于全国水平，表明四川、内蒙古的农村劳动力资源丰富。从外出劳动力人数来看，我国平均为户均 0.51 人，而西部略高于全国，在西部各省份中外出劳动力最高的是重庆 0.83，青海 0.80，之后是四川、广西为 0.72 和 0.74，最低的是新疆户均外出劳动力仅为 0.08，然后是内蒙古、云南均是 0.19。以上统计结果基本反映了我国西部农村人力资源转移情况，与现实情况基本相符。

通过劳动力转移，宏观上可以改善城乡人力资源配置格局，整体上提高农村劳动力素质，培育和活跃劳动力市场，缩小城乡收入差距；微观上也是一个不断减缓绝对贫困和相对贫困的过程，可不断增加农村地区的家庭收入。第一，劳动力转移可以实现资本与人力资源等生产要素的优化配置。大量的农村剩余劳动力通过转移进入城镇，特别是经济发达地区的城市，整个农村劳动力的释放大大提高了全国劳动生产力水平，在城乡生产资源间实现了优化配置。第二，劳动力转移可以增加竞争，长期保持我国劳动力资源的比较优势。中国最大的竞争优势就是具有丰富的劳动力资源和便宜的劳动成本。第三，劳动力转移可以开发更多的就业岗位，满足不同行业的多层次需求。相对于城市居民而言，来自于农村的劳动力由于其受教育程度相对较低，面对城市劳动力市场的竞争能力较差，往往乐于从事这些处于职业底层却对社会发展又十分重要的属于初级劳动力市场的工作。第四，劳动力转移可以加快我国城市化和工业化的发展进程。第五，劳动力转移是解决"三农"问题的重要途径之一。虽然最终解决"三农"问题的办法是通过教育和培训提高新一代农民的素质，通过城乡教育统筹实现城乡劳动力素质的均衡。但这只是实现目标的第一步，劳动力转移或转岗正是实现这一目标的又一关键步骤。

## 8.2　中国西部农村劳动力转移情况总体分析

随着改革开放和经济环境的变化，国家关于农村劳动力流动政策从限制到允许甚至鼓励的不断推进，农村剩余劳动力跨区域转移的规模逐步扩大，与就地发展乡镇企业并驾齐驱，成为农村人口向非农产业转移的两种主要形式，这对于增加农民收入，加快农村经济及社会事业快速发展，促进国民经济增长作出了巨大贡献。因此，农村劳动力的开发是西部农村人力资源开发的重点，一方面应加大西部农村地区基础教育和职业培训的投入力度，提高他们的素质；另一方面应通过西部城乡产业发展，增加就业机会，通过就地转移或异地输出转移促使农村剩余劳动力实现就业，增加收入。

农民通过跨区域流动外出实现的非农转移，已占改革开放以来农村劳动力非农化转移总量的 1/3 以上，其中西部的这一比例则更大。它在农民非农就业增长中的作用超过乡镇企业就地转移方式，特别明显的是，西部地区农村剩余劳动力向东部沿海经济发达地区的跨区域转移。1989~2000 年，乡镇企业新增就业 3192 万人。但同期，跨区域流动就业增加 4300 万人，相当于乡镇企业的135%，年均增加 400 万非农就业人口。根据农业部产业政策与法规司 2003 年的统计数据，改革开放以来农村劳动力跨区域转移的情况如表 8—2 所示。

表 8—2  1978~2002 年我国农村劳动力外出就业转移的情况

单位：万人

| 年份（年） | 外出就业 | 年均转移量 |
| --- | --- | --- |
| 1978 | — | — |
| 1982 | 200 | 50 |
| 1989 | 3000 | 400 |
| 1993 | 6200 | 800 |
| 1995 | 7000 | 400 |
| 1996 | 7223 | 223 |
| 2001 | 8961 | 348 |
| 2002 | 9340 | 379 |

资料来源：根据农业部产业政策与法规司 2003 年的统计数据整理所得。

从表 8—2 可以看出，改革开放以来，我国农村劳动力外出就业数量呈现明显的阶段性特点，这与国家宏观政策的变化和我国农村经济的发展有着很大关系。1979~1988 年，国家政策是允许但控制流动，因此，1982 年跨区域流动的农村劳动力才 50 万人。1992 年以后，国家政策逐步转向为承认、接收、鼓励流动，因此 1992 年后的外出就业人数迅速增长，1995~1997 年受宏观经济影响增幅有所下降，但 1998 年十五届三中全会再次拓宽了转移政策思路，加上农村经济结构战略性调整，农村劳动力外出就业人数又开始逐年大幅度地增加。2001 年与 1996 年相比，外出务工人员增加 125 万人，增幅超过 50%[①]。

---

① 陈东琪：《微调论》，远东出版社 1999 年版。

总体上讲，我国农村剩余劳动力转移具有以下特点：其一，年均转移数量在逐年增加，但趋于稳定；其二，转移区域以西部欠发达地区农村向东部经济相对较发达地区城市转移为主；其三，转移方式主要依托传统的血缘、地缘等人际关系网络实现跨区域就业，缺乏组织性、有序性，流动的盲目性较大，其中大多是农民自发的自主就业行为，是农民与用工企业的双向自由选择；其四，转移类型是以有土地承包为保障的，显示出以兼业型为主，分离型为辅的特点，尚有部分属于"候鸟式"季节转移；其五，转移的主要途径以在农村内部就地转移为主，跨区域流动数量在增加、流动范围在扩大；其六，转移速度受宏观经济波动的影响较大；其七，转移对象主要是具有一技之长和文化程度较高的人员，且流动劳动力文化素质的高低与流向地的发达程度呈正相关；其八，农村劳动力跨区域转移和就业的数量受体制和政策变化的影响很大。

总体来讲，我国西部农村剩余劳动力转移数量大，转移人员素质低，且劳动力转移的自发性强，组织化程度低，思想保守，转移就业能力差。

## 8.3 影响西部农村劳动力转移的因素分析

受我国经济与社会发展等因素的影响，改革开放后的中国出现了大量的农村剩余劳动力向城市及第二、三产业转移，特别是西部农村地区尤为明显。同样，受宏观与微观因素的影响，我国农村剩余劳动力的转移又具有明显的特征，特别是转入地与转出地区域经济发展水平、产业结构及其区域位置等宏观因素，直接影响着西部农村人力资源转移的流向，也表现出明显的特征。例如劳动力由较为丰富的经济欠发达西部地区向经济较为发达的东部地区转移，并随输出地区域位置与区域经济的不同呈现出明显的规律，尤其以西部农业经济区域向外省非农产业转移为主要特点。进一步研究表明，输出地区域经济的发展水平、产业结构、区域位置也是影响劳动力转移数量、产业、地区和职业的重要因素。以经济发展水平的不同为标准，可将我国划分为：经济相对发达地区，如东部沿海地区；经济相对中等发达地区，如中部地区；经济相对不发达地区，如西部地区。三类不同地区由于经济发展水平的差异，导致其劳动力观念、素质具有较大差异，且出现不同的农村剩余劳动力转移就业特征。

西部农业劳动力数量的绝对过剩和剩余劳动力的持续增长，是促成农村劳动力转移的客观原因，而农村劳动力的存量又是农村剩余劳动力流动与转移的现实基础。同时，农业劳动生产率的提高也是农村剩余劳动力转移的主要原因。城乡之间、不同产业之间，特别是东西部不同地区之间收入差异的存在是农村劳动力转移和流动的经济动因。还有，劳动者就业意识偏差也引起了农村劳动力的转移。然而，改革开放以来，经济结构转变和经济总量增长迅速扩大了经济过程对劳动力的需求，为农村劳动力转移和流动创造了条件。

因此，导致我国农村劳动力转移的原因较多，其中主要有西部农村存量劳动力基数较大、农业劳动力生产率的提高、城乡二元结构、经济结构的调整及经济总量的增加、城市化进程的加快等。然而影响西部农村劳动力转移质量，即影响西部农村劳动力如何转移的因素包括宏观与微观两个方面。其中，宏观因素主要有：转出地和转入地的区域经济发展水平、转出地与转入地的产业结构、转出地与转入地的区域位置等；微观因素主要有：转移劳动力的受教育程度、性别、家庭住地区域位置、家庭人员构成、劳动者的观念及当地政府的工作等。

对中国农村剩余劳动力转移的实证研究指出，我国农村存在着数量较大、素质较低的剩余劳动力，且在一定时期内还将呈现出逐年增加的趋势，这一现象在西部农村地区尤其明显。这些研究更进一步指出，在影响农村剩余劳动力转移的诸多因素之中，输出地的区域经济发展水平与当地剩余劳动力转移的性别结构、职业结构、产业分布及地区分布均具有较大的相关性，原因在于，输出地的区域经济发展水平导致了区域间的农村劳动力素质差异。本书利用成都市就业实名制调查及邛崃市劳动力全面调查的相关成果，对成都三个经济圈层影响农村劳动力转移质量的因素展开研究，在对前述一般性的研究结论作进一步论证外，更对如何提高农村劳动力转移质量进行了探索。

## 8.4　区域经济因素对西部农村劳动力转移质量影响分析——以四川省成都市为例

　　本次调查对象为成都市辖区内城乡常住户口劳动力资源（不包含丧失劳动力的适龄劳动者和流动人口劳动力），年龄范围为男 16~59 岁、女 16~54 岁（女职工 49 岁），包括户口在本户（即本乡、镇、街道）的所有适龄劳动者。此外，还对四川全省部分地市州进行了现场考察与调研。

　　根据研究需要重点选择了能够代表西部不同经济发展水平的成都市六个区市县进行详细分析，即成都市所辖的大邑县、金牛区、彭州市、青白江区、温江区以及武侯区 6 个区市县。其中，有能够代表西部相对发达地区的成都市城区金牛区和武侯区，有代表西部相对较为发达地区的成都市近郊区温江区和青白江区，也有代表西部相对落后地区的成都市远郊区大邑县和彭州市；从产业结构来看，既有以农业为主的地区，也有以工业或第三产业为主的地区；从经济发展水平来看，既有人均 GDP 超过 3000 美元的地区，也有介于 1000~3000 美元的地区和 1000 美元以下的地区，三类地区六地均有一定数量的农业人口，但城区的农业人口相对远郊区要少，以上三类地区在我国西部具有一定的差异性和代表性。在六区劳动力资源就业实名制统计数据的基础上，本研究对以上三类被调查地区的农村劳动力转移情况进行了深入分析（见附件3）。

### 8.4.1　区域经济因素对农村劳动力转移的总体差异分析

　　对调查数据进行整理后，获得调查六地农村劳动力资源总体情况如表 8—3 所示。

表 8—3　六地区农村劳动力资源总体情况

| 地区 | 合计（人） | 男（%） | 女（%） | 残疾（%） | 在校学生（%） | 农村劳动力分布情况（%） | | | | |
|---|---|---|---|---|---|---|---|---|---|---|
| | | | | | | 务农 | 务工经商 | 灵活就业 | 自谋职业 | 其他 |
| 金牛 | 68425 | 53.00 | 47.00 | 0.47 | 4.87 | 14.85 | 32.26 | 11.81 | 13.48 | 27.60 |

续表

| 地区 | 合计（人） | 男（%） | 女（%） | 残疾（%） | 在校学生（%） | 农村劳动力分布情况（%） | | | | |
|------|-----------|---------|---------|-----------|---------------|------|------|------|------|------|
| | | | | | | 务农 | 务工经商 | 灵活就业 | 自谋职业 | 其他 |
| 武侯 | 38863 | 50.78 | 49.22 | 0.36 | 6.22 | 0.76 | 21.48 | 36.77 | 20.68 | 20.30 |
| 青白江 | 171732 | 55.86 | 44.14 | 0.19 | 4.10 | 40.02 | 36.33 | 9.80 | 8.01 | 5.84 |
| 温江 | 115942 | 54.33 | 45.67 | 0.15 | 4.11 | 42.84 | 26.24 | 14.95 | 7.62 | 8.35 |
| 大邑 | 172885 | 56.48 | 43.52 | 0.25 | 4.45 | 55.64 | 39.54 | 3.10 | 0.67 | 1.05 |
| 彭州 | 372356 | 54.04 | 45.96 | 0.20 | 5.67 | 42.95 | 21.00 | 21.83 | 8.54 | 5.67 |

资料来源：2005年成都市就业实名制调查，成都市就业局。

从表8—3可以看出，各地的农村劳动力资源数量与人口总数基本相符，人口多的地区劳动力资源也丰富，劳动力资源性别方面也都是男性多女性少。但是，从农村劳动力分布情况可以看出，经济发展水平的不同带来劳动力就业产业方向的不同，进而使得务农比例出现明显差异，经济越是发达地区务农比例越低，其他从业人员的比例越高；反之，经济相对落后地区的务农比例则较高。

对六地区转移输出的农村劳动力总体情况统计如表8—4所示。

表8—4 六地区农村劳动力转移输出总体情况

| 地区 | 转移输出小计（人） | 男（%） | 女（%） | 产业分布情况（%） | | 未选择输出方式（%） | 无输出愿望的劳动力（%） | 有输出愿望的劳动力（%） | 有培训愿望的劳动力（%） |
|------|-----------|---------|---------|------|------|------|------|------|------|
| | | | | 二产 | 三产 | | | | |
| 金牛 | 57374 | 54.85 | 45.15 | 9.74 | 48.17 | 5.19 | 114.07 | 13.25 | — |
| 武侯 | 31722 | 51.33 | 48.67 | 10.55 | 81.87 | 0.33 | 122.18 | 6.89 | — |
| 青白江 | 101705 | 62.95 | 37.05 | 43.09 | 43.87 | 49.31 | 119.54 | 11.72 | — |
| 温江 | 66012 | 61.67 | 38.33 | 38.53 | 55.29 | 28.01 | 147.63 | 24.36 | — |
| 大邑 | 75367 | 69.80 | 30.20 | 54.63 | 33.87 | — | 68.91 | 15.81 | 37.70 |
| 彭州 | 211314 | 62.94 | 37.06 | 35.53 | 45.08 | 30.85 | 145.36 | 25.38 | |

| 地区 | 选择了区域分布的总人数（人） | 农村劳动力转移输出区域分布情况（%） | | | | |
|------|-----------|------|------|------|------|------|
| | | 县内 | 县外市内 | 市外省内 | 省外国内 | 国外 |
| 武侯 | 28013 | 77 | 12 | 8 | 3 | 0.03 |
| 青白江 | 89059 | 52 | 33 | 3 | 11 | 0.06 |
| 温江 | 56943 | 82 | 12 | 3 | 4 | 0.25 |

| 地区 | 选择了区域分布的总人数（人） | 农村劳动力转移输出区域分布情况（%） | | | | |
|---|---|---|---|---|---|---|
| | | 县内 | 县外市内 | 市外省内 | 省外国内 | 国外 |
| 大邑 | 66755 | 40 | 26 | 4 | 29 | 0.07 |
| 彭州 | 172720 | 63 | 22 | 7 | 8 | 0.13 |

资料来源：2005 年成都市就业实名制调查，成都市就业局。

说明：表中产业分布情况为转移输出农村劳动力的产业分布，表中未列出部分为转移输出到第一产业的比例；表中无输出愿望的劳动力占比是指所有当地农村劳动力中无输出愿望的劳动力人数占已输出劳动力的比例，所以有超过 100% 的情况；表中有输出愿望的劳动力占比含义同上。

表 8—4 显示，以上六地区中农村劳动力转移分布情况随输出地经济发展水平的不同呈现出明显的趋势，经济相对发达的两个城区转移输出劳动力较少，而近郊区的转移输出劳动力次之，转移输出最多的是经济相对不发达的远郊区。出现这种情况的原因，一方面是由人口数量本身决定的；而另一方面则是与经济发达程度不同存在重要关联的人口素质和观念问题的作用。表 8—4 中从转移输出的区域分布来看，不同经济发展水平的输出地区转移就业的机会也不同，经济发达地区由于在县域内就有大量的就业机会，所以给本县区域内的农民转移提供了较多的转移就业岗位，因此县内转移就业的人数较多；相反，经济不发达地区的县域内就业机会较少，所以向县外转移的人员多于在本县内转移的人员。

### 8.4.2　区域经济因素对农村劳动力转移的性别差异分析

根据表 8—3 及表 8—4 制作出的六地区农村劳动力资源及转移输出的农村劳动力性别比如图 8—1 与图 8—2 所示。

对表 8—4 与表 8—3、图 8—2 与图 8—1 进行比较发现，各地转移输出的劳动力人口性别比不同于劳动力资源人口性别比，前者的差距远远大于后者，并随经济发达程度的不同表现出明显趋势。虽然二者都是男性占比高于女性，但六地劳动力资源的男性比例在 50%~57% 之间，女性比例在 43%~50% 之间，而六地转移劳动力的男性比例则在 51%~70% 之间，女性比例则在 30%~49% 之间，转移输出人口中的男性占比明显高于女性，且差距均大于劳动力资源性别比。同劳动力资源中性别比相比，在转移输出的劳动力中，男女比例的差距更大，平均相差近 21 个百分点。劳动力转移输出的男女性别比差距现象还与经济发展水平紧密相关，表现出经济越是发达地区转移输出劳动力的性别比差距越小，而相对不发达地区转移输出劳动力的性别比差距越大，其中城区转移输出劳动力的性别比差距最小，近郊区次之，差距最大的是处于远郊区的大邑县和彭州市。转移输出劳动力性别比差距最大的是大邑县，其转移输出劳动力的男女性别比分别是：男性比例为69.8%，女性比例仅为 30.2%，两者相差达 39.6 个百分点；差距最小的是武侯区，其转移输出劳动力的男性和女性比例分别是：51.33% 和 48.67%，二者相差仅为 2.66 个百分点。

产生以上差异现象的原因主要有以下几个方面。

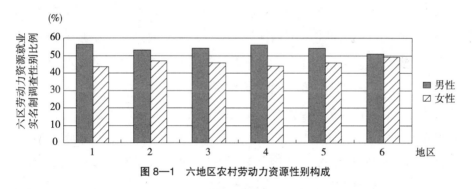

**图 8—1　六地区农村劳动力资源性别构成**

其中，1—大邑县，2—金牛区，3—彭州市，4—青白江区，5—温江区，6—武侯区

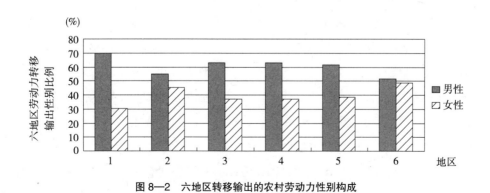

**图 8—2　六地区转移输出的农村劳动力性别构成**

其中，1—大邑县，2—金牛区，3—彭州市，4—青白江区，5—温江区，6—武侯区

第一，从我国西部农村情况来看，之所以转移输出劳动力的性别比例相差悬殊，即农村人力资源中的男性比女性更容易实现转移就业，这在很大程度上受农村传统思想观念的影响。在我国西部广大农村，进入劳动力转移输出行列的大多数是男性，尤其是青壮年男性，他们具有充沛的体力和旺盛的精力，外出容易找到适合他们的生存空间。而对于女性来讲，传统思想观念认为，丈夫在外面打拼，妻子就应该在家里照顾老人和小孩，做好家务活。而这一观念在经济越不发达地区越是严重，而在经济相对发达的城区已有所突破。因此，大部分西部农村女性都是在家务农或选择离家不远的地方转移就业，方便照料家庭和孩子。经济相对发达的城区男性和女性转移输出的比例基本相当，而相对欠发达地区的转移输出劳动力性别比较高。

第二，由于受传统观念的影响，西部农村男女素质差异较大，不同地区转移输出劳动力性别比的差距也与当地劳动力素质差异有关。总体上讲，我国农村劳动力的素质不高，而城市就业竞争较为激烈，农村劳动力无法参与激烈的高科技脑力劳动的竞争，只有选择靠体力劳动来就业的岗位，而这样的岗位只适合那些拥有强健体魄的男性就业，致使女性的竞争力相对较弱。传统教育观念使得经济不发达的农村地区女性受教育年限普遍低于男性，导致男女素质差异，素质相对较高的男性转移更为容易，因此出现相对欠发达地区转移输出劳动力的男性比例大于女性。反之，对于经济较为发达的城区来讲，较好的教育环境培养出了较高素质的城乡人力资源，男女平等受教育的观念也更易被人们接受，较好的教育条件给予了男女较好的均等受教育机会，使得当地的农村女性也接受了较好的教育，因此转移劳动力可以更多地转移并参与到性别差异不太大的脑力劳动岗位就业。正因为有着这样的区位和经济发展优势，对于这些地区的农村人口来说，转移方便，距离近，就业机会多，第三产业、高科技产业的发展需求使得脑力劳动、技术操作需求相对于单纯的体力劳动更多，这在就业时存在的性别歧视相对更少。同时，当地农村人口的素质相对其他地区高一些，而且又紧邻发达的市区，与外界的沟通更加顺畅，更利于接受新事物，因此就业思想观念更加先进一些。不少妇女在照顾家庭的同时也勇于走出来，开创自己的事业，因此，武侯区的就业性别比例差距相对其他地区要小很多。由于经济发展水平和观念的原因导致农村劳动力的素质差异较大，出现经济发达地区转移输出农村劳动力性别比较小，而欠发达地区转移输出农村劳动力性别比差距大就不足为奇了。

第三，经济发展水平影响的就业岗位的数量和多样化也是影响农村劳动力转移输出出现性别比差异的原因。经济发展水平好的地区，就业岗位不仅数量多，而且岗位多样性，可供选择的机会多，比较容易满足女性选择就业。反之，经济不发达地区，就业岗位总量少，岗位需求单一，导致女性就业选择机会少，而男性选择范围则大于女性，所以经济发展水平影响的岗位数量和多样性也将影响男性转移就业的性别比。

### 8.4.3　区域经济因素对农村劳动力转移产业及其职业类型差异分析

本次调查将农村劳动力按务农、务工经商、灵活就业、自谋职业、其他五个类别进行统计（见表8—3），统计结果显示，随着区域经济发展水平的不同，务农的农村劳动所占的比例表现出明显差异。其中，可以近似地认为非务农人员就是农村劳动力转移后就业的人员，它又包括务工经商、灵活就业、自谋职业、其他四种职业类型。所以，务农人员和非务农人员的结构总体上反映农村劳动力转移就业的情况，而分析非务农人员的结构则是具体分析转移劳动力职业分布的情况。

首先，在"务农"方面，以上六地中，经济较为发达的城区的农村劳动力务农的占比较低，特别是武侯区只有不到一个百分点的农村劳动力在务农，之后依次是金牛、青白江、温江、彭州和大邑。这说明，从事非农业的农村劳动力所占比例随着经济的发展水平越高而越多。除武侯区、金牛区比例较小外（武侯区为0.76%、金牛区为14.85%），其他地区比例均超过了40%，其中大邑县比例最高为55.64%。这反映了各地的产业结构和农村就业人口分布的差异，其中金牛区和武侯区都属于成都市的老城区范围，相对来讲城市化进程较快，经济发展迅速，尤其是武侯区，随着工业化和城市化进程，农民集中居住进了统一规划的新型社区，大量土地被流转或征用，大量农村劳动力也就离开了原来的第一产业，纷纷转移到了第二、三产业，所以继续留守农村务农的比例较小。而对于其他务农比例较高的地区，原因较多，有的是地理位置距离成都城区相对较远，如大邑县位于成都西边，距成都近 50 公里，城市化的速度相对缓慢，且其独特的地理特征决定了农业是当地主要产业，加上当地的自然资源优势，所以自然条件和发展的需求都造就了当地农村务农人员的大量存在。由此可见，六个区域的农村劳动力从事第一产业的比例高低，一方面同距离中心城市的远近、城市化的进程有关，另外还与当地的地理环境、气候、独特的自然资源优势有着密切的联系。

其次，在"务工经商"方面，六个地区也存在差异，但并不十分明显，这说明各地都有相当比例的农村劳动力转移到了第二、三产业，这也是城乡一体化的重要表现形式。

最后，在"灵活就业"和"自谋职业"方面，六个地区的差异比较明显，与"务农"人员的低比例相反的是，武侯区和金牛区在这两方面比例都较其他地区要高。其中，"灵活就业"中武侯区最高，占比达 36.77%，而大邑县最低仅为 3.10%；"自谋职业"中武侯区占比仍然最高，为 20.68%，其次是金牛区 13.48%，大邑县仍然比例最低，仅为 0.67%。究其原因，仍然是和区位因素有关，区位不同导致经济发展速度不同，相对的教育环境、质量也存在差异，因此，培养出的人力资源素质不同，带来的非农就业机会和观念自然不同。

一般而言，在劳动力市场发育相对成熟的条件下，教育可以提高劳动力非农就业的概率，即劳动力教育程度越高，非农就业的机会越多，非农就业的倾向也就越高。相对于其他四个区市县，武侯区和金牛区经济发展迅速，教育环境相对优良，基础教育良好并拥有众多院校，尤其是高等院校，如四川大学、西南交大、西南财大等，培养出的人力资源素质相对更高，所以非农就业的机会就更多，并且更加容易实现。此外，还有其他许多因素也将影响农村劳动力的非农就业，如农村居民家庭所在地区的区位条件，在其他条件保持不变的情况下，离中心城市越近，非农产业越发达，提供的非农就业机会就越多，同时农户进入非农产业就业的成本也就越低，这样家庭中的劳动力进入非农就业的可能性也越大，例如距离城区最近的武侯区和金牛区。其次，被调查调查对象所在村镇的企业发展程度直接影响着农村居民的非农就业。企业越发达，农村居民非农就业的概率就越高，反之，非农就业的概率就越小。再次，农户拥有生产资料情况也是影响其劳动力非农就业的重要因素。其中，如果其他条件相同，非农业生产性固定资产越多，则农户中劳动力的非农业就业倾向越大。而农业生产性固定资产对劳动力非农就业倾向影响比较复杂，如果农户所拥有农业生产性固定资产属于有劳动力替代型的，则它与劳动力非农就业倾向之间的关系是正相关的；反之如果属于劳动力互补型的，则它与非农就业倾向之间存在着负相关关系。最后，农户所拥有的耕地的数量影响其非农就业的倾向，在我国现有的农业现代化程度比较低的条件下，耕地越多意味着农户必须将更多的劳动力分配到农业生产中，因此农户劳动力的非农就业倾向越小；反之，耕地越少则非农就业的倾向越高。但以上这些只是影响非农就业"倾向"问题的因素，而并非实现的问题。最终总结下来，"灵活就业"和"自谋职业"最重要的还是要依靠劳动力自身的智慧、技能和水平来实现。所以，人力资源素质的差异，是影响非农就业的重要因素。

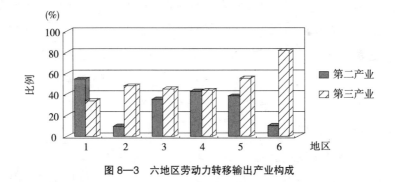

**图 8—3　六地区劳动力转移输出产业构成**

其中，1—大邑县，2—金牛区，3—彭州市，4—青白江区，5—温江区，6—武侯区

再从六地转移输出的农村劳动力的产业分布来看，根据表 8—4 制作的图 8—3 可以看出，除大邑县转移输出劳动力更多分布在第二产业（其中：二产占 54.63%、三产占 33.87%）外，其余五地的转移劳动力大部分是分布在第三产业。尤其是经济较发达的金牛区和武侯区，第二、三产业的分布悬殊较大，武侯区转移输出的劳动力在二产分布占比仅为 10.55%，三产占比却高达 81.87%。

从产业的涵盖面来看，第二产业是工业（包括采掘业、制造业、自来水、电力、蒸汽、热水、煤气业）和建筑业。第三产业是除第一产业农业（包括农、林、牧、渔、副）和第二产业以外的其他产业，它包括四个层次：

第一层次是流通部门，包括交通运输业、邮电通信业、商业饮食业、物资供销和仓储业；第二层次是为生产和生活服务的部门，包括金融业、保险业、地质普查业、房地产业、公用事业、居民服务业、旅游业、咨询信息服务业和各类技术服务业等；第三层次是为提高科学文化水平和居民素质服务的部门，包括教育、文化、广播电视事业，科学研究事业，卫生、体育和社会福利事业等；第四层次是为社会公共需要服务的部门，包括国家机关、政党机关、社会团体，以及军队和警察部门等。

通过分析各个产业的涵盖范围，可以大体了解不同产业对人力资源素质的要求。对于第二产业，由于是以工业和建筑业为主，它可能要求从业人员具备更多的是强健的体魄、过硬的技术和相关的专业知识。对于第三产业，由于涵盖了包括服务业、科教业在内的大部分产业，所以对于从业人员的要求相对较高。第三产业不仅要求从业人员拥有强健的体魄、一流的服务态度、良好的文化修养、专业的技术知识和广博的社会学识，还努力寻求综合素质高的人才，寻求心理、生理健康，多方面全面发展的复合型人才。因此，与第二产业相比，第三产业的从业人员进入行业的门槛也许不算高（例如服务业），但要将工作干好，在激烈的竞争中立足，的确是需要自身具备良好的综合素质作后盾。

所以，通过比较六个地区劳动力转移输出的产业分布，不难看出，较为发达地区输出的劳动力资源更倾向于投入到第三产业，这是和当地较高的人力资源素质有关的。正好也印证了前面分析的不同地区性别比例存在差异的原因：区位优势导致人力资源素质差异，而人力资源素质正是就业差异的重要决定性因素。

### 8.4.4　区域经济因素对农村劳动力转移输入地区位差异分析

将农村劳动力转移输出的输入地区按距离远近分为县内、县外市内、市外省内、省外国内和国外五种不同的区域，对六地转移输出农村劳动力的输入地区分布统计来看，总体上讲农村劳动力转移输出的输入地中的县内是主要的，其次是县外市内等，但在县外并不表现出明显的趋势（见图8—4）。

从表8—4及图8—4中可以看到，六个地区劳动力转移输出的区域分布各不相同，存在较大差异，但六地区具有的共性却是在县内实现劳动力转移的比例最高，处在 31.32%~70.39% 之间，而选择国外输出转移的只占很小一部分比例，仅在 0.02%~0.22% 之间，可以说是微乎其微。从三类不同经济发展水平地区分布来看，省外转移最多的是经济最不发达的大邑县，而经济相对发达的武侯区、金牛区和温江区都较少。这与转移输出的产业结构有关，同样大邑县转移输出农村劳动力在二产中的分布也最大，表明该县转移劳动力到省外特别是经济发达沿海地区工厂务工的人员较多。另外，这与当地政府对农村人力资源的引导性开发和有组织的输出也有较大关系，类似情况的还有具有特殊技能的温江花农的出国转移就业情况等。

　　之所以劳动力转移最多是在县内实现，与县内转移距离短，转移成本小有关。农民的传统思想中，很重要的是乡土观念，如果其他条件不变的情况下，农民更愿意选择离家近的地方就近工作，而不太愿意背井离乡到外面去寻找工作。同时，在县内实现劳动力的转移，可以节约大量的转移成本，例如每年往返家乡与工作地之间的交通费用，与家里保持联系的通信费用（信件邮费、电话费），县内相对熟悉的大环境还可以尽量降低农民们在异乡生活的不适应的感觉（如自然气候、社会环境、人际关系等），从而工作起来更顺利、顺心。县城内的产业布局同大城市相比，乡村气息更浓，岗位对从业人员的要求也相对没那么高，农村劳动力比较容易在县城里找到适合自己的工作，上手也较容易。

　　而另一个极端，向国外转移数量很少的情况则是由于距离太远，转移成

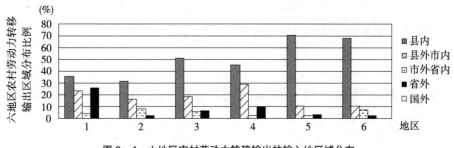

**图8—4　六地区农村劳动力转移输出的输入地区域分布**

其中，1—大邑县，2—金牛区，3—彭州市，4—青白江区，5—温江区，6—武侯区

本过高，语言环境不适应，文化融合困难以及专业技术难以对口等，使得很少一部分人选择出国就业。在县内，环境与家乡十分相似，就业没有什么特殊的要求和大的改变。但是，一旦走出去，到市区、到省外，甚至国外就不同了。竞争非常激烈，这就要求劳动力一方面要有强大的自我适应生存的能力，还要面对复杂的社会和激烈的竞争和各种挑战。尤其是在国外，语言、文化、社交能力更是生存的基础。而处于西部地区的广大农民，本身受的教育就不多，综合素质不高，在大城市的竞争能力都很弱，更不要说走出国门参与国际竞争了。所以，仅仅只有很少具备特殊技能素质较高的人才有机会同时有这个经济能力走出去。因此，可以这么说，人力资源素质越高，走出去的机会就越多，可以走出去的距离也就越远。

通过对问卷调查的四川省成都市三个不同经济圈层六个区市县农村人力资源及其转移情况的分析得出，我国农村劳动力的就业以及转移输出，无论是性别比例、职业类别、产业分布还是地区分布，都存在一些共同的特征，即随着各地区域经济发展水平的不同而表现出明显的差异，这与对四川省邛崃市全市劳动力的详细调查后分山、丘、坝不同区域及经济水平对农村劳动力转移的影响分析得到的结论相同，这为政府对农村人力资源开发的工作力度和方向提供了重要的理论依据。其中，首要的也是最重要的就是实现基础教育公共产品的均衡化，通过提高城乡教育水平，缩小城乡人力资源素质差异。尤其是偏僻的农村地区，受传统封建思想影响较重，无论是"重男轻女"，还是"读书无用论"的思想都还不同程度地存在，这严重影响了地区人力资源素质的提高，自然出现了不同素质的农村人力资源转移就业存在性别、产业、行业、区域分布的差异。因此，发展农村教育，逐步缩小城乡人力资源素质差异，是实现统筹城乡科学发展的重要途径。

## 8.5　教育程度因素对西部农村劳动力转移影响分析——以四川省邛崃市为例

　　为了进一步分析影响我国西部农村劳动力转移质量的因素，本研究又选择了在西部地区具有较强代表性的四川省邛崃市，根据 2005 年对该市进行的人力资源普查数据，通过问卷调查方法，入户了解劳动者的家庭人口数、年龄、性别、学历、就业、个人收入、家庭收入等内容，并重点对农村劳动力及其转移就业情况进行了深入分析。

### 8.5.1 教育程度因素对城乡劳动力就业影响分析

本次调查数据显示，邛崃市处于劳动年龄段的人口数为 35.95 万人，其中男性劳动力人口总数为 18.3 万人，占劳动力的 55.6%；女性劳动力人口为 14.7 万人，占劳动力比重为 44.4%；城镇就业人员 6.78 万人，城镇失业人员 1.20 万人，城镇居民失业率为 15.1%；农村劳动力 27.97 万人，占劳动力资源总数的 75.8%，其中已转移 12.11 万人。

本次调查数据显示，受教育程度对城乡劳动力的就业及失业有重要影响（见图 8—6、表 8—5、表 8—6）。

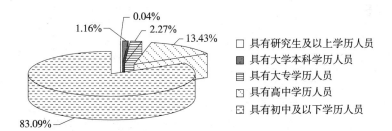

图 8—5　邛崃市就业人员文化程度结构图

表 8—5　邛崃市就业人员文化程度的行业结构

| 不同文化程度就业人员比例<br><br>行业 | 具有研究生及以上学历人员 | | 具有大学本科学历人员 | | 具有大专学历人员 | | 具有高中学历人员 | | 具有初中及以下学历人员 | |
|---|---|---|---|---|---|---|---|---|---|---|
| | 绝对数量 | 比重（%） | 绝对数量 | 比重（%） | 绝对数量 | 比重（%） | 绝对数量 | 比重（%） | 绝对数量 | 比重（%） |
| 农、林、牧、渔业 | 6 | 9.52 | 50 | 2.92 | 57 | 1.71 | 748 | 3.78 | 9199 | 7.52 |
| 采矿业 | 0 | | 4 | 0.23 | 8 | 0.24 | 181 | 9.15 | 1243 | 1.02 |
| 制造业 | 3 | 4.76 | 83 | 4.84 | 159 | 4.76 | 2507 | 12.67 | 14910 | 12.2 |

续表

| 行业 \ 不同文化程度就业人员比例 | 具有研究生及以上学历人员 | | 具有大学本科学历人员 | | 具有大专学历人员 | | 具有高中学历人员 | | 具有初中及以下学历人员 | |
|---|---|---|---|---|---|---|---|---|---|---|
| | 绝对数量 | 比重（%） | 绝对数量 | 比重（%） | 绝对数量 | 比重（%） | 绝对数量 | 比重（%） | 绝对数量 | 比重（%） |
| 电力、煤气及水的生产和供应业 | 0 | 0 | 25 | 1.46 | 55 | 1.65 | 496 | 2.51 | 1521 | 1.24 |
| 建筑业 | 0 | 0 | 64 | 3.73 | 96 | 2.87 | 1985 | 10.03 | 25587 | 20.90 |
| 水利、环境、公共设施业 | 0 | 0 | 29 | 1.70 | 49 | 1.47 | 137 | 6.92 | 423 | 0.35 |
| 交通运输、仓储及邮电通信业 | 3 | 4.76 | 17 | 0.99 | 76 | 2.28 | 807 | 4.08 | 4272 | 0.35 |
| 批发和零售业 | 4 | 6.35 | 26 | 1.52 | 90 | 2.69 | 1685 | 8.51 | 7260 | 0.59 |
| 金融业 | 0 | 0 | 41 | 2.40 | 76 | 2.28 | 300 | 1.52 | 273 | 0.22 |
| 房地产业 | 0 | 0 | 16 | 0.93 | 15 | 0.45 | 72 | 0.36 | 194 | 0.16 |
| 居民服务、其他服务 | 2 | 3.17 | 37 | 2.16 | 74 | 2.22 | 1203 | 6.08 | 8126 | 6.63 |
| 卫生、社会保障和社会福利业 | 1 | 1.59 | 129 | 7.52 | 243 | 7.28 | 699 | 3.53 | 763 | 0.62 |
| 教育 | 1 | 1.59 | 539 | 31.40 | 978 | 29.28 | 727 | 3.67 | 275 | 0.22 |
| 科学研究、技术服务和地质勘查业 | 2 | 3.17 | 16 | 0.93 | 25 | 0.75 | 76 | 0.38 | 256 | 0.20 |
| 公共管理、社会组织 | 37 | 58.70 | 171 | 9.97 | 317 | 9.49 | 518 | 2.62 | 753 | 0.62 |
| 其他行业 | 0 | 0 | 337 | 19.70 | 755 | 22.60 | 6020 | 30.42 | 37579 | 30.70 |
| 信息传输、计算机服务和软件业 | 3 | 4.76 | 48 | 2.80 | 113 | 3.38 | 348 | 1.76 | 596 | 0.49 |
| 住宿和餐饮业 | 0 | — | 20 | 1.17 | 50 | 1.50 | 989 | 5.00 | 8035 | 6.57 |
| 租赁和商务服务业 | 1 | 1.59 | 8 | 0.47 | 12 | 0.36 | 116 | 5.87 | 711 | 0.59 |
| 文化、体育和娱乐业 | 0 | 0 | 55 | 3.20 | 92 | 2.75 | 176 | 0.89 | 428 | 0.35 |
| 总计 | 63 | 100.00 | 1715 | 100.00 | 3340 | 100.00 | 19790 | 100.00 | 122404 | 100.00 |

资料来源：2005年邛崃市就业实名制调查，邛崃市就业局。

表8—6　邛崃市城镇失业人员情况统计表

单位：人

| 合计 | 性别 | | 4050 | | 文化程度 | | | | 技术等级 | | |
|---|---|---|---|---|---|---|---|---|---|---|---|
| | 男 | 女 | 男 | 女 | 小学以下 | 初中 | 高中 | 大专以上 | 初级 | 中级 | 高级 |
| 12027 | 5420 | 6607 | 1241 | 2383 | 1829 | 6774 | 3017 | 407 | 248 | 81 | 6 |

资料来源：2005年邛崃市就业实名制调查，邛崃市就业局。

从图8—5及表8—5可以看出，该市劳动力总体文化程度较低，高学历人才匮乏，且分布不合理。文化程度即劳动者的受教育年限，是决定劳动者技能水平的重要变量。通过对受教育程度或学历情况划分，可以度量该市就业人员的就业技能结构。本次调查选填文化程度选项的共有14.7万城乡劳动力，具有初中及以下学历的人员占到劳动力总数的83.1%，大学以上高学历人才占到劳动力总数的3.5%，说明该市劳动力总体文化水平较低，高学历人才匮乏。通过进一步的行业分析我们发现，对于产业核心竞争力提高有重要意义的高学历人才主要集中在公共管理、社会组织及教育等部门，一二产业集中了大部分的低学历劳动力，人才结构不合理，也说明一二产业科技含量较低，未走上内涵式发展的轨道。从表8—6中失业人员的文化程度来看，该市失业人员的受教育程度没有表现出明显特征，可能是总体劳动力受教育程度都较低的原因。

### 8.5.2　教育程度因素对农村劳动力转移影响分析

1. 农村劳动力转移就业状况分析

全市农村劳动力27.97万人，已实现劳动力转移12.11万人，主要集中在门槛较低的务工、经商等行业。从这次调查的情况来看，农村劳动力有57%的人在家务农，已转移从事其他职业的有43%，达121080人（见图8—6）。已转移劳动力中，其中又以务工、经商为最多，占18%，其次是灵活就业占17%。这一特征与针对成都市六地的调查结论一致。

2. 已转移农村劳动力文化程度分析

该市已转移农村劳动力的总体教育程度较低，但相比较而言是农村劳动力中文化层次较高部分。一个地区的总体受教育水平与该地区的经济发展程度呈正相关，较高的经济发展水平为该地区的农村劳动力接受更多的教育提供了物质基础，从而使其农村劳动力的整体素质都要高于其他地区。但分析统计数据发现，邛崃市已转移农村劳动力的文化程度偏低，其中最多的两项是初中文化程度占 72.49%，小学文化程度占 18.26%，两项合计占到已转移劳动力的 91%，这与邛崃市在全国的经济发展水平基本一致（见表 8—7）。

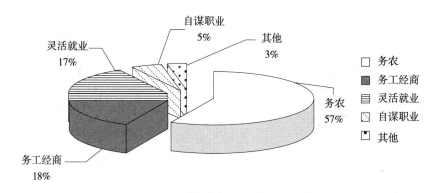

图8—6　邛崃市农村劳动力转移就业状况

表 8—7　邛崃市已转移农村劳动力的受教育程度

| 受教育程度 | 大专以上 | 中专 | 职高及技校 | 高中 | 初中 | 小学 | 文盲及其他 | 总计 |
|---|---|---|---|---|---|---|---|---|
| 人数 | 485 | 607 | 2599 | 7302 | 87774 | 22111 | 201 | 121079 |
| 百分比 | 0.40% | 0.50% | 2.15% | 6.03% | 72.49% | 18.26% | 0.17% | — |

资料来源：2005 年邛崃市就业实名制调查，邛崃市就业局。

由于受转移农村劳动力教育程度普遍较低的影响，导致该市农村劳动力转移就业区域方面出现就地转移和省外国内转移特征显著，与同为成都市第三经济圈层的大邑县相似，与前面结论一致（见表 8—8）；转移产业方面出

图 8—7　邛崃市农村劳动力转移产业构成

现转移到第二、三产业的比例相当，与同为成都市第三经济圈层的大邑县并不完全相同，这一特征与该市近年来以旅游业为龙头的第三产业的迅速发展有关（见图8—7）；转移行业方面该市农村劳动力转移就业集中于建筑业和制造业等就业门槛低、学历要求不高的行业（见图8—8）。

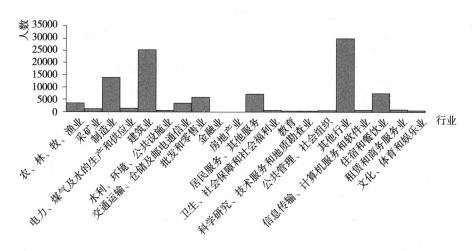

图8—8　邛崃市农村劳动力转移行业构成

表8—8　邛崃市农村劳动力转移情况统计表

单位：人

| 合计 | 男 | 女 | 产业分布情况 | | 区域分布情况 | | | | |
|---|---|---|---|---|---|---|---|---|---|
| | | | 二产 | 三产 | 县内 | 县外市内 | 市外省内 | 省外国内 | 国外 |
| 121079 | 80155 | 40924 | 63219 | 54975 | 49063 | 12233 | 12988 | 30177 | 150 |
| 比例% | 66 | 34 | 52 | 46 | 41 | 10 | 11 | 25 | 0.1 |

资料来源：2005年邛崃市就业实名制调查，邛崃市就业局。

## 8.6　西部农村劳动力转移质量影响因素统计分析

### 8.6.1　影响西部农村劳动力转移质量的变量设计

将农村劳动力转移到非农业部门就业是任何发展中国家实现从二元经济向现代一元经济过渡的必经之路。按照刘易斯的二元经济理论，农村剩余劳动力转移到非农产业的主要途径是进入城市的非农业部门就业。导致农村剩余劳动力流动的直接诱因在于两部门生产率差距所带来的收入差距。在传统的农业部门中，由于存在大量的剩余劳动力，劳动力的边际产品近乎为零，劳动者所获得的只能是由习俗和制度决定的维持基本生活水平的平均工资。因此，只要城市中非农业部门提供的工资高于农业部门的生存工资，就可以源源不断地将农村的剩余劳动力吸纳进来，直到农业部门的富余劳动力全部消失为止。因此，按照二元经济理论，农村的劳动力进入非农业部门就业的唯一途径就是转移到城市。

一般而言，在劳动力市场发育相对成熟的条件下，教育可以提高劳动力非农就业的概率，即劳动力受教育程度越高，非农就业的机会就越多，非农就业的倾向也就越高。此外，还有许多其他因素影响农村劳动力的非农就业。如农村居民家庭所在地区的经济水平及区位条件，在其他条件保持不变的情况下，离中心城市越近，所在地区经济发展水平越高，非农产业越发达，提供的非农就业机会就越多，同时农户进入非农产业就业的成本也越少，这样家庭中的劳动力进入非农业就业的可能性也越大。其次，被调查对象所在村镇的企业发展程度直接影响农村居民的非农就业。企业越发达，农村居民非农业就业的概率越高；反之，非农就业的概率越小。再次，农户拥有生产资料的情况也是影响其劳动力非农就业的重要因素。其中，如果其他条件相同，非农业生产性固定资产越多，则农户中劳动力的非农就业倾向越大。而农业生产性固定资产对劳动力非农就业倾向影响比较复杂，如果农户所拥有农业生产性固定资产属于有劳动力替代型的，则它与劳动力非农就业倾向之间的关系是正相关的；反之如果属于劳动力互补型的，则它与非农就业倾向之间存在着负相关关系。然后，农户所拥有的耕地数量影响其非农就业的倾向，在我国现有的农业现代化程度比较低的条件下，耕地越多意味着农户必须将更多的劳动力分配到农业生产中，因此农户劳动力的非农就业倾向越小；反之，耕地越少则非农就业的倾向越高。最后，家庭结构也是影响农户劳动力非农就业的重要因素，家庭负担越轻，劳动力从事非农就业的倾向越大。

所以，影响我国西部农村劳动力转移质量，即影响西部农村劳动力如何转移的变量因素包括宏观与微观两个方面。其中，宏观变量因素主要有：转出地和转入地的区域经济发展水平、转出地与转入地的产业结构、转出地与转入地的区域位置等；微观变量因素主要有：转移劳动力的受教育程度、性别、居住地点、家庭人员构成、劳动者的观念及当地政府的工作等。根据研究的需要及调查获得的数据情况，此处将重点研究转出地的经济发展水平及其农村转移劳动力的受教育程度、性别、居住地点等变量对西部农村劳动力转移质量的影响。

### 8.6.2  平原、丘陵和山地地区农村劳动力非农就业决策分析

1. 模型设计与样本分析

对本次调查的四川省邛崃市全体农村劳动力按山、丘、坝分为三种不同的类别，以上三类地区实际上也就是该市三种不同经济发展水平地区，代表了转移输出地不同经济发展水平地区的西部农村劳动力的分类。调查的内容包括被调查人员的基本特征、就业和失业等情况。为了定量分析有哪些因素促进或者制约了西部农村劳动力的转移，以便与前面总结分析的整个中国西部农村劳动力转移的影响因素比较研究，此处分别讨论以上三类不同经济发展水平地区的西部农村劳动力的教育程度、居住地点和性别三个因素对其非农就业决策的影响。

此处研究所使用的资料来自邛崃市就业实名制调查的数据，涵盖了邛崃市 18.73 万户，共计 39.6 万劳动力的相关数据，其中农村劳动力 27.97 万人，农村已转移劳动力 12.1 万人。

按经济发展水平和离县城距离的远近，大致把邛崃市的 24 个乡镇分为三类不同地区进行比较研究。第一类是经济发展水平较好的乡镇和离县城距离较近的乡镇，包括临邛（县城所在地）、羊安（工业发展区）、平乐（旅游业）和近郊的前进、桑园、卧龙 6 个乡镇；第二类是经济发展相对较差的偏远乡镇，南宝、高何两个乡；第三类是处于二者之间的乡镇。

从统计数据来看，在劳动力教育程度上，这三类地区呈现出了类似的特征，大多数劳动力具有初中文化，其中初中占 72.49%，小学占 18.26%，两项合计占到已转移劳动力的 91%。

根据上述分析，构建如下计量模型：

$$F = C + \beta_1 \times D_1 + \beta_2 \times D_2 + \beta_3 \times G + \beta_4 \times S_1$$
$$+ \beta_5 \times S_2 + \beta_6 \times S_3 + \beta_7 \times S_4 + \beta_8 \times S_5 + \beta_9 \times S_6$$

其中：F 为因变量，代表农村劳动力是否有非农就业，如果有取 1，没

有则取 0。$D_i$（$i=1，2$）为地区代码，如果被调查对象属于第一类乡镇（即经济发展好的乡镇和近郊乡镇）$D_1=1$，$D_2$ 取 0；当调查对象为第三类乡镇（即经济条件较差的乡镇）$D_2=1$，$D_1$ 取 0。G 代表性别，男性为 0，女性为 1。$S_i$（$i=1，2，3，4，5，6$）代表农村劳动力受教育程度，其中 $S_1$ 代表劳动力属于文盲，$S_2$ 代表劳动力有中小学文化程度，$S_3$ 代表劳动力具有初中文化程度，$S_4$ 代表劳动力具有高中文化程度，$S_5$ 为劳动力具有中专文化程度，$S_6$ 为大专以上文化程度的劳动力的人数。

2. 统计结果

将被调查样本将数据代入上述计量模型，结果如表8—9中的模型Ⅰ。

表 8—9　农村劳动力非农就业的估计结果

| 变量 | 模型Ⅰ | | | 模型Ⅱ | | | 模型Ⅲ | | |
|---|---|---|---|---|---|---|---|---|---|
| | 系数 | Z统计量 | 自变量的边际影响（%） | 系数 | Z统计量 | 自变量的边际影响（%） | 系数 | Z统计量 | 自变量的边际影响（%） |
| C | −1.5418*** | −2.7934 | −32.36 | −0.5402 | −0.5081 | −5.58 | −1.3925** | −2.2263 | −34.81 |
| $D_1$ | 0.6415*** | 2.6779 | 13.46 | — | — | — | — | — | — |
| $D_2$ | 0.0299 | 2.1182 | 10.63 | — | — | — | 0.0468 | 2.2983 | 11.17 |
| G | −0.9212** | −2.5439 | −33.14 | −0.8910 | −0.8079 | −29.21 | −0.8546** | −2.5268 | −31.36 |
| $S_1$ | 0.8203** | 2.1405 | 17.22 | −0.4403 | −0.5669 | −4.55 | 1.1249** | 2.4020 | 28.12 |
| $S_2$ | 0.6096*** | 4.0546 | 12.79 | 0.7822** | 2.2868 | 8.08 | 0.5755*** | 3.3897 | 14.39 |
| $S_3$ | 0.7426*** | 5.3680 | 15.58 | 1.0127** | 3.0057 | 10.47 | 0.6860*** | 4.4978 | 17.15 |
| $S_4$ | 1.0162*** | 4.6070 | 21.33 | 1.5018** | 2.5582 | 15.52 | 0.9777*** | 4.0368 | 24.44 |
| $S_5$ | 2.2383*** | 4.2425 | 24.70 | 2.1919** | 2.4372 | 22.65 | 2.3308*** | 3.5555 | 58.27 |
| $S_6$ | 2.8286*** | 2.6444 | 59.36 | 2.3421 | 2.5013 | 49.52 | 2.5305** | 2.2706 | 63.26 |

说明：（1）* 表示 10% 水平下是显著的；** 表示 5% 水平下是显著的；*** 表示 1% 水平下是显著的。

　　　（2）模型Ⅰ包含了全部样本乡镇在内，模型Ⅱ只包含了第一类乡镇的样本，模型Ⅲ只包含了第三类和第二类乡镇的样本。

3. 结果分析

以上统计结果显示：第一，教育程度对劳动力的非农就业倾向有着非常明显的作用。估计系数显示，除文盲外，随着教育程度的提高，农户中的劳动力从事非农就业的倾向越大。第二，正如前面所分析的那样，宏观变量中转移输出地的区域经济发展水平因素对农村劳动力从事非农就业产生了明显的促进作用。第三，在其他条件相同的情况下，女性非农就业的机会显著低于男性33个百分点。

从各因素的边际影响程度看，教育程度的提高对农户劳动力非农就业倾向变动的影响程度逐渐增大。每增加一名大专及以上教育程度的劳动力，农户中劳动力非农就业的概率就增加60%；其次是中专为25%；再次是高中为21%；文盲、小学和初中的边际影响程度相差不大。在其他正向因素中，区位变动对农户非农就业概率变动的影响最大，农户从远离中心城市的边远农村迁入周边的近郊，其非农就业的概率会增加13%左右，表明区位及其区位带来的经济发展水平差异对农户非农就业影响很大。

模型Ⅰ的结果表明，区域因素对农户劳动力非农就业倾向的影响非常显著。为了对比不同区位中，各因素对农户非农就业倾向的影响，将样本分为两组，经济发展条件好的和近郊的乡镇样本为一组，其他的样本为另一组。将两组样本分别代入上述计量模型，结果如表8—9中的模型Ⅱ和模型Ⅲ。

对比模型Ⅱ和模型Ⅲ的结果表明，相对于近郊乡镇而言，教育程度对距离中心城区相对较远的农户劳动力非农就业倾向的影响更大。从边际影响看，在经济发展条件较好和近郊乡镇中，农户每增加一名小学、初中、高中、中专和大专教育水平的劳动力，其非农就业的概率相应地增加8.08%、10.47%、15.52%、22.65%、49.52%。而在距离中心城区较远的乡镇，农户每增加一名小学、初中、高中、中专和大专及以上教育水平的劳动力，其非农就业的概率相应地增加14.39%、17.15%、24.44%、58.27%、63.26%。其中中等专业技术水平教育的影响最为明显，这意味着在边远的农村地区大力发展教育，尤其是专业技术教育，对增加农户的非农就业有明显的促进作用。

### 8.6.3 农村劳动力转移就业地点决策分析

非农就业又分为劳动力就地转移到本地企业就业和转移输出到外地就

业。这里研究农村劳动力的人力资本特征对劳动力外出就业的影响。实证模型中自变量的选择与前文基本相同，只不过这里的因变量分别为农户中是否有劳动力转移输出到外地就业、就地转移到本地企业就业。

$$Y = C + \beta_1 \times D_1 + \beta_2 \times D_2 + \beta_3 \times S_1 + \beta_4 \times S_2$$
$$+ \beta_5 \times S_3 + \beta_6 \times S_4 + \beta_7 \times S_5 + \beta_8 \times S_6$$

这里用 Y 表示劳动力转移输出到外地就业还是就地转移到本地企业就业（包括到县外本市内，本省内和省外）还是进入本地企业就业（包括本镇、本县内），如果外出 Y=1，否则为 0。其他几项与上一模型含义相同。

表 8—10　农户劳动力转移输出到外地就业、就地转移到本地企业就业的估计结果

| 变量 | 外出打工 | | | 进入本地企业就业 | | |
|---|---|---|---|---|---|---|
| | 系数 | Z 统计量 | 自变量的边际影响（%） | 系数 | Z 统计量 | 自变量的边际影响（%） |
| C | −1.6058** | −2.2701 | −51.45 | −2.1759*** | −2.8652 | −44.62 |
| $D_1$ | −0.7648*** | −2.8604 | −24.51 | 0.5872** | 2.0556 | 12.04 |
| $D_2$ | −0.0269 | −1.2488 | −0.86 | −0.0301 | −1.3302 | −0.62 |
| $S_1$ | 0.4463 | 1.0091 | 14.30 | −0.0848 | −0.1617 | −1.74 |
| $S_2$ | 0.5834*** | 3.2975 | 18.69 | 0.0849 | 0.4433 | 1.74 |
| $S_3$ | 0.4691*** | 3.1258 | 15.03 | 0.3471** | 2.1450 | 7.12 |
| $S_4$ | 0.3326 | 1.4228 | 10.65 | 0.0213 | 0.0843 | 0.44 |
| $S_5$ | 0.7432** | 2.3686 | 23.81 | 0.1879 | 0.5433 | 3.85 |
| $S_6$ | 0.8071* | 1.9218 | 25.86 | −0.2377 | −0.5179 | −4.87 |

说明：* 表示 10% 水平下是显著的；** 表示 5% 水平下是显著的；*** 表示 1% 水平下是显著的。

在劳动力就业地点选择模型中，小学、初中、中专和大专及以上教育水平对农户外出打工产生了明显的促进作用，而高中教育的影响则不显著。区位因素则对外出打工的影响是负面的，距离中心城区越近，农户越容易在本地获得非农就业的机会，外出打工的倾向越小。从变量的边际影响上看，就教育而言，农户每增加一名小学教育程度的劳动力，其外出打工的概率相应地增加 19%；每增加一名初中教育程度的劳动力，其外出打工的概率增加 15%；每增加一名中专教育程度的劳动力，其外出打工的概

率增加 24% ；每增加一名大专及以上教育程度的劳动力，其外出打工的概率增加 26%。农户从相对边远的县城迁入近郊，其劳动力外出打工的概率减少 25%。

## 8.6.4　西部农村劳动力转移质量影响因素统计分析结论

通过对邛崃市农村劳动力转移的实证分析，得出以下结论。

第一，农村劳动力的受教育程度是影响农户劳动力非农就业的重要因素，劳动力的文化程度越高，越倾向于非农就业；在经济发展条件较好的乡镇和近郊乡镇中，农户每增加一名小学、初中、高中、中专和大专教育水平的劳动力，其非农就业的概率相应地增加 8.08%、10.47%、15.52%、22.65%、49.52%。而在距离中心城区较远的乡镇，农户每增加一名小学、初中、高中、中专和大专及以上教育水平的劳动力，其非农就业的概率相应地增加 14.39%、17.15%、24.44%、58.27%、63.26%。从中可以看出，相对于近郊而言，教育程度对距离中心城市相对较远的农户劳动力非农就业倾向的影响更大，并且不同教育水平劳动力的增加，其非农就业概率增加的幅度也比较大，其中尤以中等专业技术教育的影响最为明显。

第二，区位及区域经济发展水平因素也是影响农户劳动力非农就业的重要因素，距离中心城区越近，农户非农就业的倾向越大；农户从远离中心城市的边远农村迁入周边的近郊，其非农就业的概率会增加 13% 左右。

第三，对影响农户劳动力进入本地企业就业的因素分析表明，初中教育程度对农户的劳动力进入本地企业就业产生了显著的促进作用，并且农户每增加一名初中教育水平的劳动力，其进入本地企业就业的概率增加 7% 以上；居住在近郊的农户进入本地企业就业的倾向更大，农户从相对较远地区迁入近郊，其劳动力进入当地企业就业的概率增加 12%。

以上分析结果可以说在整个西部地区都具有普遍代表性。西部地区的特殊地理位置，独特的自然资源和由于经济落后造成的教育事业极不发达，都成为影响劳动力素质和劳动力转移的制约因素。要解决西部农村劳动力顺利转移的问题，实现充分就业，需要首先解决的是农村劳动力的素质问题，即提高受教育年限。

## 8.7　提高西部农村劳动力转移质量的途径与措施

以上针对西部农村劳动力转移质量影响因素的理论与实证分析表明，转移输出地的区域经济发展水平与转移劳动力的受教育程度、性别、居住地点等因素是影响西部农村劳动力转移质量的重要因素。根据研究的需要及调查获得的数据情况，此处将重点研究转出地的经济发展水平及其农村转移劳动力的受教育程度、性别、居住地点对西部农村劳动力转移质量的影响。因此，要提高西部农村劳动力转移开发质量应从改变区域经济发展水平与产业结构、提高西部农村劳动力的受教育程度等方面着手。

### 8.7.1　提高西部农村劳动力素质，提高转移就业质量

理论与实证分析表明，提高西部农村劳动力的素质是增强西部农村剩余劳动力转移能力，提高转移就业质量的关键。包括提高西部农村教育质量和农民培训质量，加强西部农村基础教育和职业技术教育，加大农民培训力度，培养新型农民。

我国农村劳动力素质普遍不高，尤其是西部农村等欠发达地区。农民素质的高低不仅影响农民工"去"的问题，更会影响农民工"留"的问题。要想提高西部农村劳动力转移质量，真正解决目前农村劳动力转移中存在的亦工亦农的不稳定状态，使其顺利实现转移，就需要进一步引导农村劳动力稳定的职业化转移，这当然需要长期努力才可以达到，其中，大力发展基础教育及职业技术技能教育与培训是一个重要的手段。一要继续深入持久地抓好农村普及九年制义务教育工作，确保九年义务教育收到理想的成效。同时，在西部某些经济相对发达地区，应尽快普及高中教育。国家应制定优惠政策，鼓励大学生、硕士生到西部农村去从事教育工作，提高我国农村普教工作水平。二要加强农村职业技术教育，大力推广适用技术，提高农村劳动力知识技能素质，使大部分农村中学毕业生能够掌握一两门致富技术，同时这样还可以延长农村中学适龄青年的在读时间，推迟他们的就业年龄。三要继

续加强农村成人教育，尽快在西部农村形成成人教育体系。四要搞好上岗前培训，大力开展进城务工人员的技术培训，为农民走出土地重新就业创造条件，培养一批有文化、有技术的合格劳动者。

因此，各级政府要加大农村人力资本投入，普及免费九年制义务教育，增加农村职业技术培训经费，提高农民技能培训质量，全面提高农民整体素质。西部各地政府劳动部门应努力寻找合作伙伴，与企业签订培训订单，与其联姻，建立紧密型诚信供求关系，从而使大量的农村剩余劳动力有序地流动。在资金方面，还可考虑投融资机制，广辟财源，吸引社会力量办学，建立多元化投融资渠道。

另外，加强西部农村劳动力教育不仅包括转移前的教育，还要重视对转移后的农民工的教育。在加强西部地区剩余劳动力的基础教育以及职业技术培训的同时，还要注重对转移劳动力的人文关怀，使其在城市享有同等的社会权利，为转移农民工提供基础设施和公共服务，让他们真正融入城市社会中。

### 8.7.2　发展区域经济，拓宽就地转移渠道

发展西部区域经济，加速西部农业现代化进程，提高农村剩余劳动力在农业内部的吸纳能力，促进就地转移。

第一，调整农业结构，提高农业内部对剩余劳动力的吸收能力。

首先，要在大农业内部，调整种植业和林、牧、副、渔业之间的比例。我国剩余劳动力主要是从种植业中产生的，而林、牧、渔业发展相对不足。发展不足并不是资源不足所导致，而是农业尤其是林、牧、副、渔业中的投入不足。按生产经济学原理，农业投入包括劳动力、资金、技术等要素的投入，要素投入有两种情况，一种是固定比例的要素投入组合，另一种是可变比例的要素投入组合。而目前我国农业投入中的主要问题是劳动力投入过多，劳动力的边际生产率接近零或很小，资本等其他要素的投入明显不足，结果就突出了劳动力投入过剩的矛盾，而忽视了资金和其他物化劳动要素投入的不足。因此，增加农业尤其是林、牧、渔业的资金、水利等其他物质要素投入，使农业生产要素投入的比例合理化，部分剩余劳动力可以在与其他

要素比例匹配投入中消化吸纳掉。其次，延伸加长农业产业链，使农业产业同第二、三产业的经济活动连为一体。在农业产业化经营条件下，自给性生产降低，农业产品的商品率提高，这就会使大量农户从农业生产领域里脱离出来，专门从事生产资料和资金的供应，技术信息服务，在实现农民富裕的同时，可以转移大量农村剩余劳动力。

第二，加快农业产业化进程，开发农业内部对剩余劳动力的吸收潜力。

农业产业化可以从两个方面转移农村剩余劳动力：一是农业产业化可以让农民实现专业化生产，使之有组织地进入市场，避免生产的盲目性，解决农产品的"卖难"问题，扩大农业生产规模，更多地解决就业问题；二是农业产业化可以通过农产品的加工、购销来延长农业的产业链，提高农产品的附加值。同时，要大力支持农业龙头企业的发展，尽可能为他们提供政策扶持，引导他们开发地方优势资源，选准主导产业和骨干产品。同时，要精心构筑产业化服务体系，抓好专业性市场的培育和建设，努力促进农村第三产业发展。要以优势产业为核心，建立产、供、销一条龙服务，推进贸工农一体化，增加龙头企业就业岗位。政府要积极扶持龙头企业，实行公司＋基地＋农户、经营大户＋农户、农户＋市场、专业合作社＋农户等多种经营形式。优先扶持省级重点龙头企业，抓一批"五专"（专业大户、专业村社、专业场站、专业协会、专业市场）经营组织和外向型企业，增加就业岗位。

第三，推进现代农业发展，挖掘农业内部对剩余劳动力的吸收潜力。

农业始终是农村劳动力就业的基本领域，农业的市场化发展对优质、高档、多样性的农产品生产提出了要求，为了适应这种变化，同时让西部地区的农村剩余劳动力更好地实现就业，在科技进步的前提下大力发展现代集约农业具有很大的潜力。例如塑料大棚的推广，工厂化种植、养殖，优质高产的新品种的研究，新型模式化栽培（养殖）等新技术模式的研究应用，都可以使西部地区有限的土地容纳更多的劳动力就业。同时要努力提高土地利用率，开发西部地区广阔的丰富的荒山、荒水、荒坡、荒滩等土地资源。积极引导农民优先利用闲置地，充分利用非耕地资源和未利用地，按照"宜农则农、宜渔则渔、宜牧则牧"的原则，对土地进行精耕细作，吸纳剩余劳动力。

第四，大力推广农业科技，提高农业内部对剩余劳动力的吸收能力。

农业部门吸纳劳动力的能力，还要取决于农业技术类型的选择。我国农业技术类型的选择一定要体现我国的基本国情。结合西部地区的具体情况，在农业技术类型的选择上，在今后相当长一个时期内，应偏重采用有利于节省土地的技术。一般而言，生物技术的发展有利于用劳动力和现代生产要素替代土地，因此，今后应大力发展农业的生物技术。

第五，合理采用农业机械技术，提高农业内部对剩余劳动力的吸收能力。

农业机械技术的采用有利于用资本和机器来替代劳动力，但这又排挤出了大量的剩余劳动力。因此，今后农业机械化的发展应着重采用适合我国农业特点的小型农机具和排灌设备等，避免农业过早的用资本代替劳动力。值得注意的是，由于农业劳动力和农地使用权市场发育程度还很低，农业生产要素的跨区域流动还有不少困难，致使在一些经济发达地区农业过早地走上了用资本替代劳动力的道路。在我国总体上仍然存在大量农村过剩劳动力的情况下，这必然会造成宏观上的效率损失。近年来出现的异地农业承包，有利于发挥农业部门吸纳农村过剩劳动力的作用，应该积极推广。

第六，积极开发和利用西部农村各项资源，突出农村生活特色，丰富乡土文化内涵，提高农业内部对剩余劳动力的吸收能力。

要提升农产品的市场竞争力，其核心是产品的不可替代性。西部各地应根据市场需求，首先立足当地资源优势，重点发展畜牧、林果、渔业、中药材、蔬菜、花卉等农产品。同时，还应有过硬的产品质量做保证。各地要注意优化产品品种和品质结构，全面提高农产品质量。在此基础上结合本地资源特色和优势大力发展休闲观光农业、旅游农业。

### 8.7.3 创新转移机制，提高异地转移质量

作为西部农村劳动力转移的另一条重要途径就是异地转移，包括向乡镇转移和向城市流动，主要是向第二、三产业转移，向大中城市，尤其是东部及沿海发达地区的大中城市的第二、三产业转移，这也是我国西部农村剩余劳动力转移的主要渠道。当然，异地转移也包括少量国际性多维输出。

　　第一，转变观念，提高西部农村劳动力转移的组织化和市场化程度。

　　我国农民的组织化程度低，观念落后，既不适应工业时代社会化大生产的需要，也不利于提高农村劳动力的附加值，对于维护农村劳动力转移后的合法权益和提高培训质量也难以实现。因此，通过政府引导、农民参与、市场化运作等方式，组建劳务输出公司、劳务输入公司等市场运作主体，提高广大西部农民的组织化程度，从而借助市场主体通过政府补贴开展有组织有目的的培训和输出，减少流动成本，减少农村劳动力的盲目流动。在劳动力与资本要素的优化组合过程中，单个农民难以与资本实现优化组合，而组织起来的劳动力则可以同资本实现更加优化的生产组合，实现总产出的最大化，提高劳动力的附加值。

　　同时，应培育劳动力转移市场，提高西部农村剩余劳动力转移的专业化、组织化和市场化程度，扶持地方或企业组建劳务输出公司，对农村剩余劳动力进行专业培训合格后组织输出，并由劳务输出公司为输出劳动力提供专业化的培训、就业、维权、失业临时安置等服务，政府、用人单位和转移劳动者共同承担劳务输出公司的费用，通过市场化运作，政府购买服务的方式，提高农村劳动力输出的组织化程度，提高西部农村人力资源附加值，从而提高西部农村人力资源开发质量，提高西部经济增长质量。

　　第二，提高农村资源的市场化配置程度，促进西部农村劳动力转移。

　　市场经济的重要特征就是要充分发挥市场在资源配置中的基础性作用，搞活市场机制是提高西部农村人力资源开发质量的重要前提，也是促进经济增长的重要途径。只有按统筹城乡科学发展的思路，通过农民资产资本化、农业资源资本化的农村资源"两化"思路，不断提高西部农村市场化程度，才能提高西部农村人力资源素质，增加农村劳动力的附加值。这里的农民资产包括农民个人所有或集体所有的无形资产与有形资产，即：劳动力、土地承包经营权、林地承包经营权、宅基地建设指标、农村集体经济所有者身份等无形资产；农民所有的房屋建筑物、树林苗木、金融及实物财产等有形资产。农业资源则指农村发展农业生产或非农业生产所需的农田、山丘、水利、旅游、生态、环境及其他资源。农民资产和农业资源都属于农村资源。通过建立农村资源市场，扶持市场主体，搭建农村资源交易平台，建立农村金融体系，完善农业服务体系，健全农村社会事业体系，不断提高农村市场化程度，搞活农村市场机制，辅之政府支持，并借助市场来转变农民意识，提高农村人力资源开发的质量，才能实现生产要素在农村或城乡之间实现优化配置。农村市场的建立和完善，一方面为包括劳动力在内的农民的资产实现了市场价格；另一方面通过其资产的出售或出租将农民的农业资产或资源转化为固定收入，为农村劳动力走出去就业减少了后顾之忧。

第三，加快推进西部城镇化进程，提高城镇对农村剩余劳动力的吸纳能力。

具体包括：鼓励发展各种实体经济，大力扶持乡镇企业发展，推进城镇化进程，加快小城镇建设，扩大城镇就业容量，吸收西部农村剩余劳动力。大力发展民营经济，实现农村劳动力就业的多元化。扶持农产品加工型乡镇企业的发展，继续发挥乡镇企业在吸纳农村剩余劳动力方面的重要作用。大力发展小城镇，实现乡镇企业发展与小城镇建设的结合，形成西部城市发展的新机制，增加小城镇对农村剩余劳动力的吸纳能力。

第四，开拓国际劳务市场，扩大西部农村剩余劳动力的转移区域。

西部各地政府应抓住入世后各国劳动力资源配置比较透明的有利条件，积极参与国际劳务市场竞争，放宽政策，广开劳务合作渠道，在加强农民就业技术培训，提高劳动者素质的同时，把人口负担转化为劳动力资源优势，开发国际劳务市场，有组织地进行劳务输出，从而为西部农村剩余劳动力的转移寻找更大区域。这种劳务输出的扩大，不仅可以解决大量西部农村剩余劳动力的流动问题，提高农村劳动力的就业水平，增加广大农民的收入，加快资本积累，而且还有利于长期处于西部贫困落后地区的农民走出去拓宽视野，更新观念，为农村剩余劳动力的投资创业创造条件。

第五，加快推进农村改革步伐，健全西部农村剩余劳动力转移制度环境。

这里的改革是指涉及农村剩余劳动力转移的制度改革，包括打破城乡二元结构、改革户籍制度、健全农民工市场、完善社会保障体系等。二元户籍管理制度，极大地制约了农村剩余劳动力向非农产业的转移，必须进行彻底改革，从身份上彻底消除城乡差别，从而加速农村剩余劳动力在城乡间的有序流动。西部的各级各类城市还应积极采取措施取消针对农民进城务工的各种不合理政策和费用，政府也应采取措施进行相应的住房、教育、公共卫生、医疗服务等制度改革，建立城乡一体的社会保障制度，提高农村劳动力转移的彻底性和稳定性。西部地区各级政府还应该真正建立并调控农民工市场，使之成为农村劳动力规范交易行为的场所，成为农村劳动力就业的桥梁。

我国西部农村劳动力总体上是数量大、素质低，随着新农村建设和现代农业的快速发展，西部农村剩余劳动力的转移压力将进一步增大。理论分析与实证分析表明，农村劳动力转移与转移输出地的经济发展水平密切相关，同时，文化程度、居住地点和性别变量也是影响农村劳动力非农就业非常重要的因素。因此，应分析和掌握农村劳动力转移的客观规律，不断提高西部农村劳动力转移开发质量。

## 8.8　本章小结

（1）总体分析发现，改革开放以来，随着国家宏观政策的变化和我国农村经济的发展，农村劳动力外出就业数量呈现出明显的阶段性特征，其中西部农村剩余劳动力的转移具有转移数量大、转移人员素质低、转移自发性强、组织化程度低、思想保守、转移就业能力差等特点。

进一步分析发现，影响西部农村劳动力转移质量的因素包括宏观与微观两个方面。其中，宏观因素主要有：转出地和转入地的区域经济发展水平、转出地与转入地的产业结构、转出地与转入地的区域位置等；微观因素主要有：转移劳动力的受教育程度、性别、家庭住地区域位置、家庭人员构成、劳动者的观念及当地政府的工作等。

（2）对代表西部不同经济发展水平的成都市三个经济发展圈层六个区市县农村剩余劳动力转移调查分析得出，西部农村劳动力的就业以及转移输出，无论是性别比例、职业类别、产业分布还是地区分布，都与当地经济发展水平密切相关。虽然存在着一些共同特征，但各经济圈层和地方也都存在着明显的差异，产生差异的原因包括地理位置、自然环境、人文风俗、经济状况、当地政府的工作力度和工作方向等，其中最大差异则是各地人力资源素质差异，人力资源素质越高的地区，劳动力越容易实现转移，且转移劳动力越能适应社会的快速发展和激烈的市场竞争。具体表现为：农村劳动力转移输出情况随经济发展水平的不同呈现出明显趋势，经济越发达地区的务农比例越低，其他行业从业人员比例越高，而经济相对落后地区的务农比例则较高，其他行业从业人员比例则较低；农村劳动力转移输出男女人口性别比明显高于劳动力男女人口性别比，并随经济发达程度不同表现出明显趋势，即转移输出人口中的男性占比明显高于女性，经济越发达地区其转移输出的男女性别比差距越小，而相对不发达地区转移输出劳动力的男女性别比差距则更大；农村劳动力转移输出的产业分布随输出地经济发展水平也呈现出明显差异，经济相对发达地区的农村劳动力中务农人员占比小，转移输出人员从事第三产业的比例大，经济相对不发达地区的农村劳动力中务农人员占比大，转移输出人员从事第二产业的比例大；农村劳动力转移输出的地区分布总体上是输出地以县内为主，其次是县外市内，而市外省内和省外国内的输出规律则不明显，其中国外输出比例都很小，但经济相对发达地区县域内转移的劳动力比例大于经济相对不发达地区，经济相对不发达地区省外转移输出农村劳动力的比例却大于经济相对发达地区。

对西部地区具有较强代表性的四川省邛崃市的调查分析发现，农村劳动力有57%的人在家务农，已转移从事其他职业的有43%，转移劳动力中又以务工、经商为最多，其次是灵活就业；转移区域表现出就地转移特征显著，近一半农村劳动力选择邛崃市范围内就业；转移产业特征则是转移到第二、三产业的比例相当，其中三产略高于二产；已转移劳动力文化程度特征是总体文化层次较低，但相比较而言是农村劳动力中文化层次较高的部分；已转移劳动力行业分布特征是劳动力转移就业集中于建筑业和制造业等就业门槛低的行业；转移后收入特征是转移后月平均收入903.4元，是农民家庭增收的主要来源；求职渠道特征是农村劳动力求职主要依赖于亲缘与地缘关系；农村劳动力转移预期收入特征是农村劳动力预期收入结构较合理，整体低于当前收入水平。对平原、丘陵和山地地区劳动力非农就业决策分析得

出：文化程度、居住地点和性别变量对劳动力非农就业决策影响显著，文化
程度对劳动力的非农就业倾向有着明显作用，且影响程度在逐渐增大，另外
文化程度对距离中心城市相对较远的农户劳动力非农就业倾向的影响更大；
居住地点因素对农户劳动力非农就业倾向的影响也非常显著。对劳动力选
择就业地点的分析得出：文化程度、居住地点对劳动力非农就业地点影响显
著，小学、初中、中专和大专及以上教育水平对农户外出打工产生了明显的
促进作用，而高中教育的影响则不显著；居住地点因素则对外出打工的影响
为负面的，距离中心城区越近的农户，越容易在本地获得非农就业的机会，
而外出打工的倾向就越小。

# 9　农民健康与西部农村人力资源开发

　　健康状况是衡量人口质量的重要指标，改善西部地区人口健康状况和提高健康水平，既是实现西部有效开发的重要手段，也是西部开发的根本目的之一。在以开发自然资源为主逐步转向以开发人力资源为主的背景下，农村人力资源问题已经与农村经济社会的发展形成了尖锐的矛盾。由于健康保障在人力资源开发中具有重要作用，而健康保障的改善还未得到足够的重视，因此，加快农村健康保障制度的建立和完善，对促进农村人力资源开发具有重要意义。

## 9.1　农民健康与农村人力资源开发的关系

　　人力资本学家格罗斯曼认为，健康既是一种消费品同时又是一种投资品。因为健康状况决定消费者可利用的工作和闲暇时间的多少，而生病天数减少的货币价值就是健康投资的回报。同时，健康投入的多少影响乃至决定人们可以获得的人力资本。当人们将收入中的一部分用于医疗保健支出从而使自己保持健康状态，就可以通过增加用于工作的时间，提高工作效率、获得新的工作机会等方式增加自身的人力资本积累，而这种投资的收益即疾病损失的减少、收入的增加和个人福利的改善。收入的增加又能反过来促进健康水平的提高和健康投入的增加，从而使健康与福利之间形成良性循环关系。相反，健康水平的低下使人们丧失了人力资本投资的能力和改善自身境遇的机会，造成收入的减少和贫困的发生，后者又进一步制约着人们健康水平的提高，最终形成了健康水平低下—人力资本投入不足—贫困—健康水平再度恶化的陷阱。

## 9.2　西部农民健康现状

自实施西部大开发战略以来，国家加大了对西部地区的资金投入和政策倾斜力度，努力提高西部地区医疗卫生水平，改善西部群众健康状况，并取得了可喜的成绩。2001~2009 年 10 月底，中央财政对西部地区 12 个省（区、市）共投入卫生专项经费 786.2 亿元，占全国（1814.6 亿元）的 43.3%。其中内蒙古 48.4 亿元，广西 86.3 亿元，重庆 50.2 亿元，四川 183.8 亿元，云南 98.4 亿元，贵州 82.3 亿元，西藏 19.4 亿元，陕西 74.3 亿元，甘肃 62.8 亿元，青海 18.7 亿元，宁夏 13.8 亿元，新疆 47.8 亿元。其中，2008 年，中央财政对西部地区 12 个省（区、市）共投入卫生专项经费 242.3 亿元，占全国的 47%，比 2000 年（1.5 亿元）增加 240.8 亿元，增长 161 倍。

在政策和资金的大力支持下，西部地区的卫生服务体系建设及重大传染病和地方病的预防控制、新型农村合作医疗、农村卫生、妇幼卫生、社区卫生等工作也都取得了重大进展。但是，由于西部农村以高原、山区为主，农民的健康意识薄弱，加之我国农村公共卫生服务体系曾有一段时间缺失，导致我国西部农村人力资源的健康状况仍不容乐观。主要表现在：

1. 地方病流行

在西部广大农村，由于自然条件恶劣，经济条件落后，农作物品种单一，水质、土质等存在危害人身体的元素，致使农民营养不良甚至温饱难解，地方病广泛流行，严重影响他们的生产、生活，成为经济发展的严重阻碍。

我国是地方病流行较为严重的国家，全国 31 个省、自治区、直辖市都不同程度地存在地方病的流行，主要有碘缺乏、地方性氟中毒、地方性砷中毒、大骨节病、克山病等。地方病的流行，致使相当一部分农村人口陷入了因病致贫的困境，生活甚至生命都受到了严重威胁。受自然、环境、经济、文化及生活习俗等因素影响，地方病流行的重病区大多集中在西部偏远、贫困地区。据国家卫生部、发改委、财政部3部门发布的《全国重点地方病防治规划》（2004~2010年）统计，全国592个国家扶贫工作重点县中，有576个是地方病流行的重病区，多集中在西部地区，重庆、四川、西藏、甘肃、青海、新疆6个省、自治区、直辖市尚未实现消除碘缺乏病的目标。在四川省21个市（州）还存在不同程度的地方病流行，主要有克山病、大骨节病、碘缺乏病、地方性氟中毒、地方性砷中毒、肥子病。碘缺乏病有125个县（市、区）未达到基本消除阶段目标，是全国未达到基本消除碘缺乏病的7个省之一。在贵州省织金县，32个乡（镇）均不同程度受地方氟病威胁，中毒人数占调查人口的13.8%。我国西部地区农村男性因贫穷和感染疾病死亡的死因构成比为46.4%，比东部高15个百分点；女性超过50%，比东部高19个百分点。

2.营养状况差

西部广大农村特别是老少边穷地区的青少年饮食结构单一、营养严重不均衡，营养不良造成青少年发育迟缓（如身高不足），从生理角度影响到他们今后各方面素质的健康发展。国家卫生部2005年对江苏、山东、黑龙江、河南、湖北、湖南、广西、贵州8个省、自治区的0~5岁婴幼儿和家长抽样调查显示：西部地区省份如广西、贵州等地0~5岁婴幼儿的营养不良率明显高于其他中、东部地区。贵州农村婴幼儿生长迟缓率达31%，广西农村达22.3%，而江苏、河南、山东等地儿童营养不良率低于10%。这说明儿童营养改善工作的重点仍然在农村，特别是西部老少边穷地区。另据首都儿科研究所的调查，我国处于中度维生素A缺乏的省有7个，其中包括内蒙古、甘肃、陕西、宁夏等西部6省区，广西儿童维生素A缺乏高达42.6%，维生素A居我国维生素缺乏第二位；而位居首位的是维生素$B_2$，广西、陕西、云南、内蒙古等省区都严重缺乏。

3.平均预期寿命低，婴儿死亡率高

由于社会经济水平的提高和科学医学的不断发达，通过实施儿童计划免疫、妇幼保健、计划生育、改善水平、改进饮水和环境卫生等各种措施，我国所有地区的平均预期寿命都有了显著的提高。但是这种发展很不平衡，我国西部地区很多人健康知识缺乏，营养摄入量不足，人口预期寿命相对较短。

表9—1　西部地区人口平均预期寿命

单位：岁

| 地区<br>年份<br>（年） | 全国 | 内蒙古 | 广西 | 重庆 | 四川 | 贵州 | 云南 | 西藏 | 陕西 | 甘肃 | 青海 | 宁夏 | 新疆 |
|---|---|---|---|---|---|---|---|---|---|---|---|---|---|
| 1990 | 68.55 | 65.68 | 68.72 | — | 66.33 | 64.29 | 63.49 | 59.64 | 67.40 | 67.24 | 60.57 | 66.94 | 62.59 |
| 2000 | 71.40 | 69.87 | 71.29 | 71.73 | 71.20 | 65.96 | 65.49 | 64.37 | 70.07 | 67.47 | 66.03 | 70.17 | 67.41 |

资料来源：《中国统计年鉴—2008》，中国统计出版社 2008 年版。

　　从表9—1可以看出，西部地区的人口平均预期寿命，普遍低于全国平均水平，1990 年全国平均预期寿命为 68.55 岁，西部地区只有广西达到了平均水平。2000 年全国各地区的平均预期寿命都有所提高，西部地区也有不同程度的提高，但是，也只有重庆达到了平均水平，广西、四川、陕西、宁夏四地区接近 71.4 岁的平均值，还有 7 个地区低于 70 岁，还没有达到东部某些地区 1990 年的水平。

　　再从人口死亡率来看（见表9—2），西部地区似乎都低于全国的平均水平，但是西部有 7 个地区的死亡率都在 6‰以上，甘肃高达 6.65‰，宁夏和新疆略低，分别为 5.04‰和 5.01‰，而当年全国其他地区也只有 6 个地区达到 6‰，最低的为 4.66‰。

表9—2　2007 年西部地区人口死亡率

单位：‰

| 全国 | 内蒙古 | 广西 | 重庆 | 四川 | 贵州 | 云南 | 西藏 | 陕西 | 甘肃 | 青海 | 宁夏 | 新疆 |
|---|---|---|---|---|---|---|---|---|---|---|---|---|---|
| 6.93 | 5.73 | 5.99 | 6.30 | 6.29 | 6.60 | 6.22 | 5.10 | 6.16 | 6.65 | 6.13 | 5.04 | 5.01 |

资料来源：《中国统计年鉴—2008》，中国统计出版社 2008 年版。

## 9.3　西部地区农民健康问题的成因

1. 农民素质低下制约了农民健康

西部地区由于文盲、半文盲率高，平均受教育程度较低，受文化素质较低的影响，农民对健康、营养、医疗保健的观念都很缺乏，据统计，农民年人均消费的烟酒费用将近农村合作医疗筹集资金 10 倍，但农民却不愿参加合作医疗。

2. 农村卫生资源短缺

长期以来，我国各级财政实行"分灶吃饭"，卫生资源投放主要集中在城市，卫生资源分配与需求呈"倒三角"形，很多地方县乡财政困难，重视不够，以致投入逐年减少，城乡差距拉大。扭曲的资源配置导致了农村公共卫生设施落后，医疗人才短缺、医疗服务水平极差，直接影响了西部地区农村人口的健康状况。从表 9—3 和表 9—4 可以看出，占全国农村人口最多的西部地区，乡镇卫生院的数量、床位数、卫生员的人数都比较低，农村卫生室的情况更是不容乐观。在我国西部，每千户农业人口中乡村医生和卫生员数还不足 1 人的地区占到 60%，其中最低的是广西，只有 0.46 人。而世界上发达国家每 1000 人所拥有的卫生服务人员是 10 名。

表 9—3　2007 年西部地区乡镇卫生院情况

| 地区<br>项目 | 全国 | 内蒙古 | 广西 | 重庆 | 四川 | 贵州 | 云南 | 西藏 | 陕西 | 甘肃 | 青海 | 宁夏 | 新疆 |
|---|---|---|---|---|---|---|---|---|---|---|---|---|---|
| 卫生院（个） | 39876 | 1616 | 1266 | 1049 | 4834 | 1453 | 1397 | 666 | 1701 | 1333 | 381 | 242 | 868 |
| 床位（张） | 747156 | 13170 | 27212 | 19877 | 65838 | 19162 | 27412 | 2207 | 22339 | 15955 | 2323 | 1615 | 15558 |

续表

| 地区<br>项目 | 全国 | 内蒙古 | 广西 | 重庆 | 四川 | 贵州 | 云南 | 西藏 | 陕西 | 甘肃 | 青海 | 宁夏 | 新疆 |
|---|---|---|---|---|---|---|---|---|---|---|---|---|---|
| 卫生人员（人） | 1032921 | 19435 | 37781 | 26309 | 73549 | 19290 | 23884 | 1873 | 29169 | 16684 | 2769 | 3439 | 17350 |

资料来源:《中国农村统计年鉴—2008》。

表9—4　2007年西部地区农村村卫生室情况

| 地区<br>项目 | 全国 | 内蒙古 | 广西 | 重庆 | 四川 | 贵州 | 云南 | 西藏 | 陕西 | 甘肃 | 青海 | 宁夏 | 新疆 |
|---|---|---|---|---|---|---|---|---|---|---|---|---|---|
| 卫生室（个） | 613855 | 15025 | 21818 | 10102 | 50748 | 19154 | 13040 | 3418 | 24505 | 13768 | 3568 | 2718 | 6975 |
| 乡村医生和卫生员（人） | 931761 | 16393 | 2423 | 21530 | 61139 | 25070 | 34083 | 2220 | 33163 | 15807 | 4329 | 3748 | 7397 |
| 每千农业人口乡村医生和卫生员（人） | 1.06 | 1.14 | 0.46 | 0.91 | 0.92 | 0.75 | 0.94 | 0.98 | 1.21 | 0.79 | 1.18 | 0.97 | 0.64 |

资料来源:《中国农村统计年鉴—2008》。

### 3.农村医药市场监管乏力

中国在经济体制改革的过程中，政府把农村的医疗卫生交给市场这只"无形的手"来调节，使得实际收入仅仅相当于城市居民1/4的农村居民也要按照城市标准形成的价格支付医药费。而农民收入又严重滞后于药价上涨，面对不断上涨的医疗费用，农民看不起病，因病致贫、因病返贫现象突出。此外，由于药品市场存在信息不对称，农民对药品的鉴别能力较差、消费观念落后，总喜欢贱价商品而不管劣质与否等，加上农民居住分散，农村药品市场难以管理。这就给了不法商贩以可乘之机，使得大量假冒伪劣和过期、淘汰、禁用的药品流向农村市场，严重影响了农民的身体健康。

4. 农村公共卫生投入不足

长期以来，农村卫生机构实行"以药养医"的机制，以医疗补防疫保健的办法，导致卫生院普遍存在经费紧张，从事公共卫生服务人员的待遇无保障，预防保健服务经费不落实，更无房屋建设和设备更新经费，村卫生人员从事预防保健服务无补助，这造成了公共卫生服务水准下降，农民看病难，看不起病的问题变得越来越严重。

5. 农村医疗保障制度未建立健全

广大农民迫切需要医疗保障制度，虽然一些地区相继开展了不同形式的合作医疗，但是农民积极性不高，参保率低，覆盖面小。究其原因，一是农业部等五部委颁布的《减轻农民负担条例》中把"合作医疗"项目列为农民不合理负担不允许征收，导致一些恢复合作医疗的地区再次放弃；二是县、乡、村三级扶持资金不到位，向农民集资成为基金的主要来源，基金总量少，抗风险能力小，大病仍无保障；三是农民对医疗合作有误解，认为卫生院无法生存才出此对策，同时也担心存在不公平以及参保吃亏的问题。

## 9.4 加强农民健康促进农村人力资源开发的措施

### 9.4.1 加强西部农村健康教育，增强农民健康意识

要改善农民的健康状况，首先要通过教育和培训让农民养成良好的生活习惯，增强农民的健康意识，让农民认识到健康的重要性，学习和掌握相关的健康知识，主动获得、理解、接受一些健康信息，并利用这些健康信息来改变自己的行为，维护和促进自己的健康。各级政府、部门要把健康教育作为提高人民群众生活质量和健康水平的有效手段，规定对健康教育投入的最低限度，确保这项活动正常开展的资金来源。各地乡镇可以充分利用现有的农村医疗人员，通过板报、标语、高音喇叭等方式宣传有关健康知识，此外，可以依托"全国亿万农民健康促进行动"和"相约健康社区行"的活动平台，制作一些针对性、目标性、效益性、适应性等较强的传播材料，利用

电视机、影碟机等传媒进行播放，以此纠正和改善农民的不健康行为和生活习惯，从源头上控制疾病的发生和传播。

### 9.4.2 加强农村药品市场的监管力度

首先，有关部门应严厉打击贩卖假药的商贩，整顿农村药品市场，堵住劣质药品流向农村。其次，对农村基层卫生机构，要制定基本的用药范围，规定药品价格，倡导集中采购药品。再次，在药品销售流通环节上，严格控制药品价格，发展地区药品连锁店，推行药品招标投标制度，并防止垄断。通过税收优惠政策、财政贴息贷款、简化开办手续等方式，引导一些信誉高、价格低廉的药品连锁店向农村发展，为农民能买到好药、真药创造环境。

### 9.4.3 加大对农村人力资源健康保障的财政支出

增加对农村人力资源健康保障的财政支出，是农村人力资源健康保障的物质基础。目前，从公共筹资看，政府在卫生筹资如贫困人群医疗覆盖、健康保障制度与公共卫生服务供给中的作用太小，这也是导致农村卫生服务可及性下降的主要制度性原因。因此，政府应从国家整体发展角度出发，发挥政府的主导作用，通过国民收入再分配以及扶贫资金向医疗保健补助的投向转移等途径，实现城乡卫生资源对西部农村的保护和倾斜。

针对西部农村居民的现状，主要应加大以下几方面的投入：一是加强西部地区卫生基础设施建设投入，重点开展西部农村地区业务用房建设和基本设备配置，血站建设、农村巡回医疗车配置以及农村卫生服务体系等；二是加大对重大传染病和地方病的预防控制、新型农村合作医疗、农村卫生、妇幼卫生、社区卫生等的投入；三是支持西部地区基层卫生人才培养，为其配备急需的医疗卫生设备，补助必要的工作经费等；四是加快推进西部地区农村改水改厕和卫生镇建设；五是加大对食品营养的研发，针对西部地区的营养缺乏状况，政府加强食品营养研究，有针对性地在公共食品中添加营养剂，减少西部地区的地方营养缺乏症和地方病症。

### 9.4.4　加强农村卫生服务体系建设

农村卫生服务主要是为农民提供基本卫生服务，而基本卫生服务是集健康促进、疾病预防、人群保健、医疗及康复照顾为一体的综合性服务。近几年，随着我国城市社区卫生服务的推广，不少地方的农村社区卫生服务有了一定发展。然而，由于农村的卫生资源、农民的经济状况和保健意识、农村环境等方面都与城市有一定差异，因此，农村卫生服务不能照搬城市社区卫生服务模式。针对西部地区人口居住点分散的现实状况可以设立农村三级卫生服务体系。

所谓农村三级卫生服务体系是指以县级卫生机构为"龙头"，乡镇卫生院为"枢纽"，村级社区卫生服务组织为"网底"的农村医疗卫生服务体系。除了作为农村预防保健和医疗服务业务指导中心的县级卫生机构发挥"龙头"作用外，还建议在一个县的范围内，突出重点建设几所中心卫生院，方便农村居民的医疗，对纳入"中心卫生院"建制的机构，要集中项目资金，使其成为农村一定区域内名副其实的医疗卫生中心。乡镇卫生院作为三级网络的"枢纽"，承担公共卫生服务的主要职能，综合提供预防、保健和基本医疗等服务。当前特别需要加强的是"承担公共卫生管理职能"，需要特别防止和克服的是单纯地办成医院模式。村级卫生组织是三级网络的"网底"。它要承担卫生行政部门赋予的预防保健任务，提供常见伤、病的初级诊治，确保农民小病不出村，就近诊治。各级政府要有计划地为每一个行政村建好一个卫生室，给予必要的人、财、物保障。为有效地提高农村医疗服务水平，促进乡村医生做好基层防保工作，要积极推进乡村卫生服务管理"一体化"，实行以合作为基础，以服务为纽带，以乡镇卫生院统一管理为核心的管理、合作机制。

同时要加强对农村医务人员的培训。一方面要开展农村卫生人员岗位培训，对西部地区乡、村卫生技术人员和县、乡卫生管理人员开展传染病、急诊急救、检验、放射、呼吸内科、合理用药和管理知识技能等方面的培训。另一方面对西部地区内蒙古、四川、云南、甘肃、青海和宁夏6省（自治区）的乡村医生开展临床实用技能培训。

## 9.5　本章小结

（1）对西部农村劳动力健康状况分析得出，自实施西部大开发战略以来，国家加大了对西部地区的资金投入和政策倾斜力度，努力提高西部地区医疗卫生水平，改善西部群众健康状况，西部地区的卫生服务体系建设及重大传染病和地方病的预防控制、新型农村合作医疗、农村卫生、妇幼卫生、社区卫生等工作也都取得了重大进展。但仍存在地方病流行，农村劳动力营养状况差，平均预期寿命低，婴儿死亡率高等问题。

（2）对导致西部农村劳动力健康状况影响因素的分析发现，农民素质低下、农村卫生资源短缺、农村医药市场监管乏力、农村公共卫生投入不足、农村医疗保障制度未建立健全等是制约西部农村劳动力健康的重要因素。因此，应加强西部农村健康教育，增强农民健康意识；加强农村药品市场的监管力度；加大对农村人力资源健康保障的财政支出；加强农村卫生服务体系建设。

# 10　研究结论和政策建议

## 10.1　研究结论

　　我国西部农村人力资源开发，应以科学发展观为指导，坚持城乡统筹的发展思路，以化解"三农"问题为目标，以教育、培训、劳动力转移、健康等为途径。通过研究，得出提高西部农村人力资源开发质量，促进西部经济增长质量提高的如下结论。

　　（1）通过设计评价西部经济增长质量的指标体系，收集整理和分析了大量的相关数据，对西部经济增长质量进行综合评价后得出，从 2000~2007 年西部地区经济增长持续度和稳定性较好；西部地区三次产业产值在地区国内生产总值中所占比重起伏明显，经历了第一产业产值逐步下降，第二、三产业产值比重逐步上升的变化，尤其是第二产业产值比重呈现出逐步递增的趋势，但西部地区三次产业产值结构的比例层次仍然比较低；从就业结构来看，西部地区第一产业就业比重仍然是最高的，且从技术进步类及社会效益类部分指标可看出，西部地区人力资源素质低，整体创新能力弱，这已成为制约西部经济增长质量的关键因素。从总体来看，西部地区经济增长质量综合评估分值很低，尚处于刚刚脱离低质增长进入中质增长阶段，经济增长的粗放程度很高。因此，当前的任务是加大西部地区人力资源开发，特别是农村人力资源开发，推动西部地区技术进步，转变经济增长方式，从而促进西部经济向较高质增长阶段发展。

（2）通过对西部农村人力资源开发与西部经济增长质量之间互动关系的理论和实证分析得出，农村人力资源的开发投资必然会使经济增长质量的各项指标朝正的方向发展，人力资源开发形成的人力资本所具有的生产功能与经济特性必将继续推动经济增长质量的提高；而经济增长质量的提高可以为农村教育、农民培训、农村劳动力转移和农民健康提供保障。对影响全国及西部地区经济增长因素的实证分析发现，乡村固定资本投入增长率变量的贡献最大，且为正向贡献，而城乡人力资源投入增长率之比变量在两个模型中的弹性系数均为负值，且弹性系数较小。

（3）通过收集大量的数据，对农村人力资源从数量、质量与结构三个方面进行了实证分析并得出如下结论。第一，数量方面，我国西部地区农村具有比东部、中部农村更多的富余劳动力或具有更多可供开发的人力资源数量，同时未来增量人力资源可开发潜力较大。第二，质量方面，西部农村人力资源的构成总体情况仍然是以小学和初中文化程度为主，农村劳动力中文盲、半文盲人数占农村劳动力总数的比例大。第三，结构方面，从地区结构来看，四川省的人口总数、就业人员数及农村就业人员数均居首位，而云南、广西、贵州三地的农村就业人员或农村人口所占比重也较大，表明西部农村就业人员、纯农业从业人员、农村人口所占比重均较高；从城乡结构来看，西部地区城乡人口的数量、受教育程度等方面的差异都大于全国及东部发达地区；从行业结构来看，西部乡村从业人员中从事农、林、牧、渔业等纯粹农业的从业人员比例大大高于全国；从性别结构来看，按户籍统计的乡村从业人员中大部分西部省份出现男女性别比高于全国的情况，即普遍是男性多于女性；从年龄结构来看，大部分学历高的青壮年农村劳动力转移进城就业，导致留在农村从事纯粹农业生产的从业人员往往是素质低、年龄大的劳动力；从学历结构来看，西部地区农村劳动力中的文盲、半文盲率尚在增加，且远远高于东部，与全国农村劳动力这一比例降低的情况相反。

（4）对西部未来增量农村人力资源开发质量的总体统计分析和实地调查分析发现，西部农村学生生均教育经费支出较低，西部农村教师素质较低、生存环境令人担忧，从而导致西部农村教育质量较低，进而影响西部农村未来增量人力资源的质量。我国西部农村初中、小学和职业中学的生均教育经费支出均低于东部地区和全国平均水平，其中地方职业中学生均教育经费支出远远低于东部；反映教师质量的西部农村初中、小学和职业中学教师的学历结构、职称结构、代课教师及兼任教师占比等指标也与东部和全国存在较大差距；西部乡村教师从工作、生活与继续教育等方面反映出来的生存环境和素质状况令人担忧，工作状况方面普遍存在乡村教师的工作任务偏重、大多数教师教育研究能力较差、教师普遍对工作条件感到不太满意等，生活状态方面则普遍存在乡村教师的收入水平比较低、大部分教师对自己所从事的职业并不具有职业认同感、大多数30~40岁之间的骨干教师都有调动的愿望等情况，而继续教育方面则出现大部分乡村教师认为继续教育效果较差等反映，调查还发现这些现象已经直接反映在了教学工作中，极大地影响着西部教育的均衡发展，进而影响着西部农村增量人力资源的质量。

（5）对西部存量农村人力资源培训开发质量的总体统计分析和实地调查分析发现，西部农民具有较强的培训意愿，我国西部地区也已经建立起了一批专门用于农民培训的职业教育和培训机构，并针对农民开展了多个层次的培训，培训内容包括综合素质和专业技能两大部分，并已经培训了大批农村劳动力，但总体上西部农民培训质量还比较低，不仅西部农村职业教育质量低下，而且专业农民培训机构的培训条件较差，培训人员获得的技能证书等级较低，同时农民满意度较低，甚至个别地方出现抵触情绪。

（6）对西部存量农村人力资源转移开发质量的总体统计分析和设计模型进行实证分析发现，改革开放以来，农村劳动力外出就业数量呈现出明显的阶段性特征，其中西部农村剩余劳动力的转移具有转移数量大、转移人员素质低、转移自发性强、组织化程度低、思想保守、转移就业能力差等特点。影响西部农村劳动力转移质量的宏观因素主要有：转出地与转入地的区域经济发展水平、转出地与转入地的产业结构、转出地与转入地的区域位置等。微观因素主要有：转移劳动力的受教育程度、性别、家庭住地区域位置、家庭人员构成、劳动者的观念及当地政府的工作等。

对代表西部不同经济发展水平的成都市三个经济发展圈层六个区市县农村剩余劳动力转移开发调查分析得出，西部农村劳动力的就业以及转移输出，无论是性别比例、职业类别、产业分布还是地区分布，都与当地经济发展水平密切相关。具体表现为：农村劳动力转移输出情况随经济发展水平的不同呈现出明显趋势，经济越发达地区的务农比例越低，其他行业从业人员比例越高，而经济相对落后地区的务农比例则较高，其他行业从业人员比例较低；农村劳动力转移输出男女人口性别比明显高于劳动力男女人口性别比，并随经济发达程度不同表现出明显趋势，即转移输出人口中的男性占比明显高于女性，经济越发达地区其转移输出的男女性别比差距越小，而相对不发达地区转移输出劳动力的男女性别比差距则更大；农村劳动力转移输出的产业分布随输出地经济发展水平也呈现出明显差异，经济相对发达地区的农村劳动力中务农人员占比小，转移输出人员从事第三产业的比例大，经济相对不发达地区的农村劳动力中务农人员占比大，转移输出人员从事第二产业的比例大；农村劳动力转移输出的地区分布总体上是输出地以县内为主，其次是县外市内，而市外省内和省外国内的输出规律则不明显，其中国外输出比例都很小，但经济相对发达地区县域内转移的劳动力比例大于经济相对不发达地区，经济相对不发达地区省外转移输出农村劳动力的比例却大于经济相对发达地区。

对西部地区具有较强代表性的四川省邛崃市的调查分析发现，农村劳动力有 57% 在家务农，已转移从事其他职业的有 43%，转移劳动力中又以务工、经商为最多，其次是灵活就业；转移区域表现出就地转移特征显著，近一半农村劳动力选择邛崃市范围内就业；转移产业特征则是转移到第二、三产业的比例相当，其中三产略高于二产；已转移劳动力文化程度特征是总体文化层次较低，但相比较而言是农村劳动力中文化层次较高的群体；已转移劳动力行业分布特征是劳动力转移就业集中于建筑业和制造业等就业门槛低的行业；转移后收入特征是转移后月平均收入 903.4 元，是农民家庭增收的主要来源；求职渠道特征是农村劳动力求职主要依赖于亲缘与地缘关系；农村劳动力转移预期收入特征是农村劳动力预期收入结构较合理，整体低于当前收入水平。对不同经济发展水平的平原、丘陵和山地地区劳动力非农就业决策分析得出：文化程度、居住地点和性别变量对劳动力非农就业决策影响显著，文化程度对劳动力的非农就业倾向有着明显作用，且影响程度在逐渐增大，另外文化程度对距离中心城市相对较远的农户劳动力非农就业倾向的影响更大；居住地点因素对农户劳动力非农就业倾向的影响也非常显著。对劳动力选择就业地点的分析得出：文化程度、居住地点对劳动力非农就业地点影响显著，小学、初中、中专和大专及以上教育水平对农户外出打工产生了明显的促进作用，而高中教育的影响则不显著；居住地点因素对外出打工的影响则为负面，距离中心城区越近的农户，越容易在本地获得非农就业的机会，而外出打工的倾向就越小。

（7）对西部农村人力资源健康开发质量的总体统计分析和实地调查分析发现，自实施西部大开发战略以来，国家加大了对西部地区的资金投入和政策倾斜力度，改善了西部群众健康状况，西部地区的卫生服务体系建设及重大传染病和地方病的预防控制、新型农村合作医疗、农村卫生、妇幼卫生、社区卫生等工作也都取得了重大进展。但仍存在地方病流行，农村劳动力营养状况差，平均预期寿命低，婴儿死亡率高等问题。进一步分析发现，农民素质低、农村卫生资源短缺、农村医药市场监管乏力、农村公共卫生投入不足、农村医疗保障制度未建立健全等是制约西部农村劳动力健康的重要因素。

## 10.2　政策建议

西部农村人力资源开发与经济增长质量存在紧密关系，不仅可促进西部乃至全国经济增长方式的转变，而且对提高西部经济增长质量也具有重要意义，也是最终解决"三农"问题和建设社会主义新农村，实现城乡统筹的重要途径，而加强农村教育、农民培训、农村劳动力转移、农民健康等西部农村人力资源开发质量则是目前我国各级政府和社会最为重要的工作。

第一，转变观念，提高农民的组织化程度是提高西部农村人力资源开发质量的重要基础。通过政府引导，农民参与，市场化运作，组建劳务输出公司、劳务输入公司等市场主体，提高广大西部农民的组织化程度，从而借助市场主体通过政府补贴开展有组织有目的的培训和输出，降低流动成本，减少农村劳动力的盲目流动。

第二，优化农村资源配置，提高农村市场化程度是提高西部农村人力资源开发的重要机制。通过农民资产资本化、农业资源资本化的农村资源"两化"思路，不断提高西部农村市场化程度，提高西部农村人力资源开发质量。

第三，整合农村资源，创新体制机制是提高西部农村人力资源开发质量的突破口。通过新一轮的行政体制改革，从管理层面整合全社会农村人力资源开发资源，开展体制机制创新，提高农村人力资源开发质量。

第四，均衡城乡教育是提高西部增量农村人力资源开发质量的重要途径。"新教育、新农民、新农村"是我国建设新农村的正确途径，其中存量农民的"新"化依靠培训，而增量农民的"新"化依靠教育，只有转变教育观念，革新教育模式，实现城乡教育均衡发展，创造"新教育"，才能培养出具有适应现代文明的新意识、具有适应现代生产的新素质、具有适应现代市场的新组织、具有更高劳动力附加值的新农民。实现新教育转变的具体途径则包括：城乡教育均衡发展；基础教育应增添职业教育色彩；基础教育应参与农民培训和新农村思想发动，开展全国农民技能扫盲；农村标准化学校建设应纠偏，从只重视硬件标准化到重视软硬件标准化，最终实现教育质量标准化；整合资源，以县为单位建立文化教育投资集团。

第五，提高农民培训质量是提高西部存量农村人力资源开发质量的重要途径。提高农村劳动力培训的专业化、市场化程度，逐步形成政府、用人单位、农民多渠道出资，专业机构培训，专业机构考核，农村劳动力积极参与的现代农民培训体系。政府应从直接组织农村劳动力培训转为健全和规范培训市场，制定政策扶持专业培训机构、培训人才和培训基地，完善培训考核体系，购买农村劳动力培训服务；专业培训机构应提供特色化、专业化的培训产品；专业考核机构则应根据科学的农村劳动力培训考核体系，对培训机构提供的产品进行考核，为政府购买培训服务提供决策依据；农村劳动力应主动转变观念，积极参加培训，不断提高自身综合素质和专业技术能力，培养竞争意识。只有采取高、中、低多层次、多形式的综合素质培训与专业技能培训，结合就地转移或异地转移，通过培训与就业相结合，培训与农业、非农业产业发展规划相结合，培训与区域经济发展相结合，健全"以县为主"培训体制，创新培训机制，通过专业化、市场化的农村劳动力培训，才能真正提高我国西部存量农村人力资源的开发质量。

第六，提高农村劳动力转移质量是提高西部存量农村人力资源开发质量的重要途径。农村劳动力转移与转移输出地的经济发展水平密切相关，受转移劳动力的教育程度、居住地点和性别等因素影响显著。在积极提高转移劳动力素质，改变农村产业结构的同时，应培育劳动力转移市场，提高劳动力转移的专业化、组织化和市场化程度，扶持地方或企业组建劳务输出公司为劳动力转移提供专业化的培训、就业、维权、失业临时安置等服务，通过市场化运作，政府购买服务的方式，提高农村劳动力输出的组织化程度，提高转移开发质量。

第七，健全农村卫生服务体系，提高农民群众的健康水平也是促进西部农村人力资源开发质量的重要因素。

# 参 考 文 献

［1］［美］保罗·A.萨缪尔森、威廉·D.诺德豪斯:《经济学》,胡代光等译,首都经济贸易大学出版社 1998 年版。

［2］［美］查尔斯·I.琼斯:《经济增长导论》,北京大学出版社 2002 年版。

［3］蔡增正:《教育对经济增长贡献的计量分析——科教兴国战略的实证依据》,《经济研究》1999 年第 2 期。

［4］常婕:《我国农村剩余劳动力转移中的政府职能分析》,《经济论坛》2006 年第 5 期。

［5］陈东琪:《微调论》,远东出版社 1999 年版。

［6］陈广汉:《增长与分配》,武汉大学出版社 1995 年版。

［7］陈庭华、周剑惠、王晶等:《吉林省预防控制麻疹效益分析》,《中国计划免疫》1998 年第 3 期。

［8］陈曦:《农业劳动力非农化与经济增长》,黑龙江人民出版社 2005 年版。

［9］丁栋虹:《从创新资本经理型企业家到经理革命——管理革命形成机理的一个产权经济学分析》,《财经问题研究》1999 年第 8 期。

［10］樊瑛、狄增如、方福康:《包含人力资本的宏观经济增长模型》,《北京师范大学学报》(自然科学版)2004 年第 3 期。

［11］范秀荣:《教育——西部经济增长源之本》,《陕西农业科学》2004 年第 4 期。

［12］葛新权:《我国东中西部地区人力资本与经济增长研究》,北京机械工业学院 2003 年版。

［13］龚六堂:《经济增长理论》,武汉大学出版社 2000 年版。

［14］郭伟强:《农村人力资源开发:破解"三农"问题的有效选择》,《江西行政学院学报》2007 年第 1 期。

［15］韩俊:《完善劳动力培训政策,加快农村人力资源开发》,《中国农村科技》2007 年第 2 期。

［16］何鹏:《中国西部开发中经济增长点的选择研究》,武汉大学 2002 年版。

［17］胡乃五、金碚:《国外经济增长理论比较研究》,中国人民大学出版社 1990 年版。

［18］惠宁:《技术进步、人力资本溢出、政府作用与西部经济增长》,《西北大学学报》(哲学社会科学版)2004 年第 3 期。

［19］金峰:《关于农村剩余劳动力转移的影响因素与对策研究》,《西北民族大学学报》(哲学社会科学版)2006 年第 1 期。

［20］景跃军、吴云龙:《制约西部经济增长的人力资本"瓶颈"及对策》,《人口学刊》2003 年第 6 期。

［21］敬蒿:《西部地区人力资本与经济增长理论与实证》,云南大学出版社 2003 年版。

［22］峻峰:《西部地区人力资源开发与经济增长》,中央民族大学 2005 年版。

［23］李建民:《人力资本与经济持续增长》,《南开经济研究》,1999 年。

［24］林欣、林素絮:《我国农村剩余劳动力存在的原因及其转移对策》,《农业经济》,2006 年。

［25］刘华、李刚、朱翊敏:《人力资本与经济增长的实证分析》,《华中科技大学学报》(自然科学版)2004 年第 7 期。

［26］罗凯:《健康人力资本与经济增长:中国省份数据证据》,《经济科学》2006 年第 4 期。

［27］［美］罗伯特·J.巴罗、哈维尔·萨拉伊马丁:《经济增长》,何晖

等译，中国社会科学出版社 2000 年版。

［28］［美］理查德·R. 纳尔森：《经济增长的源泉》，中国经济出版社 2001 年版。

［29］马建富、宦平：《职业教育开发农村人力资源的经济功能》，《职教论坛》2004 年第 9 期。

［30］马凯、王春正、朱之鑫：《科学发展观》，人民出版社 2006 年版。

［31］牛文元：《国际竞争力与人力资源》，《教育发展研究》2003 年第 4、5 期。

［32］彭德芬：《经济增长质量研究》，中南财经政法大学博士论文，2001 年。

［33］彭继红：《发展职业教育是农村人力资源开发的根本途径》，《理论探讨》2005 年第 3 期。

［34］蒲勇健、杨秀苔：《基于人力资本增长的内生经济增长模型》，《管理工程学报》2001 年第 3 期。

［35］蒲勇健：《可持续发展经济增长方式的数量刻画与指数构造》，重庆大学出版社 1997 年版。

［36］戚鲁：《人力资源管理与能力建设》，人民出版社 2003 年版。

［37］齐方云等：《经济增长学》，湖北人民出版社 2002 年版。

［38］邱东：《劳动力投入与经济增长》，东北财经大学出版社 2004 年版。

［39］尚雪艳：《农村职业教育在解决"三农"问题中的作用与对策研究》，2005 年。

［40］沈利生、朱运法：《人力资本与经济增长分析》，社会科学文献出版社 2001 年版。

［41］世界银行：《1993 年世界发展报告——投资于健康》，第一版，中国财政经济出版社 1993 年版。

［42］孙超、谭伟：《经济增长的源泉：技术进步和人力资本》，《数量经济技术经济研究》2004 年第 2 期。

［43］孙丽：《农村剩余劳动力转移的利弊分析及其转移途径》，《安徽农

业科学》2004 年第 6 期。

　　［44］王红玲:《关于农业剩余劳动力数量的估算方法与实证分析》,《经济研究》1998 年第 4 期。

　　［45］王玲、胡浩志:《我国农业剩余劳动力的界定与计量》,《安徽农业科学》2004 年第 4 期。

　　［46］王肃元:《依靠农村教育开发农村人力资源》,《甘肃行政学院学报》2007 年第 2 期。

　　［47］谢章敏、程琨:《人力资源开发:西部新农村建设的根本》,《江西农业学报》2007 年第 4 期。

　　［48］［美］西奥多·W·舒尔茨:《论人力资本投资》,杜月升等译,北京经济学院出版社 1990 年版。

　　［49］闫淑敏、秦江萍:《人力资本对西部经济增长的贡献分析》,《数量经济技术经济研究》2002 年第 11 期。

　　［50］阎淑敏:《中国西部人力资本比较研究》,上海教育出版社 2006 年版。

　　［51］杨立岩、潘慧峰:《人力资本、基础研究与经济增长》,《经济研究》2003 年第 4 期。

　　［52］尹静:《边干边学和人力资本内生化的内生经济增长型》,《世界经济文汇》2003 年第 1 期。

　　［53］应宏锋、白丽娜:《西部经济增长的贫困陷阱与人力资本积累》,《人文杂志》2004 年第 6 期。

　　［54］张芬昀:《农村劳动力转移培训中的政府作为探析》,《北方经济》2006 年第 9 期。

　　［55］张晓梅:《中国农村人力资源开发与利用研究》,中国农业出版社 2005 年版。

　　［56］张艳:《我国农村人力资源开发问题研究》,沈阳农业大学博士论文,2004 年。

　　［57］郑春梅:《对西部开发的冷静思考——我国东部经济增长经验价值的局限性》,《经济问题》2002 年第 9 期。

［58］郑和明、王羽、李小峰等:《碘缺乏病防治对社会经济文化综合影响的研究》,《河南预防医学杂志》1994 年第 5 期。

［59］朱国宏:《人口质量的经济分析》, 三联书店 1994 年版。

［60］肖红叶、李腊生:《我国经济增长质量的实证分析》,《统计研究》1998 年第 4 期。

［61］钱津:《关于国民经济增长质量的系数分析》,《当代财经》1999 年第 6 期。

［62］David E Bloom and David Canning(2000).Health and Wealth of Nations [J],Since,287,1207–120.

［63］Nader Nazmi. Miguel D Ramirez.Public and Private Investment and Economic Growth in Mexico[J].Contemporary Economic Policy.1997.1.

［64］Ron Cronovich. Economic Growth and the Human Capital Intensity of Government Spending[J].Atlantic Economic Journal.1997.

［65］Tallman.Ellis W.Wang Ping. Human Capital Investment and Economic Growth. New Routes in Theory Address old Questions.Economic Review-Federal Reserve Bank of Atlantic.1997.9.

［66］Willian H.Green. Econometric Analysis[M].Pre-Hall International Inc.1997.

# 附件　四川省农村人力资源的开发与利用调查报告

## 一、四川省基本情况

四川省简称川或蜀，位于中国西南部、长江上游，是中国内陆腹地省份之一，也是我国西部大开发的重点战略部署地区之一。四川东邻重庆市，北连青海、甘肃、陕西省，南接云南、贵州省，西靠西藏自治区，东西长1075公里，南北宽921公里，幅员面积48.5万平方公里。四川是一个农业大省，地域辽阔，人口众多，资源丰富，地理环境优越，自然条件较好，农作物种类繁多，主要农产品在全国占有重要地位，素有"天府之国"的美称。

四川地区人口众多，劳动力资源丰富。现有21个市（州）、181个县（市、区）、5008个乡（镇），居全国第一位。2006年年末全省常住人口8169万人，列全国第三位，居西部第一位。其中，全省农村总人口达6904万人。在全部农村劳动力中，从事农、林、牧、渔业的劳动力占62%，从事工业、建筑业等第二产业的劳动力占22%，从事交通、运输、仓储、信息、商业、饮食业、教育、文化、卫生等第三产业的占16%。据初步估计，在农村有2500多万富余劳动力。因此，四川是劳务输出大省，常年向省外劳务输出400多万人。

四川现有耕地5855.5万亩，占全国耕地总面积的4.2%，列第二位，占西部耕地的14.4%，列第一位，其中水田3132.4万亩，旱地2723.1万亩。全省人均耕地0.69亩。耕地中有效灌溉面积3754.7万亩，占64.1%；旱涝保收面积 2594.2 万亩，占 44.3%；中低产田土占耕地总面积的 40% 左右，因此耕地少，中低产田土地比重大。

独特的资源优势，重要的农业战略地位，使得四川省农村劳动力资源丰富，因此，如何做好该省农村人力资源开发，提升人力资源整体素质就成为需要重点研究的课题。

## 二、四川省农村人力资源基本情况

根据课题组对四川省农村人力资源的调查，目前，全省农村人力资源的基本情况是技术人才的短缺与人力资源的浪费并存，其中发展现代农业急需的各类农业技术人才严重短缺，但同时农村大量现有低素质的劳动力因没有开发利用而闲置；人力资源数量大与质量低并存，农村劳动力达 3890 多万人，但初中及以下文化程度的占 80%、文盲占到 9%；人才素质结构失调与空间结构失衡并存，初中级人才占大多数、高级人才少，教育和卫生等部门集中的人才较多（部分县区高达 90% 以上）、发展农村经济急需的人才却较少。据统计，该省种植业领域现有农业人才队伍 75 万人，其中：（1）技术推广型人才 6.43 万人。主要是国有农业企事业单位农业专业技术人员。按职称分，高级职称有 2572 人，占 4%；中级职称有 18133 人，占 28.2%；初级及以下职称有 43595 人，占 67.8%。按学历分，大专以上学历有 21219 人，占 33%；中专学历有 27713 人，占 43.9%；高中及以下学历有 15368 人，占 23.1%。（2）行政管理型人才 22.5 万人。主要是具有一技之长的村社两级管理干部。（3）能工巧匠型人才 46.07 万人。主要包括一些能工巧匠、土专家、田秀才等农村乡土人才。从绝对数量来看，尽管该省农业人才队伍总量已达 75 万人，但却只占全省农业总人口的 1%，占全省农村劳动力总数的 2%，无论是数量还是质量都无法满足现代农业和农村经济发展的实际需要。

在农村人力资源开发方面，四川省存在的主要问题有以下几个方面。

一是大多数农村人力资源受教育年限短，接受系统全面教育的时间不长，知识面比较窄，思想意识保守，视野不够开阔，总体素质不高。二是农村人才分布不均，结构不合理。在农村人才分布方面，靠近城市发达地区的农村人才相对较多，而偏僻山区人才相对较少；在农村人才队伍类型中，技术型人才相对较多，经营管理型人才相对较少，创业型人才严重匮乏。三是有一技之长的人才相对较多，但复合型人才相对较少。四是直接参与生产的人才相对较多，而面向流通、服务领域的人才相对较少。五是农村市场化程度低，不少农村实用人才还找不到施展才能的舞台，有的甚至处在半闲置状态，人才浪费现象比较突出。

总体来讲，该省农村人力资源开发的现状是受教育程度普遍较低，虽然近年来政府较为重视农村存量人力资源的开发工作，但开发效果不好，加之还没有找到行之有效的提高农村劳动力组织化程度的道路，大量农村剩余劳动力转移仍然是低素质、自主型转移，转移输出劳动力的附加值不高。

## 三、发达国家农村人力资源开发的启示

18 世纪 60 年代以来，世界上发生过三次技术革命，第一次是发明了蒸汽机；第二次是电气的发明；第三次是原子能、计算机和生物工程技术的应用。与三次技术革命相对应，世界农业发展也有三个里程碑，即农业机械化、农业电气化、农业现代化。每一次农业技术革命，都带来了农业生产的一次大的飞跃，也使人们逐步深刻认识到教育和科技对农业生产的巨大促进作用。西方国家首先开始大力发展农业教育和科技事业，并加强农村人才资源开发和利用，取得了比较明显的成效。

美国高度重视对农民的教育培训，除每年为农业生产部门培训大批专业人员外，农村中较早地实施了义务教育制度和农村职业教育制度，并把农业教育的对象扩张到产前、产后的从业人员，教学内容也以单纯的专业技能培训发展到训练农民的市场意识、竞争意识和合作精神。因此，美国农民普遍具有较高的文化素质，大部分农场主都具有大学以上的文化水平。据美国农业部门的研究报告，1985 年，农场主中完成 8 年以下教育的人数占农场主总数的 13.3%，完成 12 年的占 10.9%，2 年以上教育的人数占 75.7%。美国的农业推广系统由农业推广站、家政组织和 4-H 俱乐部三部分组成。农业推广站把农村成年男子组织起来，在农村中学成立"未来农民协会"，学习农业知识，提高劳动技能、管理能力和领导能力等。

日本高度重视农业教育。在校农业大学本科生有 6.5 万人，研究生 3500

人，还有高等农业职业技术教育短期大学生 4000 人；每个市（相当于我国的小县或大镇）均有一所营农学校。另外，日本农协通过对会员农户提供多种服务和指导，促进了农村人力资源开发，加快了农村全面发展。农协发挥了重要的农村人力资源开发作用：（1）营农指导，即对会员进行农业生产技术管理和市场销售指导；（2）购销服务，即为会员代购生产、生活资料和销售农产品；（3）提供信贷服务，即农协自己有金融金库，为会员提供存取信贷等业务；（4）公共利用事业，即为农户提供仓储、机械等大型设施服务和集资兴办大型农业企业；（5）生活指导事业，即对农民进行家政、文体、保健等方面的指导。

法国的国立和私立农业中学及农业学校已发展到一千多所，农业人口达 500 多万人，平均 5000 人有一所学校。另外，在全国各地还设立了 200 多所农业职业培训中心。法国农业职业技术教育分为初级、中级和高级三个层次。高级农业职业技术教育是指高等职业学校教育，目标是培养高级农业机械设计师、园艺师等。而更为广泛和大量的是中、初级职业技术教育，其中中级职业技术教育分两种形式：一种是培养基层农业技术人员，另一种是培训农业经营生产者。前者吸收高中毕业生，学制 2 年，发农业高级技术文凭；后者吸收初中毕业生，学制 3 年，毕业后发农业技术文凭。初级职业教育是培养各类农业产业工人。这种教育形式灵活多样，时间从 3 个月到 2 年不等。且这种初级教育与新技术培训、推广密切结合，其针对性强。目前，法国全国已有 30% 的农场主、农户和农业雇工通过各种培训获得了必要的技术证书。

20 世纪 60 年代中期的德国，农民科技水平不高的问题，明显地制约了工业技术进一步装备农业，影响了德国（原西德）农业经济的发展和在国际上的竞争地位。1969 年，联邦政府颁布了《职业教育法》，大力发展初、中级职业教育，以普遍提高直接从事工农生产人员的科技文化水平。在农业方面，截至目前已颁布了 10 多种职业培训条例。条例规定了培训的期限、内容及考试要求等。只有经过职业教育培训，并经考试合格者，才能获得当农民的资格。目前，90% 以上的农业劳动者接受过各种形式的农业职业教育，取得了国家规定的农民资格。第二次世界大战以后，德国从一个战败国发展成为举世瞩目的发达国家，职业教育是其成功的秘密武器。

从以上发达国家在农村人力资源开发，特别是农民培训方面取得的成绩中，得到以下几点值得借鉴的启示。

第一，政府高度重视农业教育。以上几个国家，政府都很重视农业教育特别是农业职业教育。把中等职业技术教育列入义务教育的范畴，由政府拨款资助。通过颁布《农业教育法》或《职业教育法》使大多数农业劳动者能够接受正式职业技术教育，达到初等或中等专业技术水平。因此，一方面我国应坚持大力发展大面积的农民短期技能培训，当前尤其要加强对农民的非农职业技能培训，为剩余劳动力转移提供技能基础；另一方面要切实搞好"三教统筹"，即要把对农村"三后生"（小学后、初中后、高中后）的职业技能培训纳入相应的法制轨道。

第二，建立健全农业职教体系。上述国家基本都建立了面向不同对象、满足不同层次职业技能需求的职业技术教育体系，特别是针对农业的职业技术教育体系。德国大力发展初中级职业教育，普遍提高直接从事工农生产人员的科技文化水平和技能。美国农业职业技术教育除加强农业技术培训外，还向产前、产后和农产品加工技术延伸。日本农技推广机构除推广农业技术外，还提供家政、保健、改进生活质量等方面的指导和服务。借鉴国外经验，在开发农村人力资源时，当前除加强农业科技培训外，还要加强农产品加工和农业经营技能培训，加强对农民生活技能的指导，树立健康文明的生活方式。要在农村中学加大农业职业教育比重，为增量农村劳动力转移做好职业技能储备。

第三，建立健全职业技术教育考核制度。欧美国家普遍实行农民资格或"能力"证书考试制度。有的国家还严格规定，只有完成学业并经考试合格者才可经营土地或成为农业工人。这在我国就需要大力推进"绿色证书"制度，坚持"先培训、后上岗"、持证上岗的就业制度，逐步使新生代农民成为有技能、懂经营、会管理的新型劳动者。

四、四川省农村人力资源开发实证分析

建立健全农村人力资源开发体系，应以政府为主导，农民为主体，法律法规为支撑，既要重视对存量农村人力资源的培训开发，更要加大未来增量农村人力资源的教育投入，健全农村医疗卫生体系，提高农村地区市场化程度，提升农村剩余劳动力转移输出的附加值。

### 1. 建立健全组织领导体系

按"理顺关系，加强协作"的原则，建立健全农村人力资源开发组织领导体系。从课题组调研情况来看，省内大部分地方对于农村人力资源开发工作的管理机构，特别是负责牵头协调的机构尚不明确。由于组织领导体系不够健全，导致一些地方对农村人力资源开发工作缺乏统一领导和协调，相关部门各自为阵，各行其是，无法形成整体合力。如四川省眉山市仁寿县、洪雅县、南充市嘉陵区等地的县区领导和部门都希望，能够明确农村人力资源开发的牵头协调部门，理顺关系，避免出现工作上的"散"、"乱"现象。对此，不少农村人力资源开发工作起步较早的市县做了一些有益的探索和实践。如四川成都、宜宾、广元、资阳等市明确全市农村人力资源开发的综合管理工作由市人事局负责，各区县成立农村人力资源开发工作领导小组办公室并设在区县人事局，形成了人事部门牵头抓总，组织、财政、科教、劳动和各涉农部门齐抓共管的工作格局。目前，在已经成立农村人力资源开发工作领导小组的县（市、区），其办公室绝大多数设在人事部门。实践证明，在坚持党管人才的原则下，充分发挥人事部门人事人才工作的综合管理职能，明确农村人力资源开发工作由政府人事部门负责牵头抓总和组织协调，其他相关部门积极参与配合，有利于整合相关部门力量，形成推进农村人力资源开发的整体合力。因此，市、县、乡镇三级都应建立农村人才开发工作领导小组或设专人负责。市、县领导小组由党政分管领导任正副组长，政府办公室、人事、财政、科委、科协、教育、团委、妇联、乡企、涉农等部门负责人为成员，办公室设在人事局，日常工作由人事局负责。同时，各乡镇也要建立农村人力资源开发工作领导小组，负责对农村人力资源开发工作的领导、组织和实施，同时要明确一名领导负责主抓人才开发工作。在乡镇还应设立人才交流开发工作站，要做到"四有"，即有机构、有牌子、有场地、有人员来负责承办人才交流开发的具体工作。另外，其要加强与相关部门的协作，齐抓共管，形成农村人力资源开发的整体合力，指导、提高并奋力推进县（市、区）做好农村人才开发工作。一是加大对县（市、区）人事部门和基层农村人力资源开发工作骨干的培训，通过教理念、教方法、交任务，进一步提高各地农村人力资源开发工作水平。二是通过召开经验交流会、网上开辟专栏等形式，及时总结推广农村人力资源开发联系点的先进经验，指导全省农村人力资源开发工作。三是加大对农村人力资源开发工作先进单位和优秀农村人才的表彰奖励力度，大力营造农村人力资源开发和农村人才创新创业的浓郁氛围，促进全省农村人力资源开发工作整体推动良性发展。

2. 建立健全制度体系

制度具有导向、约束和权威性的作用，是为发展服务的。在制定政策时，坚持只要有利于农村人力资源开发，有利于发展壮大农村人才队伍，有利于人才智力转化为现实生产力，有利于为农村经济和社会进步提供人才保障，就可以打破条条框框限制，出台新的政策。

进一步完善对农村人力资源开发的教育培训机制和保障机制。

（1）科学制定农村人力资源开发规划。各地根据当地农村经济社会发展的要求，依照不同地区、不同行业、不同产业、不同岗位对农村人才的需求，将农村人力资源开发纳入本地区人才开发总体规划之中，纳入农村发展总体规划之中，制定本地区农村人才开发规划。各地通过调查摸底、群众举荐、个人自荐、组织考核等办法，建立县、乡、村三级农村人力资源库和信息库，实行分类管理，分类指导，为农村人力资源规划制定和使用提供依据。

（2）建立全面实用的农村人力资源培养计划。除了紧抓基础教育外，采取灵活多样的手段，建立多元农村人力资源培训机制也是十分重要的，这包括大力推广现代远程教育、进行职业技术培训以及实施"绿色证书"教育等。

大力发展农业广播学校和卫星电视教育等现代远程教育模式，是推行现代远程教育的有效途径，这是一种时空利用最充分、覆盖面积最大、最经济有效的办学手段。以中心城市为依托，应用卫星、广播、电视、录像、计算机网络等现代技术实施远程教学，可以使要学的课程、知识和农业技术跨越时空，利用联合办学的优势，加上办学形式、培养模式、学习时间方式选择的多样化，可以使不同地区、不同层次、不同技能需求的农村学习者根据自己的实际情况灵活选择，是一种广泛、高效却又低成本的教育培训方式。

提高农村劳动力的基本技能，使具有基本素质的潜在人力资源成为掌握多种劳动技能的复合型人才，还要重点开展职业技术培训，以"普九"教育为基础，以成人教育和职业教育为主渠道，利用、盘活资源，合理利用职业技术学校、农广校等各种资源，开设以实用技术为主的培训课程和建立多样化的培训站、辅导站，从而提高农民的综合素质，促进农民就业。

此外，还要大力实施"绿色证书工程"。绿色证书是农民技术资格证书的习惯说法，是中国最基本的农民教育制度。实施"绿色证书"制度的主要目标是：作为农民学历教育与实用技术培训之间的一个层次，需要培养出农民技术的骨干队伍，因此，组织实施的"绿色证书工程"，主要对象是村社干部、技术推广员、科技示范户、复转军人和一些技术性较强岗位的从业农民。为培养一支有文化、懂技术、善经营、会管理的农民技术骨干队伍，自 1990 年以来，四川省省政府办公厅转发了《省农牧厅、省水电厅、省畜牧食品办〈关于贯彻实施"绿色证书工程"意见〉的通知》，省农业厅与省委组织部、省财政厅联合下发了《关于在四川省农村基层干部和党员中实施"绿色证书"培训的通知》，明确把绿色证书培训工程纳入农村人才和党建培训规划，要求每个社至少有一名"绿色证书"获得者。10 多年来，该省有 144 个县开展了绿色证书培训工作，覆盖率达 78%，培训绿证学员 125 万人。通过他们的示范带动，加快了先进实用技术的推广普及，促进了农业产业化的发展。例如四川省广元市苍溪县在实施"绿色证书"工程中，结合当地资源优势和产业优势，重点开展雪梨、猕猴桃、甜柚、中药材等岗位知识培训，向"绿证"学员传授品种改良、高接换种和高产栽培技术，全县雪梨、猕猴桃、甜柚、中药材种植面积均已发展到 10 万亩以上，成为全省著名的特色农产品基地。双流县"绿色证书"培训坚持"一业一训"的做法，10 年间共培训绿证学员 18072 名，通过培训"草莓促成栽培技术"和"双膜覆盖，配方施肥，茬口安排，专业育苗"规范化栽培技术，全县推广种植草莓 3.8 万亩，位居全国第二，亩产 1200 公斤，每亩产值达 4000~8000 元。

仁寿县、翠屏区、金堂县等地绿证培训工作也搞得有声有色，取得了很好的效果，深受广大农民的欢迎。

另外，针对广大农村基层干部文化水平不高、农业专业知识欠缺的突出问题，还应注重基层干部学历教育培训，让受训干部系统地掌握农业科技、乡村管理和市场经济理论知识，提高科技水平和管理水平，增强农村基层政权组织的凝聚力和战斗力。在进入新阶段后，大量农村劳动力加快向非农产业转移，从事农业产业的劳动者队伍素质呈逐渐下降趋势，尤其是四川省地处西部，经济社会发展水平不高，城乡差别大，大量农村劳动力外出务工，直接从事种、养业的农村劳动力呈现出低龄化、老龄化、女性化、低水平的特点，所以，要加强对青年农民的科技培训。在此背景下，四川省已先后在42个县（市、区）开展跨世纪青年农民科技培训，把新当选的村社干部农村青年党员作为主要培训对象，通过实施"跨世纪青年农民科技培训工程"，全省有20万村社干部、农村党员以及青年骨干农民参加了培训，取得了较好效果。

（3）建立科学合理的农村人力资源评价机制。着眼于农村人才素质的提高，就要以改革和完善农民技术职称评定办法为突破口，增强农村人才评价的科学性、实用性。要改革全民单位29个职称评定系列，探索制定与乡土人才技能相适应的专业技术职称，由人事部门牵头，积极与相关部门协调，行业部门参与标准制定，统一由人事部门颁证，以增加技术职称的"含金量"，促进人才在更大范围合理流动。

2005年四川省人事厅、建设厅联合下发了《四川省开展建筑施工专业技术职称考评结合工作的通知》。四川省人才工作会议和中央人才工作会议召开后，该省人事厅党组和领导认真贯彻会议精神，按照"人才强省"和"人才资源转变为人才资本"的战略思想，以人为本，立足省情，力求突破过去在人才评价中存在的唯学历、唯职称、唯资历、唯身份的现象，坚持以品德、能力和业绩为导向，以为社会、市场和业内认可为标准，以创造的价值大小衡量人才出发，用科学的人才观培养人才、评价人才、选拔人才，积极探索人才评价的新办法，决定在部门工作职能上率先试验。这是四川省人事厅坚持解放思想、实事求是，坚持职称工作服务于经济建设，坚持在改革、完善中发展职称工作，积极探索以业绩为依据，以品德、知识、能力为要素的人才评价新方法，在社会上引起了良好的反响。

又例如，四川省遂宁市把农民专业技术职称评定作为农村人才开发的切入点，通过建立科学的农村人才评价体系，推动农业技术的形成、认定、推广和提升，激励农村人才脱颖而出，促进农村人才由数量型向素质型转变。遂宁市人事部门还出台了《遂宁市农民技术人员职称评定管理暂行办法》，把乡镇、村社从事农业、畜牧兽医、工程等专业技术工作的广大农村人才正式纳入专业技术职称评定体系，设置了高级（农民高级技师）、中级（农民技师）、初级（农民技术员、农民助理技师）三个职务等级和农技、畜牧16个专业序列。其中高级职称由市人事部门负责评定，中初级职称由各区县人事部门负责评定，并分别在农业、畜牧、农机、林业、水利、科协6个涉农部门设立评审委员会。在评审时，打破了"四不唯"，以实际贡献和成果效益为认定标准。对获得农民技术职称者，可优先被招聘为农村基层服务组织科技人员；优先与单位（个人）签订农业经济服务合同；优先获得学术资料信息；优先参与农业开发项目和获得贷款；优先担任村社干部；对于其中的中、高级职称者，视为具备参加乡镇机关考试录用国家公务员学历资格等。目前，当地农村人才申报评定职称已形成了良好的社会氛围。从评定工作开展半年以来，全市共评定农民技术人员职称336人，其中高级职称20人，中、初级职称316人。

（4）建立卓有成效的农村人力资源激励机制。在农村人才激励方面，要着眼于创造农村人才创新创业的良好氛围，营造全社会关心支持参与农村人才开发的态势，从搞好农村人才的继续教育、选拔、管理、表彰奖励，加大对农村人才的资金、项目支持力度等方面入手，与有关部门协商制定和出台促进农村人才自我提高、创新创业的激励措施。

建立对包括农村乡土人才和涉农部门专业技术人员的激励机制，只有把他们的积极性调动起来，农村人力资源开发工作才能始终充满生机与活力，才能取得丰硕成果。

第一，建立针对农村乡土人才的激励措施。建立健全了专门针对乡土拔尖人才的激励措施，包括以下措施：一是从大中专毕业生中考录村干部。通过公平竞争，严格考核，从大中专毕业生中大批量公开考录村干部，这既是一项改革传统的村干部选拔模式的探索性工作，也为开发农村人才资源，调整农村人才结构，调动农村人才的积极性趟出一条新路子。二是选拔优秀乡土人才中符合条件的为乡镇、村、组后备干部，待条件成熟时，推荐他们担任乡镇或村组干部，推荐他们担任人大代表或政协委员，充分发挥他们参政、议政的作用。三是为他们评定专业技术职称，特别是给一些具有地方经济特色的"土专家"、"田秀才"、"能工巧匠"评定职称，通过评定职称的形式肯定他们的专业技能，使他们能在社会上发挥更大的作用。四是对农业科技示范大户给予优先承包五荒资源、优先办理营业执照和纳税登记、优先贷款、优先接受各类专业培训，在村办企业和村干部出现空缺时，优先从中选聘的"五优先"原则。五是对市、县管以上的乡土拔尖人才实施考核，合格者每年发放一定数量的书报津贴。六是定期如开乡土拔尖人才表彰会，对突出贡献者给予精神和物质奖励。

第二，对涉农部门专业技术人员的激励措施。对涉农部门专业技术人员采取以下五个方面的激励措施：一是对农村一线的专技人员上浮一级工资，优先评聘职称，增发农村津贴。二是对在各种活动中作出贡献的农村一线专技人员优先推荐享受各级政府津贴，优先推荐担任各种荣誉职务。三是实行岗位职责合同化管理。根据《专业技术职务（职称）暂行条例》对高、中、初级专业技术人员规定的基本任职条件和专业技术人员的级别岗位、任务的不同，分别确定岗位职责任务，统一印发《合同书》。专技人员聘任办理聘书时，首先要与用人单位签订聘任合同，合同由人事部门统一鉴证。每年年底和任期满后由所在单位和人事部门共同组织考核，依照合同条款，逐项结账，对不履行岗位职责，完不成合同任务，考核为不合格的予以缓聘、解聘或不予晋升专业技术职务等处理。同时为专技人员建立考核档案，作为专技人员续聘、晋升的重要依据。这样不仅能激发广大专技人员奋发向上、爱岗敬业的自觉性，而且还能打破分配和评职称上的大锅饭。四是对有突出贡献的专技人员实行重奖。五是在专技人员中开展有意义的活动，为专技人员施展才华增强内驱动。通过对农村乡土人才和涉农部门的专业技术人员的有效的激励，能够充分调动广大农村人才的积极性，有利于四川省农村人力资源开发的顺利、高效进行。

（5）建立完善的农村人力资源使用机制。着眼于农村人才作用的发挥，促进农村经济社会的发展，就要进一步建立健全农村人才服务体系，积极搭建农村人才发挥作用的平台。要创新对农村人才市场的管理机制，积极探索市场化运作方式；在全省范围内建立统一、公开、规范、透明的人事人才信息网络和不同层次的信息平台，促进全省农村人才信息的资源共享；促进农村人才中介服务体系的建立和完善。

要完善农村人才发现使用机制，需要努力营造有利于农村人才脱颖而出的环境，建立完善有利于农村人才培养、选拔、使用制度，研究制定扶持农村人才的优惠政策，促进农村人才作用的发挥。要通过各类专业技术比武、知识竞赛、能手评选、项目招标科技承包等方式，选拔一批优秀农村人才。建立优秀农村人才使用制度，在职称评定、干部录用、创办企业、社会保障、项目承包、子女就学、继续教育、户口迁移、信息服务等方面，提供及时有效服务。同时，还要建立和完善城乡无差别的农村人力资源市场。人力资本作为重要的资本，人才流动是人力资本增值的关键，人力资源市场起着基础性的配置作用。各地要逐步建立和完善统一开放、竞争有序、城乡一体化的农村人力资源市场，彻底废除城乡分割的歧视性就业政策和规定，让农村人才和城市各类人才享有平等的就业机会，逐步实现城乡人才的平等竞争，有计划、有组织地将越来越多的农村劳动力输出到重点地区、重点行业，努力扩大其开发价值和规模。大力加强以县为主体、以乡镇为基础的专业化农村人才市场建设，建立健全农村人才市场网络体系。一方面各级县政府劳动部门通过调查研究，及时收集人才信息，进行分析和预测人才的流动趋势，使信息的提供和反馈具有可靠性和指导性；另一方面健全人力资源市场管理制度，减少农村劳动力流动的盲目性，消除制度障碍，为人才的合理流动提供组织保障。

要重视农村人力资源库的建立，加强农村信息网络建设。在县、乡、村三级建立人力资源信息库，各乡镇及相关单位把农村人力资源工作纳入重要议事日程，研究制定各级实用人才培养、使用办法和相关政策，并对农村人力资源信息库实行分级管理。为了使农村人才积极向上，培养其学习能力和创新性，可以实行每两年考核一次，连续两年考核不合格者不再免费享受信息库的优惠政策，这样可以防止信息库的"终身"制，以便更好地建立动态的人力资源管理档案。

还要规范、促进和完善农村各类人力资源中介机构。提高农村人力资源的组织化程度，积极发展有组织的农村劳动力转移与输出，建立健全公共职业介绍机构，用计算机等现代技术手段全面准确、迅速地收集、分析和免费发布各种就业信息，提供职业指导和职业介绍等服务，鼓励农村剩余劳动力输出，开展就业竞争，灵活、及时、有效地沟通劳动力供需双方，克服劳动力流动中的市场障碍。加强就业训练基地的建设，开展技术、技能培训和对集体、个体经营者的培训服务；加强仲裁机构的建设，调解、处理劳动争议，发展良好的劳动关系，鼓励其向外转移。鼓励各地区成立农村人力资源调配中心，在各县和乡镇设立劳务介绍所。另外，还要整顿农村人力资源市场秩序，严厉打击职业介绍领域的各种违法犯罪活动，取缔非法职业中介机构，规范企业招工行为，做好就业和失业登记制度，以作为政府宏观调控的依据。

（6）建立可靠的农村人力资源社会保障体系。社会保障制度是涉及政治、经济和社会生活等多方面的社会稳定制度，农村社会保障制度建立的目标就是要根据社会和经济发展目标，在公平与效率、积累与消费、经济增长同社会稳定之间作出权衡，充分体现社会保障体系建立的原则。所以，社会保障制度的建立，一方面要最大限度地实现全体成员的平等，另一方面又不应使社会生产与流通领域的效率有太多的减损。在社会保障制度制定的同时，应该根据社会经济发展的阶段性特征，对社会保障制度的公平与效率目标进行调整，进行与社会经济发展目标相一致的政策权衡，选择最适当的社会保障模式。

目前我国社会保障体系覆盖面小，例如养老保险覆盖率约为80%，其中国有企业为96%，城镇集体企业为53%，其他经济类型的企业仅约32%。因此，要进一步完善乡镇企业的保障机制，逐步建立农村最低收入保障体系，在经济较发达的区县和乡镇，建立农民社保机构试点，多方面筹措资金，解决农民的后顾之忧。因此，对于社保保障体系的建立和完善，应在立法规范的条件下，做好以下工作。

第一，要扩大社会保障制度覆盖的范围。由于城乡二元结构的制度性障碍，广大农民仍然是依赖土地和子女养老，这就严重阻碍了农村经济发展和控制人口增长。因此，国家应加强农村社会保险制度的改革。除了最需要解决的养老和医疗保险制度外，还需要为广大农民解决其他与其密切相关的保障制度，如生育保险、工伤保险、失业保险等。

第二，要有可靠的农村社保投入机制。政府应该是农村社会保障的投入主体，不仅要行使政策指导、药品监管的职能，还要发挥投入的潜能。这种潜能依靠政府的财政转移支付、国际国内政府间的援助与协作，以及社会各界对农村人口健康与医疗状况的关注与支持。为了有效管理社会保障投入，应成立社保基金专管机构，对社保基金实行全国范围内的统筹，统一收费、统一管理、统筹使用，达到各地区、行业、企业间的调剂使用和共济互助。

第三，要加强和完善法制建设。要制定农民教育法，为农民教育提供法律保障。在农民教育立法中，既要明确规定各级政府对农民教育应担当的职责，如机构建设、人员编制、经费核拨及其监督等，还要明确规定农民有接受教育的责任（而非义务）。从法律角度讲，这既为农民接受教育提供了保障，又有利于扫除农民对接受教育的惰性，从而培养农民参与教育的积极性。另外，除了完善和改革农村医疗保障体系，还应尽快出台相关法律，将农民的就业、再就业以及社会保障纳入法制轨道，使其在规范的基础上有序运行。

第四，要建立农村人力资源保障，形成尊重人才、爱护人才的良好氛围。对农村人力资源的开发，在加大开发力度的同时，更主要的是还要树立尊重知识、尊重人才和靠科技致富、靠人才发展的观念，以加快农村人力资源从被动开发到主动开发的转变。要重视和充分发挥农村人力资源在发展农业和农村经济中的作用，努力抓好农村人才队伍建设。对于比较贫困的地区，还要注重合理机制的建立，从感情、待遇上留人，并不断优化人才使用的文化环境、政策环境、制度环境和服务环境。

3.加大宣传力度，营造积极的氛围

在开发四川农村人力资源时，除了高度重视基础教育之外，对农民的培训是关键措施之一。但是，目前的农民培训却普遍存在着这样的问题：农村人力资源开发工作并未得到足够的重视，一些地区没有认识到农民培训工作是促进全面建设小康社会、缓解三农问题的根本手段之一，对农民培训工作还存在着说起来很重要，实际工作中次要，责任不到位的问题。虽然目前四川省大部分地区都开展了对农民进行免费的职业技能培训工作，但是由于在农民中的宣传不够，许多农民根本就不知道政府在为他们开展这项培训工作；从用人单位来看，一些用人单位认为对农民进行各种技能培训没有必要，不愿意花费资金对农民进行培训，而且大多数企业还认为农民接受教育是国家的事，企业只负责吸收培训好的人力资源，把培训农民工的希望寄托在国家或者农民个人身上；从农民自身来看，受文化知识和思想认识上的局限，部分农民不愿参加培训，主要有以下原因：首先，许多农民有畏难情绪，认为自己缺乏接受培训的文化知识，担心自己根本就无法进行培训，接受培训是有文化的人才能做得到的。还有的人认为自己已无必要接受就业培训，即使一些正处于就业年龄的人也不愿接受培训，这主要是受农村狭隘思想的局限。其次，尽管很多农民有接受培训的意愿，也渴望能够走出去，但是他们对政府提供免费培训这样的"好事"不太信任，认为天上不会掉馅饼，还有一些人不太信任政府免费培训的质量和效果，更对参加培训后是否能够真正实现就业颇有疑虑，所以不愿意参加培训。

因此，目前四川省农村人力资源培训没有统一制订规划和计划，培训市场的专业化程度较差，农民转移和输出的组织化程度低，加之全国涉及农村人力资源开发的法制尚不健全，整体来讲培训效果不好。要做好农村人力资源开发，首要的就是要改变、提高农民的思想，广泛进行发动，通过加大宣传力度来帮助农民更新理念。大力倡导树立"人人都可以成才"、农民也能成才的科学人才观，努力营造农村人力资源开发的浓厚氛围。同时，需要更新的还有各级职能部门的思想观念，要努力使各级各部门充分认识到：第一，紧紧抓住农村人力资源开发是四川省由人口大省迅速转变为人才大省的必然举措。四川最大的省情是农业人口比重大，总量多，全省6100多万农村人口是其最大的比较优势，抓好农村人力资源开发，就能迅速成为人才大省。第二，认真抓好农村人力资源开发，是实现四川发展新跨越的重要支撑。四川是农业大省，农村面积大，农业增加值比重高，没有农村和农业的跨越式发展，全省不可能实现跨越式发展，抓好农村人力资源的开发，才能支撑农村和农业跨越式发展。第三，牢牢抓实农村人力资源开发，是解决"三农"问题，促进农民增收的重要保障。"三农"问题的核心是农民问题，农民问题的关键是农民的增收，增收的保障是人力资源的开发，只有通过素质的提高，才能多创造效益。例如四川省宜宾市南溪县农业人口占全县人口80％以上，农民收入一直较低，1999年以来，他们立足县情，注意了扎扎实实抓农村人力资源开发，农民人均收入从1300多元增至2490元，每年增加200多元，大大超过全市和全省平均水平。因此，各级各部门必须把农村人力资源开发工作纳入强市、强县的战略和大局之中来考虑，把农村人力资源开发工作作为人事人才工作的重要内容来加以重视，才能切实抓紧抓好抓出实效。

## 五、四川省在农村人力资源开发中的典型案例

根据课题组的实地考察及对相关部门的高端访谈获得，近年来，四川省各级人事部门在省委、省政府的领导下，在各级各部门的支持配合下，按照全省人才开发的总体部署，围绕本地农业和农村经济发展目标，结合农业产业结构调整，加大农村人力资源开发力度，农村人力资源开发工作取得了初步成效。其中，宜宾县以基地、项目为载体，联合有关部门组成专家服务团，开展农村实用人才培训；南溪县联合农业部门建立乡土人才培训基地，并以此带动农村人才的评价、选拔、使用等工作；广元市中区引导农村人才建立专业协会，以此为纽带将农民、技术和市场联结起来，推动区域特色经济发展；旺苍县大力加强农村人才服务网络建设，依托基地开展农村人才培训；简阳市运用市场机制开展人才、智力输出，采取"公司＋农户"等模式，围绕"百千万工程"推进农村人才开发等，都各具特色，收到了较好的效果。

案例一：建立农村人才科学技术信息服务站，进行农村人力资源开发

为深化农村人力资源开发，提高专业技术人员、农村优秀人才和农民素质，调动专业技术人员积极性，加快新技术推广，宜宾县在高场镇建立农村

人才科学技术信息服务站。

具体做法：人才科技服务站内设立咨询室、办公室和4个大厅。其主要功能有：高场镇社会经济发展规划室；图书阅览室，主要收集有关"三农"的相关资料，制好目录并输入电脑，以便查询；科学技术信息咨询服务室，介绍农业技术知识，涉农部门派人员在此接受农民咨询；人才培训信息中心，用于培训基层干部、农村优秀人才专业大户和新技术推广，向农民提供人才、商品供求信息等。人才科学技术服务站的建立有效地改善了服务方式，为农民提供优质服务，提高农民科学文化素质；向农民提供所需的技术资料，当场为农民解难释疑；提供市场供求信息，解决农产品销售的困难；落实专业技术人员（含各级干部）联系专业大户和基地示范目标奖惩责任制，推进农业产业化进程。

案例二：面向市场，进行农村人力资源开发

广元市中区解放思想，转变观念，打破传统人才观念的束缚，积极拓展人事人才工作领域，把劳务输出纳入农村人力资源开发的范围，多渠道全方位开发农村人力资源。通过实践，取得了较为明显的成效。

具体做法：以"立足国内市场，扩展国际劳务领域"为原则，加大劳务输出和劳务人员职业技能培训工作。在市中区人事局得知中集集团急需电焊工等技术工人信息后，及时与该集团公司取得联系。区人才交流中心主动介入，与中集集团签订了劳务输出合同。同时立即组织劳务输出人员，并委托核工业部23培训学院进行二氧化碳保护焊技术培训，经过考核合格后授予技术职称等级，先后培训了3批共100多农民到中集集团务工。目前，这些务工人员的月收入已达3000元，最高的达到5000元。之后，广元市中区充分发挥各乡镇的作用，坚持面向市场需求，突出培训的针对性、实用性、有效性，以城北职业中学、河西职业中学、中国核工业部23培训学院为培训基地，使农村劳动力掌握职业技能和技术，全面提高劳动者的整体素质，为农村劳动力外出务工创造机会，拓宽渠道，为劳务输出工作奠定基础。

案例三：建立"三位一体"培训网络，进行农村人力资源开发

为实施"人才强市"战略，发挥农村人力资源优势，简阳建立起了市、

镇（乡）、村三级联动，职业学校、科研机构、专业协会"三位一体"的培训网络，使一大批农村实用人才脱颖而出，成为农村经济建设中的一支主力军，促进了当地农村经济社会的快速发展。

具体做法：一是依托职业学校开展"订单教学"育人才工作。结合农村产业结构的调整，剩余劳动力多的实际情况，开展职业技术培训，先后与省内外多家企业签订了劳动用工培训和输出协议，实行对口职业技能培训，已向省内外企业输送1000多人。该市常年外出务工31.35万人，劳务收入达11.34亿元，不但增加了农民的收入，同时解决了富余劳动力的就业问题。各职业技术学校紧贴本地特色，加强农业新技术培训，促进了新产业、新成果在农村的普及和推广。该市还启动了"百千万"培训工程，以农业局、畜牧局为主体，在全市范围内培训100名农村实用技术指导教师，以乡镇为主体，培训1000名实用指导人员，培训10000名实用技术骨干。二是依托科研院所开展"院镇合作"育人才工作。简阳市充分发挥毗邻成都这个人才高地的区位优势，积极主动与省农业科研院所联系，开展"院（所）校合作"、"院（所）镇合作"，定期把专家、技术人员"请进来"办讲座，共计请专家、学者举办各类讲座50多场次，培训了一大批农村实用人才。通过开展借脑借智工程，为农业产业结构调整，推广农业新产品、新技术起到了积极作用。据不完全统计，先后有30多所科研院所在该市建立了合作关系，柔性引进了46位专家教授，四川农科院有10多名科技人员常年在该市进行农业科技研究和新产品的推广。三是依托专业协会开展"互教互学"育人才工作。积极开展"支部＋协会"活动，发挥各类农村专业技术协会的作用，凝聚了一大批农村实用人才，全市有各类专业技术协会254个，会员72430名，各协会积极开展工作，会员组织农民互教互学，开展新产品的推广和新技术示范，促进了农业新科技、新产品的交流和普及。全市最大的食用菌协会，还专门制订了培训计划，编写了培训资料，对食用菌栽培技术的全过程进行了系统培训，先后有55个乡镇20000多名会员参加了培训，熟练掌握了栽培技术，栽培各类食用菌2.4亿袋，实现产值5.2亿多元，利税2.3亿元，使农民增加了收入得到了实惠。该市的食用菌栽培新技术的创新和新产品的研发已走在了全省前列。

案例四：依托专业协会，进行农村人力资源开发

雅安市荥经县新建乡在县人事劳动和社会保障局、县科协、县畜牧局等部门的指导下，立足本乡实际，加快对农业产业结构的调整，促进农业种养殖业生产的持续发展。

具体做法：先后组建成立了乡种养殖业协会1个，以及长毛兔分会、养猪分会、养牛羊分会、养家禽分会、养蜂分会、药材分会、天麻分会、茶叶分会、兰草分会、无公害农产品分会10个专业分会，并依托各专业协会，大力培养农村实用专业技术人才，发掘更多的乡土人才，提升、壮大农村特色经济人才队伍。在此基础上，认真开展本乡种养殖业技术服务，抓好种养殖业特色规模产业的带动作用，严格实行科学的种植、养殖管理，提高种养殖业产品品种质量，增加农民收入。近年来，实现全乡种养殖业收入占到人均收入的73.1%。

案例五：开展农民技师职称评定，进行农村人力资源开发

泸州市人才办、市人事局、市畜牧局从创新农村实用人才评价机制入手，把农村实用人才培训、专业技术业务能力考核和职称认定有机结合起来，建立和完善有利于培养、选拔、使用人才的评价机制，积极开展农民技术人员职称评定工作，激励农村实用人才成长。

具体做法：在农民技师（畜牧）专业技术人员职称评定的具体方法上，泸州市采取由乡镇、县（区）各级政府对本区域内符合条件的畜牧（养猪）大户、示范户或具有一定养猪规模，具有较高养殖技术、能带领农民致富的农村实用人才进行推荐。然后由省、市畜牧高级专家进行养猪实用技术培训，使之掌握适度规模养猪的猪舍设计、猪繁殖饲养技术和疫病防治技术、猪饲料种植和加工配制及使用技术，并对他们进行国内外现代养猪状况、发展趋势及市场预测的讲座，以提高其发展生产实践中的技术水平和动手能力。最后，由市农民技师（畜牧专业）职称评定委员会对所申报的农村高层实用人才进行农民技师的评审认定。目前，全市共有97名符合条件的农村实用技术人才取得农民技师（畜牧专业）职称证书。

案例六：培养特色农村乡土人才，进行农村人力资源开发

巴中市南江县采取层层目标考核、宽松政策环境、大胆选拔使用等办

法，着力建设一支素质高、数量足、用得上的农村乡土人才队伍。

　　具体做法：一是健全组织机构。该县成立了县委分管领导任组长的农村人才队伍建设领导小组，出台了一系列规范性配套文件，设立了政府性乡土人才基金，县人事部门配备了两名专职工作人员，县财政安排了专项工作经费，各乡镇建立了农村人才服务站。二是明确工作目标。县委、县政府把乡土人才开发工作目标下达到乡镇和县级各部门，纳入年终对各乡镇、县级各部门年度考核的范畴，要求各乡镇每年培养 20~30 名技术员以上职称的农村人才，县级各部门联系 1 个村的乡土人才开发工作。三是营造政策环境。该县规定乡土人才可免费进入人才库，免费参加人才交流会，免费参加县、乡实用技术培训，优先获得农业项目贷款，优先参加进修及有关学会，对乡土人才创建的农业产业园区，实行挂牌保护，享受招商引资的税收、工商规费相关优惠政策。他们可优先承包、租赁乡镇企业，优先享有农业项目开发经营权。四是搞好人才使用。把农村乡土人才列入农村干部、入党积极分子进行双向培养，达到 3~5 年内农村基层干部、党员均从乡土人才中选拔和发展，积极支持、引导符合条件的乡土人才参加相应技术职称评定。对乡土人才在参加乡镇农村基层组织服务和集体单位工作人员招聘时同等条件下优先选聘。采取"订赠一份报刊、开通一条热线、授予一个证书、提高一项技能、创建一个园区"的有效措施，开发、培育"田秀才"、"土专家"、"能工巧匠"各类乡土人才 2783 人。广大乡土人才纷纷发挥"传、帮、带"的作用，兴建农村产业 160 余个，建立年产值 10 万元的创业园区 25 个，通过"1+1"、"1+ X"模式，带动 5 万多农户建起南江黄羊、核桃等年产值 3000 元以上的家庭经济支柱产业。乡土人才有力地推动了该县农村经济发展。

责任编辑：郭　倩

**图书在版编目（CIP）数据**

中国西部经济增长质量与农村人力资源开发／王冲 著．
　–北京：人民出版社，2012.3
ISBN 978－7－01－010557－4

I.①中…　II.①王…　III.①西部经济 － 经济增长 － 研究 － 中国
②农村 － 人力资源 － 研究 － 西北地区③农村 － 人力资源开发 － 研究 － 西南地区
IV.①F127②F323.6

中国版本图书馆CIP数据核字（2011）第277234号

中国西部经济增长质量与农村人力资源开发
ZHONGGUO XIBU JINGJI ZENGZHANG ZHILIANG YU NONGCUN RENLI ZIYUAN KAIFA

王　冲著

人民出版社出版发行
（100706　北京朝阳门内大街166号）

北京中科印刷有限公司印刷　新华书店经销

2012年3月第1版　2012年3月北京第1次印刷
开本：710毫米×1000毫米 1/16　印张：16.5
字数：253千字　印数：0,001－3,000册

ISBN 978－7－01－010557－4　定价：34.00元

邮购地址 100706　北京朝阳门内大街166号
人民东方图书销售中心　电话（010）65250042　65289539